闢進書房耐寂寥

綠萍仁弟雅屬

子愷

《中国阅读通史》编委会

主　编　　王余光
副主编　　徐　雁　刘洪权　熊　静

理论卷	王余光　汪　琴
先秦秦汉卷	先秦编/徐林祥　张立兵
	秦汉编/张　积
魏晋南北朝卷	何官峰
隋唐五代两宋卷	黄镇伟
辽西夏金元卷	王　龙
明代卷	王　龙
清代卷（上）	何官峰
清代卷（下）	王美英
民国卷	许　欢
图录卷	熊　静　黄镇伟　赵　晓　刘刈青

国家出版基金项目
NATIONAL PUBLICATION FOUNDATION

中国阅读通史

王余光 主编

民国卷

许欢 著

时代出版传媒股份有限公司
安徽教育出版社

图书在版编目(CIP)数据

中国阅读通史.民国卷/王余光主编;许欢著.—
合肥:安徽教育出版社,2017.12
ISBN 978-7-5336-8640-6

Ⅰ.①中… Ⅱ.①王…②许… Ⅲ.①阅读—文化史—
中国—民国 Ⅳ.①G252-092

中国版本图书馆CIP数据核字(2017)第292139号

中国阅读通史·民国卷
ZHONGGUO YUEDU TONGSHI·MINGUO JUAN

出 版 人:郑　可
质量总监:武常春
策划编辑:刘洪权
责任编辑:陶忠娣　丁昌龙　祝　筠
装帧设计:袁　泉
技术编辑:陈善军

出版发行:时代出版传媒股份有限公司　安徽教育出版社
地　　址:合肥市经开区繁华大道西路398号　邮编:230601
网　　址:http://www.ahep.com.cn
营销电话:(0551)63683012,63683013
排　　版:安徽时代华印出版服务有限责任公司
印　　刷:安徽新华印刷股份有限公司

开　　本:710×1010　1/16
印　　张:21.25
字　　数:315千字
版　　次:2017年12月第1版　2017年12月第1次印刷
定　　价:145.00元

(如发现印装质量问题,影响阅读,请与本社营销部联系调换)

目 录

导言 ··· 1

第一章 两个阅读体系：传统与现代之间 ························ 13
    第一节 古典阅读体系 ··· 15
    第二节 以大众阅读为特征的现代阅读体系 ···················· 21

第二章 阅读的转型历程 ·· 30
    第一节 新式教育的发展和大众识字率的提高 ················ 33
    第二节 从乡民社会到市民社会的转变 ··························· 39
    第三节 阅读成本的普遍降低 ··· 45
    第四节 阅读传统的继承和发展 ····································· 51

第三章 时代阅读风潮 ·· 55
    第一节 新出版业的发展 ··· 55
    第二节 畅销书的阅读时尚 ·· 78
    第三节 阅读限制 ·· 113

第四章　大众通俗读物的阅读与传播 ················ 126
第一节　大众通俗读物的传播方式 ················ 127
第二节　大众通俗读物的阅读 ················ 131
第三节　租书铺与民众阅读 ················ 136
第四节　连环画与通俗阅读 ················ 140

第五章　报刊的阅读热潮 ················ 148
第一节　大众启蒙性阅读 ················ 150
第二节　主流舆论的阅读和影响 ················ 158
第三节　报纸副刊的阅读 ················ 166
第四节　众声喧哗中的小报阅读 ················ 174
第五节　图像中的世界 ················ 180

第六章　公共阅读空间 ················ 191
第一节　图书馆的发展与公共阅读空间的形成 ················ 192
第二节　以图书馆为主体的公共阅读的发展 ················ 198
第三节　公共阅读空间的进一步拓展和推广 ················ 211

第七章　私人的阅读领域 ················ 223
第一节　我国古代社会私家藏书与阅读的特征 ················ 224
第二节　形式上的开放性 ················ 232
第三节　私人藏读的普遍化 ················ 238

第八章　精英的阅读生活与风貌 ················ 246
第一节　以书香世家、家学渊源为阅读根底 ················ 247
第二节　藏读合一的儒雅习尚 ················ 251

第三节　书话文化中折射出的阅读世界 ………………… 254

第九章　从推荐书目看社会阅读取向 ……………………… 259
　　第一节　《书目答问》的阅读和影响 …………………… 260
　　第二节　青年必读书事件与20世纪20年代的阅读 …… 263
　　第三节　全国读书运动与20世纪30年代的社会阅读热潮
　　　　　　………………………………………………………… 271

第十章　现代阅读转型的困境：传统经典的阅读论战 …… 279
　　第一节　教育内容的变革与中小学生阅读导向的变化 …… 280
　　第二节　读经运动 ………………………………………… 287
　　第三节　未完成的论争：读经的困惑 …………………… 291

第十一章　从读书类出版物看现代读者的形成 …………… 300
　　第一节　出版物形态的多样化 …………………………… 301
　　第二节　传播形式的多样性 ……………………………… 303
　　第三节　阅读的裂变和新发展 …………………………… 311

主要参考书目 ………………………………………………… 317

索引 …………………………………………………………… 325

导　言

民国时期,从中国漫长的历史来看,不足40年,几乎可以忽略不计,但在中国现代化史上却意义非凡,它是中国社会从古代走向现代的发轫期。在中国阅读史发展历程中,这一时期亦是阅读变革的大时代。这个阅读变革酝酿于晚清,成形于民国,是中国古典阅读范式的终结和现代阅读体系的开始。

一、研究意义

民国肇创,正是中国走向现代化的全面启动时期。对民国社会阅读变迁的研究有助于我们从更深层的意义上来了解我国社会阅读现代性形成的历史脉络和特性。阅读活动通常受一定的社会政治、经济、文化等因素的影响和制约,反过来,人们某一时期的阅读能力和阅读倾向也反映了该时期的社会知识水平和文化思潮。所以,一个民族在某一历史时期的阅读活动,不论受何种因素或力量的影响,都表明了该民族在这一历史时期的思想探索轨迹和发展历程。因此,一个时代的阅读趣味正是一个时代文化精神和思想脉络的体现。从这个意义而言,研究民国社会的阅读情况,更能让我们真正理解那个时代发生在文化和思想领域的深刻变化。

阅读活动是人类最复杂的行为之一。其复杂性不仅表现为诸多因素与阅读活动之间的相互作用和影响,还表现为阅读行为的前后延续性和相继性,因为一个时代人们的阅读活动不仅决定了他们的认识、思考与行动,而且也影响下一代读者和作者的知识范围与思想脉络,而他们自身在这一时代的阅读又受上一个时代人们阅读活动的制约和影响。因此,研究我国大众阅读在民国社会的变迁情况能让我们更好地理解今天我们面临的各种阅读问题。辛亥革命之后是中国社会的转型和大变动时期,阅读的转型和变迁也最为显著。在 21 世纪,随着信息化革命的发生和深入,伴随着人们获取知识手段的变化,人们的阅读发生着前所未有的变化,正如有学者指出的[①],世纪之交(在 20 世纪末与 21 世纪的过渡时期),电视泛滥、网络普及,阅读,特别是传统意义上的阅读等相关问题备受关注。因而,对民国社会阅读状况的研究,不仅仅是一项学术研究活动,也是对现实阅读状况的反思,并对我们继承优良的读书传统和形成良好的读书风气、推动中国社会大众阅读状况的改善,将有所裨益。

当代社会科学的研究十分注重通过民意测验、调查统计、信息反馈处理等方法来研究以社会大众为主体的受众反映。对读者阅读和接受状况的研究,是这种受众研究更为直接的体现。我们将通过对民国时期阅读变迁的研究,来反映读者的历史状态和发展变化。读者在读物数量和质量上的历史性变化往往标志着社会的文明发展程度。我国的学术传统通常具有较强的理论色彩,重视思辨,暂且不论其他行业和专业,就与读者和阅读有着密切关系的图书馆界和出版界而言,由于受以往计划经济体制的影响和宣传策略的制约,因此长期以来缺乏对赖以生存的广大土壤——读者大众的细致体察和深入

[①] 王余光:《阅读史论》,见《读书随记》,南京:东南大学出版社,2002 年,26 页。

了解,从而在某一程度上造成了今天研究中理论与现实的脱节,也造成了理论个性的缺乏。对民国时期大众阅读历史的考察将有助于我们对现实的反思,有利于我们研究工作水平的提升和实践的顺利进行。正如一位著名图书馆学家所言:"通过理解'人类与图书''图书馆和社会'这两者间的本质联系,从而使我们的图书馆学提高到一门社会科学的水平。"①

  一个时代的阅读风气,是这一时期政治、经济、文化、学术等的综合体现,并受其深刻影响。对民国大众阅读变化的研究,有助于从阅读和大众的角度深化我们对我国近现代文化史、思想史、传播史、科学史以及文学史的认识。以往相关方面的历史研究,通常以人物、事件、具体事物为着眼点,很少涉及人们思想行为的产生和接受过程,尤其是普通大众的接受过程。因此,对民国时期阅读的研究有助于我们从新的视角来认识历史。"每个新时代的经验都需要一种新的自白"②,当我们面对现实,回顾过去,又展望未来时,我们尤其需要重新思考一切已有的经验,从而产生莫里斯③所说的这种源于历史本身进程的"新的自白",而对民国社会阅读变迁及价值体系等方面的考察正是一种对于"新时代"的"新的自白"。

二、研究对象和研究方法

  19世纪末,中国书籍开始进入大规模机器印制时代,阅读的内容从传统儒家知识转向以西方社会、自然科学知识为主体的认知,阅读

---

① O. C. 丘巴梁:《普通图书馆学》,北京:书目文献出版社,1983年,36页。转引自王龙《阅读研究引论》,香港:天马图书有限公司,2003年,225、226页。
② 莫里斯(Morris, C. W.):《开放的自我》,上海:上海人民出版社,1965年,4页。
③ 莫里斯(1901—1979),美国哲学家,代表作有《指号、语言和行为》(*Signs Language and Behavior*)及《开放的自我》(*The Open Self*)。

的载体越来越多样化（不仅有图书,还有报纸、杂志等新媒体）,引入了西式的出版生产体系,建立了新的书籍制度,版权观念逐步形成。就阅读本身而言,横排阅读开始出现,新式标点符号日渐普及,通俗易懂的白话语体开始成为阅读的主要对象。对全民识字率和具有基本阅读能力的要求成为进入现代社会的门槛,亦成为建设现代民族国家的起点,因此也成为中国现代启蒙运动的基本内容之一。新的阅读系统以大众阅读为核心,具有多元性的价值取向,是中国社会现代化进程中的重要组成部分,对中国社会现代公共性的形成发挥了重要作用。

从民国时期开始,阅读初步奠定了现代范式,变得越来越普及化和广泛化,具有了大众性的特征；阅读在内容和形式上较之古典时期有了翻天覆地的变化,出现了现代化的新转向。本书将围绕民国阅读史的这一主要特征,从阅读的外部史和内部史两个层面来描述这种变化,探求民国社会各个阶层的读者如何凭借各式阅读活动来为自己的生命找寻意义,编织自己的"意义之网"①,汇聚时代的流向。阅读不仅仅是一种技能,更是一种寻求意义的途径。"谁阅读""在何处阅读""阅读什么""什么时候阅读"等一系列外部阅读史的问题,我们将主要通过民国时期的教育环境、出版系统两大方面来展开论述。"如何阅读"与"为何阅读"这些关涉内部阅读史的问题,则主要依赖于随机而分散的阅读活动本身,如畅销书的阅读与传播、时代精英的读书生活、大大小小的读书会、读书论争、藏书活动、公共借阅系统等方面来展开论述。研究对象的范围不仅包括社会上层的精英分子,还包括各个职业阶层的小知识分子、普通职员及处于社会基层的农民和劳工。需要说明的是,关于后两者的资料,目前笔者整理和发现的还较少,所以在实际撰写中会有诸多不足之处,希望日后能随着资

---

① 潘光哲:《追索晚清阅读史的一些想法》,载《新史学》(台北),2005年第16卷第3期。

料的补充和整理而逐步完善。

此外,中国的阅读史研究还有特殊的任务。如果说西方阅读史上的革命发生在18世纪末期,表现为精读向泛读转变过程中大众阅读的兴起的话,①那么在中国阅读史上,广泛而具有普遍意义的以文字阅读为主的大众阅读革命应发生在清末及民国时期。大众阅读作为一种社会群体现象,是一个在一定的经济发展阶段才出现的文化现象,它的出现一般应满足一些基本的条件,如城市化、基本的现代化和工业化、较为发达的商品生产和商业活动、一定程度的教育普及等。就我国的历史发展而言,民国时期正是我国现代化过程中的重要发展阶段。虽然从大众阅读自身的存在和发展来看,在前代,民间也不乏这一现象的存在,但它通常以另一种阅读形态而存在,这种阅读形态就是口语传统下的阅读。这是一种"popular"的状态,我们可以称之为通俗阅读。它属于前大众阅读时代普通民众阅读的一个类型。但我们这里所讨论的大众阅读是"mass reading",这是一个与阅读的普及和大众传媒的兴起紧密相连的概念。对民国时期阅读史的考察还应该涉及对该时期大众阅读状况的解读。

目前,对民国时期的阅读史仍然缺乏深入的专门研究。已有的相关研究成果通常局限在对某些读物、某一地区的阅读活动这样一些具体现象的调查和论述上,缺少对这一时期阅读发展状况的总体把握和勾勒。在其中的一些子课题,如图书馆与大众阅读、藏书楼的变化与阅读传统的变迁、阅读大众的形成等诸多问题上,由于时代视野的局限或由于当时资料查找条件的限制,缺少深入研究和系统论述。

在研究方法上,本书试以西方阅读史的已有研究方法,即宏观层面的书目研究和统计,微观层面的私人图书馆、个人财产登记和购书

---

① Guglielmo Cavallo, Roger Chartier. *A History of Reading in the West*. Amherst: University of Massachusetts Press, 2003:311、312.

登记、图书馆的借阅登记、回忆录、日记、自传、书信等方面的记录为基础。① 在中国阅读史研究上,我们需要对所凭借的对象做出相应调整,因为阅读自有其不同的历史,不同国家、不同民族、不同时代的阅读史是大相径庭的。中国学者不应视西方已有的阅读史成果为研究中国阅读史的亦步亦趋的工具,而应视其为激发研究视野的导向。首先,在书目方面,中国传统的书目、书话与西方的出版目录大不相同。其次,在西方历史上,书籍常常被作为一种财产登记备案,图书馆也常有详备的借阅记录,但在中国,由于相关资料的缺乏,未必能精确地建构读者的内部阅读情况,尤其是贩夫走卒和女性等读者的阅读情况。因此,我们需要建立在中国文化体系上关注更为广泛的范畴,如在民国时期,由于历史不算久远,尚有不少经历该时期的人健在,所以可以在研究中采取口述实录的方法。书话、词话、诗话、评点、校勘记、注疏等,也应成为研究民国时期社会阅读情况的凭据。

本书的研究借鉴了西方阅读史的研究方法。在具体方法上,潘光哲、张仲民②等人在晚清阅读史研究中所提出的关于中国近代阅读史研究的若干思路亦对本书的撰写有所启发。

三、研究基础

本书的研究主要建立在以下三个相关部分的基础之上。

(一)民国时期的读物研究

阅读活动的研究首先立足基本读物方面的研究。目前关于民国

---

① Robert Darnton. *The Kiss of Lamourette*: Reflections in Cultural History. New York: W. W. Norton & Co., 1990: 187, 159—162.
② 潘光哲:《追索晚清阅读史的一些想法》,载《新史学》(台北),2005年第16卷第3期。张仲民:《阅读、表达与集体心态——以清末出版的"卫生"书籍为中心》,复旦大学博士学位论文,2007年。

时期可供读物状况的研究主要有以下几种类型。

一是书目文献类，主要通过国家书目或者其他出版机构书目保存的大量的民国社会的读物信息，其中比较重要的如北京图书馆在新中国成立后编撰的具有国家书目性质的《民国时期总书目》。另外，还有一些重要的报刊目录，如全国图书联合目录编辑组编制的《全国中文期刊联合目录(1833—1949)》《解放前中文报纸联合目录草目》等。民国时期报刊出版情况的目录，还有收编于《中国近代出版史料》和《中国现代出版史料》各编中的《清季重要报刊目录》《民国初年的重要报刊》《一九一九——一九二七年全国杂志简目》《一九三六年全国报刊统计》等。此外，一些专科书目也是研究民国时期阅读情况的重要参考资料，如一些研究者根据多年的收集和调查以及图书馆的收藏先后整理的《中国通俗小说书目》①《小说书坊录》②等。

二是从出版史的角度介绍民国时期的读物，主要是描绘和论述民国出版业发展的一些论文或专著。如《中国新书业之过去现在与未来》③《民国时期读书杂志概述》④《六十年来中国之出版业与印刷业》⑤《上海滩的"一折八扣书"》⑥《一年来中国杂志之评述》⑦《中国畅销书百年回眸(二)》⑧《商务印书馆：民间出版业的兴衰》⑨《中国新图书出版业的文化贡献》⑩《中国近代报刊史(上、下)》⑪《中国报纸的副

---

① 孙楷第：《中国通俗小说书目》，北京：人民文学出版社，1982年。
② 王清原等：《小说书坊录》，北京：北京图书馆出版社，2002年。
③ 家祥：《中国新书业之过去现在与未来》，载《中国出版月刊》，1933年5月第6期。
④ 张琳：《民国时期读书杂志概述》，载《津图学刊》，1996年第3期。
⑤ 陆费逵：《六十年来中国之出版业与印刷业》，载《申报月刊》，1932年第1号。
⑥ 平襟亚：《上海滩的"一折八扣书"》，载《出版史料》，1982年12月。
⑦ 邢云林：《一年来中国杂志之评述》，载《图书馆学季刊》，1931年第5卷第3、4期合刊。
⑧ 王余光、陈幼华：《中国畅销书百年回眸(二)》，载《出版广角》，2000年第11期。
⑨ 杨扬：《商务印书馆：民间出版业的兴衰》，上海：上海教育出版社，2000年。
⑩ 王余光等：《中国新图书出版业的文化贡献》，武汉：武汉大学出版社，1998年。
⑪ 方汉奇：《中国近代报刊史(上、下)》，太原：山西教育出版社，1991年。

刊》①《中国近代图书事业史》②等。

另外,《中国连环图画史话》③《漫谈连环画的发展史》④《脂粉的城市:〈妇人画报〉之风景》⑤《良友忆旧:一家画报与一个时代》⑥《清末民初社会风情:〈醒俗画报〉精选》⑦等二手资料,则对19世纪末以来一些以图像为主的重要民众读物的发展做出了描述。这些时尚生活类杂志主要记录了稍纵即逝的生活场景,捕捉了日常生活中生动的细节和真实的气息,有其不可忽视的历史文化价值。

三是各种读物阅读的调查统计(试图根据当时的调查数据说明民众的阅读情况),主要包括以下两类。一类调查是为响应国民政府及乡村建设派主张而进行的民众教育状况调查,如张履谦在1934年所作的《相国寺特种调查:民众读物调查》⑧《内政部之全国出版品统计》⑨《从书籍销数统计看到中国实业界》⑩,伪上海市政研究会编写的《上海租界内中国出版界的实况》⑪等。另一类是受社会学、人类学等现代学科体系影响,燕京大学社会学系、沪江大学社会学系等专门科研机构及其成员所从事的识字状况调查和读物状况调查,如《中国

---

① 王文彬:《中国报纸的副刊》,北京:中国文史出版社,1988年。
② 来新夏等:《中国近代图书事业史》,上海:上海人民出版社,2000年。
③ 阿英:《中国连环图画史话》,北京:人民美术出版社,1984年。
④ 大鲁:《漫谈连环画的发展史》,载《出版史料》,1988年第1期。
⑤ 陈子善:《脂粉的城市:〈妇人画报〉之风景》,杭州:浙江文艺出版社,2004年。
⑥ 马国亮:《良友忆旧:一家画报与一个时代》,北京:生活·读书·新知三联书店,2002年。
⑦ 侯杰等:《清末民初社会风情:〈醒俗画报〉精选》,天津:天津人民出版社,2005年。
⑧ 张履谦:《相国寺特种调查:民众读物调查》,见李文海《民国时期社会调查丛编·文教事业卷》,福州:福建教育出版社,2004年。
⑨ 《内政部之全国出版品统计》,载《图书馆学季刊》,1934年4月第8卷第1期。
⑩ 颖父:《从书籍销数统计看到中国实业界》,载《生路》,1928年2月第1卷第2期。
⑪ 伪上海市政研究会:《上海租界内中国出版界的实况》,傅殿文译,载《出版史料》,1985年12月第4辑。

民众读物的分析研究》①《西冉村的农民生活与教育》②等。

(二)对民国时期相关阅读活动的研究

一是从文学史的角度对民国时期大众的阅读活动进行研究,如《中国近现代通俗文学史》③《中国小说的近代变革》④《二十世纪中国小说史》⑤《三十年代上海的媒体与文学》⑥《读者的天空:"五四"时期"课艺派"杂志的传媒理念》⑦等。相对来说,目前,从文学接受史的角度对阅读进行的研究比较成熟,成果也较多。

二是从文化史的角度反映民国阅读情况,如《鸳鸯蝴蝶派与吴文化》⑧《近代文化生态及其变迁》⑨。另外,美国学者Rawski(罗斯金)在其专著 Education and Popular Literacy in Ch'ing China(《清朝的教育与大众读写》)⑩中对民国初年的大众阅读活动也做了颇多论述。

三是一些专门的阅读史研究,较具代表性的有利用个案研究的《鲁迅〈故乡〉阅读史》⑪、《阅读与生活:恽代英的家庭生活与〈妇女杂

---

① 郑震寰:《中国民众读物的分析研究》,燕京大学研究院教育学系硕士毕业论文,1932年。
② 王文华:《西冉村的农民生活与教育》,燕京大学文学院教育学系学士毕业论文,1939年。
③ 范伯群:《中国近现代通俗文学史》,南京:江苏教育出版社,2000年。
④ 袁进:《中国小说的近代变革》,北京:中国社会科学出版社,1992年。
⑤ 陈平原:《二十世纪中国小说史》,北京:北京大学出版社,1989年。
⑥ 铃木将久:《三十年代上海的媒体与文学》,东京大学文学院人文社会系研究科博士学位论文,1996年。
⑦ 刘宇新:《读者的天空:"五四"时期"课艺派"杂志的传媒理念》,载《传媒》,2005年第2期。
⑧ 徐采石、金燕玉:《鸳鸯蝴蝶派与吴文化》,"中国近现代通俗文学史"国际讨论会论文,2000年7月。
⑨ 王尔敏:《近代文化生态及其变迁》,南昌:百花洲文艺出版社,2002年。
⑩ Evelyn Sakakida Rawski. *Education and Popular Literacy in Ch'ing China*. Ann Arbor: University of Michigan Press, 1979.
⑪ 藤井省三:《鲁迅〈故乡〉阅读史》,董炳月译,北京:新世界出版社,2002年。

志〉之关系》①和《闲书消永日：良友图书与近代中国的消闲阅读习惯》②以及从时代层面进行研究的《1925年北京的阅读活动与读者层》③《近代读者论》④《近代读者的形成》⑤等。在《近代读者的形成》一书中，日本学者前田爱对日本和中国近现代以来的阅读变迁进行了论述，对从音读到默读的历史性转变进行了专文论述。

四是从图书馆读者工作的角度对当时的阅读情况做出描述。一种是从图书馆与民众阅读的关系的角度进行的阐述，包括图书馆的一些阅读推广活动，如《图书馆与读众》⑥《民众阅读指导之研究》⑦《现代图书馆对于民众之认识》⑧《民众图书馆中的读书会》⑨《民众图书馆吸引阅读问题》⑩等。另一种是一些相关的读者调查，包括读者需求在内的阅读调查是反映当时国民读书状况、文化需求和阅读所体现的社会价值的重要指标之一。

在近代新式图书馆建立后，中国的图书馆界开始强调服务民众和教育民众的思想，在工作中注重对读者借阅动向的调查统计。这可以从《中华图书馆协会会报》《图书馆学季刊》《文华图书馆学专科学校季刊》《浙江省立图书馆月刊》等影响较大的图书馆学刊物上的一些读者

---

① 周叙琪：《阅读与生活：恽代英的家庭生活与〈妇女杂志〉之关系》，载《思与言》，2005年9月。
② 余芳珍：《闲书消永日：良友图书与近代中国的消闲阅读习惯》，载《思与言》，2005年9月。
③ 清水贤一郎：《1925年北京的阅读活动与读者层》，在日本中国学会第46届大会（1994年10月）上所作的报告。
④ 外山滋比古：《近代读者论》，东京：三条书房，1969年。
⑤ 前田爱：《近代读者的形成》，东京：有精堂，1973年。
⑥ 董铸仁：《图书馆与读众》，载《文华图书馆学专科学校季刊》，1931年第3卷4期。
⑦ 徐旭：《民众阅读指导之研究》，载《图书馆学季刊》，1933年第7卷第3期。
⑧ 王禄申：《现代图书馆对于民众之认识》，载《天津市市立通俗图书馆月刊》，1934年第4、5、6期合刊。
⑨ 濮秉均：《民众图书馆中的读书会》，载《教育与民众》，1932年第3卷第9、10期。
⑩ 李洁非：《民众图书馆吸引阅读问题》，载《浙江教育月刊》，1936年第1卷第4期。

调查统计中来反映,如《最近中国图书馆事业之进展》①《中国图书馆运动》②《浙江全省图书馆调查表》③中,都有一些相关图书馆的读者调查统计。另外,还有刊载于1934年《教育杂志》上的《成人阅读兴趣与习惯之调查及研究》④以及同年10月在《教育统计专号》上对北平市立各类图书馆读者和阅览人数的系列调查统计。此外,一些对上海、江苏、安徽、河北、重庆等省、市图书馆进行调查的文章里,对读者阅读情况也有较多介绍,这里就不再逐一列出。总之,这些调查数据让我们对民国时期的读者层有了比较明晰的了解和认识,是我们进一步研究民国时期大众阅读的基础。

(三)大众阅读推介研究

书评和书业广告是民国时期直接影响普通读者阅读的推介手段和方式。民国时期的书评以及书业广告能从一个侧面反映民国社会阅读的方式和人们阅读的选择倾向。这一类的研究主要有《书评研究》⑤《叶氏父子图书广告集》⑥《工商侧影:一个世纪的广告经典》⑦《亚东的广告宣传》⑧《〈申报〉上的书业春秋——书业旧踪之十一》⑨《一路走来的现代书业广告(上)——书业旧踪之九》⑩《一路走来的现

---

① 陈训慈:《最近中国图书馆事业之进展》,载《浙江省立图书馆月刊》,1932年第1卷第9期。
② 张葆葳:《中国图书馆运动》,载《文华图书馆学专科学校季刊》,1932年第4卷2期。
③ 《浙江全省图书馆调查表》,载《图书馆学季刊》,1928年第3卷第1、2期合刊。
④ 蒋成堃:《成人阅读兴趣与习惯之调查及研究》,载《教育杂志》,1934年第5卷第10期。
⑤ 萧乾:《书评研究》,上海:商务印书馆,1935年。
⑥ 叶圣陶、叶至善:《叶氏父子图书广告集》,上海:生活·读书·新知三联书店上海分店,1988年。
⑦ 周伟:《工商侧影:一个世纪的广告经典》,北京:光明日报出版社,2003年。
⑧ 吴永贵:《亚东的广告宣传》,载《编辑学刊》,1997年第6期。
⑨ 吴永贵:《〈申报〉上的书业春秋——书业旧踪之十一》,载《中国图书商报》,2003年7月4日。
⑩ 吴永贵:《一路走来的现代书业广告(上)——书业旧踪之九》,载《中国图书商报》,2003年6月6日。

代书业广告(下)——书业旧踪之十》①《爱看书的广告》②，范军的民国学者书刊广告艺术系列文章③以及《开明》中的各种书业广告。其中，开明书店编译所编的刊物《开明》曾改名为《读书俱乐部》，从1936年1月到1937年7月分别在《申报》和《月报》上刊行，属于半广告半文艺性的刊物。它上面通常用较大的篇幅刊登图书目录，介绍该店出版的图书的作者、内容与特色。此外，它还刊登大量带有广告色彩的书评文章。

如果要了解具体的有关民国时期阅读状况的文章，还可通过《图书馆学论文索引(第一辑)：清末至1949年9月》④《图书年鉴》⑤等全面反映民国时期书籍与阅读状况的工具书。

---

① 吴永贵：《一路走来的现代书业广告(下)——书业旧踪之十》，载《中国图书商报》，2003年6月20日。
② 范用：《爱看书的广告》，北京：生活·读书·新知三联书店，2004年。
③ 《茅盾的书刊广告艺术》(《图书情报知识》2004年第4期)、《张静庐的书刊广告艺术》(《编辑之友》2004年第4期)、《叶圣陶的书刊广告艺术》(《出版科学》2000年第1期)、《鲁迅先生的书刊广告艺术》(《出版科学》2002年第1期)、《巴金的图书广告艺术》(《编辑学刊》2002年第5期)、《胡风的书刊广告艺术》(《出版科学》2002年第4期)、《叶至善的图书广告艺术》(《中国出版》2003年第7期)、《陆费逵的书刊广告艺术》(《编辑学刊》2003年第4期)、《赵家璧的图书广告艺术》(《出版文化散论》，湖北教育出版社2004年版)。
④ 李钟履：《图书馆学论文索引(第一辑)：清末至1949年9月》，北京：商务印书馆，1959年。
⑤ 杨家骆：《图书年鉴》，南京：中国图书大辞典编辑馆，1933年。

第一章　两个阅读体系:传统与现代之间

书有书的命运,这种命运正是在一轮又一轮、一个时代又一个时代的阅读和接受中表现出来的。阅读像一座既可以沟通过去又可以延续未来,并着眼于现实的桥梁,正如著名文艺批评家 H. R. 姚斯所言,阅读史"能够使我们把过去的意义作为现在经验的一个部分来理解"[1]。阅读作为人们学习和接受知识的技能,与知识的传播和教育的发展密切相关。我国自从有文字以来,经过两千多年的发展,通过强有力的政治措施和建立于丰富文献基础上的阅读传统,尤其是隋唐以来科举制度的建立,为广大中小庶族地主和平民百姓通过科举入仕,提供了一个公平竞争的平台,从而逐步形成了一种具有一定开放性的稳定的阅读系统,为草野寒畯之士开辟了登进之途,也增强了社会系统内部的流动性。据统计,清代约有二分之一的生员出身寒微,而明清两代进士中出身于从未有过功名家庭的占 42.9%。[2] 这种人才选拔机制上的开放性和流动性使得中国古代的阅读系统在长时期内得以稳定和延续。

---

[1] H. R. 姚斯:《接受美学与接受理论》,沈阳:辽宁人民出版社,1987年,352页。
[2] 何炳棣:《明清社会史论》,见刘虹《中国选士制度史》,长沙:湖南教育出版社,1992年,444页。

这个阅读系统以科举入仕系统中的士大夫阶层为主体,包括从布衣士子到取得功名或出身于具有功名的家庭的各类学者、官僚阶层。在阅读内容上,他们以"四书""五经"为主的儒家经典为主导,遵照特定的阅读秩序和行为规范进行阅读。其间不乏反对和批判这种阅读行为的声音,这些人认为应该扩大阅读面,不应只读儒书,"读经而已,不足以知经。故某自百家诸子之书,至于《难经》、《素问》、《本草》、诸小说无所不读,农夫、女工无所不问,然后于经为能知其大体而无疑"①,这样才能更好地研习儒家经典;学问若止于"四书"则弊端甚大,"一有诘难,则茫然不能以对",甚至"清谈危坐,卒至国亡,而莫可救"②。这些阅读形式和阅读思想在中国漫长的阅读史中仅如零星的火花一闪而过,未能撼动儒家经典阅读的正统地位和经史子集的阅读秩序。同时,正是这种相对较为单一的阅读体系,给这个阅读系统笼罩上了强烈的实用主义色彩,所有的阅读行为都围绕着以上的中心来展开,由此形成了一系列的阅读文化和传统,深刻影响着人们的安身立命、为人处世、理想抱负等方方面面。对中国古代读书人来说,"内圣而后外王"是人生最高理想。孔子提出"用之则行,舍之则藏"。孟子推延"穷则独善其身,达则兼善天下"。于是"修身、齐家、治国、平天下"成为古代读书人奋斗的目标。在古代,"学而优则仕"成为读书人心目中唯一的正途。特别是隋唐科举制度的设立,在读书与从政间架设了通道,以法定形式巩固了两者的关系。由于中国文化以宗法、伦理道德为中心,所以在人才选拔上往往偏重于道德修养和书本知识,忽视能力和见识。历代无数读书人寒窗苦读,从书本中谋取功名,一旦金榜题名,便入品进阶,既光宗耀祖,又实现了治国、平天下的抱负。以下我们将对中国古代传统阅读的几个主要特

---

① 王安石:《答曾子固书》,见《临川先生文集》,上海:中华书局,1959年,778、779页。
② 袁桷:《清容居士集》,卷二十一《龚氏四书朱陆会同序》,四部丛刊初编本。

征进行分析。

第一节 古典阅读体系

一、从阅读的绝对垄断到阅读的有限控制

在中国古代社会的早期,世俗权力和神权往往是结合在一起的,君王就是最大的祭司,天子代表着上天的意志,同时也是文化与知识的掌握者。文字只能用来记载部落、家族与神的历史;知识源于神明的启示,祭祀、征战、生育等大事都要向神明占卜求告。

事实上,君主制所赖以建基的,就是作为神统延续的血统。阅读这样的文字,实际上就是对统治者进行培养,以及为统治者的现实统治提供依据。阅读就是回到过去,最终回到神,回到人存在的根据。这样的阅读由于具有神性的色彩,其权力被牢牢控制在代表上天意志的统治阶级和执行与上天对话这一程序的巫祝阶层和祭祀阶层手中。由此,传

甲骨占卜记录

授知识的使命也一直由王官之学垄断,阅读的对象主要是官司职守的律令技术之书。为加强这项活动的垄断性与秘密性,在相当长的时间内,这些内容都不著于文字,而是由父子相授,口口相传,以侍王公。随着春秋末年刑鼎、刑书的出现,律令开始著于文字,更大范围的阅读成为可能。同时,随着东周王室的衰微,礼崩乐坏,官司失守,

官员们陆续分散到诸侯国,而诸侯国也需要大量有知识的人来为自己的发展服务。诸侯国间的竞争和发展需求导致学业进入私门,以往被垄断的道术和学问分散为诸子百家,私学兴起。由此,私家大量地著书立说,积累与传播文化知识,培养变革时代所需要的有知识、有阅读技能的人。同时,私家藏书现象也随之出现。

这种时代的变化,不仅使学习摆脱了专职、专业的束缚,阅读面开始变宽,而且使阅读方法获得了创新,阅读不再是单纯地学习"守其世业",而是强调温故知新。孔子认为,温习不仅是巩固已有知识的一种方法,还是获得新知识的一种方法;学之后还要思,要有发展、有创新,这样才可以做到"学而不思则罔,思而不学则殆";不能只停留在对事物表层现象的认识之中,还应该通过思考发现、掌握事物的真实内涵,特别是发现、掌握事物发生和发展的规律。"耳目之官不思,而蔽于物,物交物,则引之而已矣。心之官则思,不思则不得也。"① 这种学习和教育上的变化最为重要的意义在于打破了王权和神权对知识的绝对垄断,"有教无类"的倡导使知识的接受面和受众面进一步扩大,带来了中国阅读史的第一次革命性的变化。其后,随着察举制、九品中正制的实行,教育面进一步扩大,公卿贵族颇受其益,开始享有阅读的特权;世袭制度的实行,使家学兴盛,一时兴起较多的书香世家。其后,科举制度的实行,将接受教育、获取知识的权限扩大,为庶族地主以至平民百姓提供了学习和阅读的机会,用"书中自有千钟粟,书中自有黄金屋"诱导稍具条件的人去读书识字,然后通过国家机器和选拔考试制度来规范、控制阅读的走向和秩序,从而使"诗书继世、耕读传家"的理念成为社会的共识。

---

① 朱熹:《孟子集注》,见《四书章句集注》,卷十一,北京:中华书局,2011年,335页。

二、阅读秩序的确定

隋唐时期,社会稳定,文化繁荣,科举制度稳步推行并在以后的朝代中逐渐得到完善。教育与朝廷科举选士的制度息息相关。学童从识字开始,经科举考试出仕为官,"读什么书、如何读"都由国家的教育制度加以规范,由社会意志加以引导。史籍记载,张九龄弱冠读群史,殷践猷年十三诵《左传》,杜牧在《注孙子·序》中自述:幼年读礼,"及年二十始读《尚书》、《毛诗》、《左传》、《国语》、十三代史书"①。与科举考试和人才选拔制度相适应,从最初的蒙学教育开始,学习内容和阅读内容均体现了强烈的导向性,规范了经、史、子、集学习的先后次序,对"经"的阅读,尤其是儒家经典的阅读成为首要任务。此外,官方考试科目的确立使"六经"成为社会阅读的主要内容。在藏书的摆放秩序上,"经"的核心地位处处得到体现,陈列书橱中也将经书置于最上面,其他书依次列其下。如按分类法放置藏书时,"经"先放右边,依次顺排;若置上下时,以"经"为上。在幼童开始读书习字时,根据"经"的思想浓缩而成的《三字经》《千字文》《弟子规》等,是其必读的启蒙性读物;其他一些为辅助读经、为更好理解"经"的内容而衍生的读物,如《千家诗》《龙文鞭影》《小学韵语》等,是随后要读的书。

与这种阅读规范相应,在士人中形成了以儒家经典为对象,兼及修身论道为主体的阅读行为,儒家经典成为士人群体阅读内容之大端,成为他们读书治学的中心,以及作诗赋文、考试入仕的基本依据。"经之所书,予所信也;经所不言,予不知也。"②

"书籍惟六经、诸史、先儒理学,以及历代奏议、有关修己治人之

---

① 杜牧:《樊川文集》,卷十,上海:上海古籍出版社,1978年,151页。
② 欧阳修:《欧阳修全集·居士集》,卷十八《春秋论上》,北京:中国书店,1986年,131、132页。

书,不可不珍重护惜。下此则医药、卜筮、种植之书,皆为有用。其诸子百家、近代文集,虽无可也。"①任何背离这种主体阅读的行为,都会被视为离经叛道之举,难登大雅之堂,不被社会认可。

这种阅读秩序的确定,使书本成为传播圣人经典的载体,使人们对书籍和文本产生敬畏与尊重,将圣贤之书奉若神明。在行为上,确定了相应的秩序和规则。例如,在读书前应该斋戒沐浴,阅读时坐应端、视必直。据陈梦雷《读书纪事》的记载,萧德言晚年学习刻苦,每次阅读时都要"祓濯束带危坐",妻子劝他说:你年纪这么大了,何必整天折腾自己?他解释说:"对先圣之言,何复惮劳?"因为面对的是古代圣贤所说的话,所以就没有了劳苦之惧。② 司马光读书之前,要先洁净书桌,再铺上桌布,然后才打开书。他如果出行带书,则用木板托书,既免得手汗污书,又保护书脊不在移动中被损坏;就连翻书也有讲究:每读完一页,用右手拇指侧面贴在书面上边边沿,再用食指帮助翻动。③ 这些行为都说明古人对圣人之言的敬重,是为了更好地保护书籍,将其传之后世。古人很重视对书籍的保护,通常会挑选特定的日子,在天气晴朗时曝晒书籍,甚至形成了曝书会和曝书节,不仅有官办的,还有民间自发组织。在曝书会上,人们在曝书的同时还可以叙旧谈新,吟诗作对,显示各自的文化素养和藏书状况。曝书会对塑造乡间邻里良好的读书和藏书氛围起到了良好的作用。④

三、强烈的实用主义阅读色彩

我国古代传统阅读的目的十分明确,主张"经世致用",即通过阅

---

① 张履祥:《杨园先生全集》,下册,陈祖武点校,北京:中华书局,2002年,1376页。
② 王余光等:《读书四观》,武汉:湖北辞书出版社,1997年,175页。
③ 王余光等:《读书四观》,武汉:湖北辞书出版社,1997年,36页。
④ 桑良至:《曝书会——藏书文化活动之一》,载《大学图书情报学刊》,1996年第4期。

读,将所学习的知识运用到实际生活中,小到能作为谋生的本领,大到能作为治国、平天下的手段。所以,读书人应该阅读有用的东西,"读以致用"。在做人的层面上,读书人首先要立言、立行,《论语·季氏》中就记载了立言和立行的方法:

> 陈亢问于伯鱼曰:"子亦有异闻乎?"对曰:"未也。尝独立,鲤趋而过庭,曰:'学《诗》乎?'对曰:'未也。''不学《诗》,无以言。'鲤退而学《诗》。他日,又独立,鲤趋而过庭,曰:'学《礼》乎?'对曰:'未也。''不学《礼》,无以立。'鲤退而学《礼》。闻斯二者。"

在以上阅读的基础上,孔子明确指出"行"是"读"的终极目标:"诵诗三百,授之以政,不达;使于四方,不能专对;虽多,亦奚以为?"在实际生活中,读书和农民种田、商人经商一样,也是一种谋生的手段,并且是一种更为体面的谋生手段。"夫明'六经'之指,涉百家之书,纵不能增益德行,敦厉风俗,犹为一艺,得以自资。父兄不可常依,乡国不可常保,一旦流离,无人庇荫,自当求诸身耳。谚曰:'积财千万,不如薄伎在身。'伎之易习而可贵者,无过读书也。"① 读书有成者"为公与相,潭潭府中居",而不读书者则"为马前卒,鞭背生虫蛆"。因此,务必要勤学苦读,"灯火稍可亲,简编可卷舒。岂不旦夕念,为尔惜居诸"②。只有这样,才能将"书中自有千钟粟,书中自有黄金屋"的理想变为现实。这种"读书以致富为贵"的思想,成为不少人心中不可动摇的一种观念,影响着一代又一代的读书人。随着隋唐时代科举制度的确立,读书成为个人实现齐家、治国、平天下的人生理想

---

① 颜之推著,王利器注:《颜氏家训集解》(增补本),卷三《勉学第八》,北京:中华书局,1993年,157页。
② 韩愈:《符读书城南》,见《全唐诗》,卷三四一,北京:中华书局,1999年,1530页。

的主要手段。从此以后,"万般皆下品,唯有读书高"成为一千多年来的社会风尚,通过科举入仕成为读书人实现政治抱负的一条路径,阅读活动从整体上呈现出强烈的功利色彩。

四、口语阅读系统和文字阅读系统的对立

在"劳心者治人,劳力者治于人"的社会中,能够阅读就意味着掌握了某种能力,可以成为"士",也就是所谓"读书人",成为"四民"之首。对于普通平民,由于教育水平低下,他们识字率普遍偏低,无法掌握这种阅读技能,所以他们的阅读多半是通过口语阅读的传统方式来进行的,即通过"听"和"看"的方式来进行。中国古代最早的阅读方法是口语阅读,即背诵。文字记载主要是为了保存档案或向上天祷告对话,是一种卜筮方式和结果的记录。早期甚至有许多书没有文字传世,而仅靠口授背诵流传,如阐释《春秋》的《公羊传》《穀梁传》,都是汉代才著于竹帛的。这一方式在识字程度低的民间得到了很好的保持和延续,而文字传统则由文人阶层来发展和完善。例如唐宋以来在民间广泛流传一种叫作"说话"的表演技艺,"说话"就是说故事的意思,话本就是"说话"艺人讲唱故事时所依据的底本。在说话技艺日趋繁盛的同时,出现了专门编写话本和戏剧脚本的文人组织——书会。书会的成员是一些富有才情、文学功底较深的落魄书生,即书会才人,他们将话本从原来简略粗陋的单纯的说话底本,发展为可供案头欣赏的书面文学作品。由此,普遍流传在民间的话本,实际上已具备双重功能:既是传统的说话人的底本,又是艺术上相当成熟的白话小说。这就意味着一部分人是通过"听"话本的方式来阅读的,而另一部分人则是通过"看"文学作品来阅读的。

另外,文、言的分离进一步促使民间形成了一个与士人群体截然

不同的阅读接受系统以及二者之间在阅读文化上的对立。这种对立不仅体现在阅读内容的差异上，更体现在阅读方式的差异上。对于同一内容的文本，如对《封神演义》《三国演义》《水浒传》等通俗小说的阅读，士人们更多的是对文本的直接阅读，而大众则更多的是通过一些喜闻乐见的曲艺形式，如说书、传唱、快板、戏剧等方式来进行所谓"阅读"。

街头说书人

在这里，作为意义解码的文字和声像具有了同样的传播效果，使识字的士人和不识字或识字甚少的大众完成了阅读过程，实现了对意义的认知和理解。但是后者的阅读，由于缺乏有效的记录机制和传播载体，因此更容易散落和湮没在历史的长河中，在传播的时间长度和空间广度上也受到了较大的限制。所以在某种意义上说，中国古代的阅读史，就是一部建立于文字与文献基础上的阅读史，是一部"士"的阅读史，记录了以知识精英为主体的阅读历程。

第二节　以大众阅读为特征的现代阅读体系

这个延续千年的稳定的以知识精英为主体的阅读系统在 19 世纪后期至 20 世纪前半期，随着中国社会经历了从鸦片战争到辛亥革命等一系列剧烈的动荡变化，开始在洋务运动、新文化运动所带来的巨大的社会变革中解体。民国时期成为我国现代意义上的大众阅读体系形成和发展的重要阶段，这也是中国阅读史中的一次革命性变化。首先，从中国阅读史的发展过程来看，由于和一定的社会经济发展及其文化形态相适应,因此中国古代社会的阅读史就是一部以士人为主体的精英阶层的阅读史。在社会主导的价值体系下,其内部衍生出了不同层级的阅读群体,从公卿贵族到庶族地主再到布衣士子,形成了中国古代社会丰富的基于文字系统的阅读文化,成就了中国的文献传统和藏书传统。作为官方媒介的文字,其书写和语义的复杂性使掌握和运用文字成为一种特殊的技能,从而使文字的阅读作用日显重要,更凸现了读书人的地位。在这个社会主流阅读体系外,由于民间娱乐的需要,伴随着民众休闲娱乐的发展,一个次生的市井民众的阅读群体也在逐步形成。在古代中国始终以小农经济为主体、不重视工商业的农业社会中,民众阅读的发展一直在缓慢地进行。它继承了口语文化的传统,主要以说唱的方式传播,这更适于在文盲较多的群体中传播文化。

  19世纪中后期,在强大外力的冲击下,这个在内部有着自我调节和流动机制的稳固的阅读系统终于被逐渐打破,在建设现代民族国家的环境中,伴随着知识体系的转型,一个相应的阅读系统也在逐步形成。一种新式的、具有现代色彩的阅读范式开始建立和形成。大众阅读呈现繁荣的景象,各种读书会和读书运动异彩纷呈,阅读内容和阅读方式都出现了新的特点,文本的内容、样式装帧、用语、新式标点的使用等都对当时和后世的阅读产生了深远的影响。这种新的阅读系统以大众阅读为核心,具有多元性的价值取向,是中国社会现代化进程中重要的组成部分,对中国社会现代公共性的形成发挥了重要作用。经过半个多世纪的发展,在民国时期,中国的阅读史开始转向以大众阅读为核心的阶段。具体来说,民国时期社会阅读史有以下四个重要标志和表征。

一、原有阅读主流的消解

民国时期大众阅读形成的重要表征是原有的稳定的阅读系统在主体结构上的分化和瓦解。旧有的阅读系统中,作为核心的知识分子的精英式阅读开始消解和分化,传统的知识体系成为国学研究的范畴。在此时的学校教育中,传统知识所占的比重日渐降低。对传统知识的阅读开始具有研究性和职业性的特点,占据主导地位的是西方系统下的新知识体系。对传统知识和传统文化的阅读开始成为一些特殊研究领域的范畴,如大学中的国文系、中国历史系、中国哲学系等;对其的阅读也越来越具有专业化的倾向,以职业化的面貌留存在一些职业中,如教师、学者等。

不容忽视的是,在民国时期,新的社会结构的变化使知识分子的社会地位充满了变数,他们的作用开始大抵取决于其知识转化为社会影响力和生存手段的能力。在这一历史转型时期,知识分子的价值取向开始由过去的单一形态走向多元形态。但是作为精英读者,知识分子仍然在一定程度上掌握着社会的话语权,他们并没有完全放弃阅读的主导地位,反而在很大程度上自觉承担起了指导大众阅读的使命,通过推荐书目或导读书目的方式,在报刊等大众传播媒介的推动下,对当时的阅读,尤其是对青年学生的阅读起到了积极的指引作用,促进了全国范围内读书热潮的兴起。一时间,各种指导阅读的读书类刊物纷纷出现,如《读书青年》(上海读书青年社,1936—1937)、《读书俱乐部》(上海开明书店,不定期)、《读书生活》(李公朴等编,上海杂志公司发行,1934—1936)、《图书展望》(杭州浙江省立图书馆,1935—1949)、《读者文摘》(上海读者文摘社,1946—1947)

等。这些刊物除了向读者介绍各类新书的信息,刊登书评,教导读者怎样读书、读什么书,以及介绍各种精粹的学说和流派外,还常常就中国传统书籍的阅读和西方书籍的阅读进行论争。这样就为普通读者阅读活动的开展起到示范作用,并且营造了一种良好的阅读氛围。

二、公共阅读空间的兴起

与传统阅读具有私密性和封闭性的特征相比,大众阅读形成的重要标志在于公共阅读空间的出现。在古代的中国社会中,"溥天之下,莫非王土。率土之滨,莫非王臣"①,从来没有民众发表言论或从事公共事务的公共空间存在,更谈不上专为大众提供阅读的空间。民国时期,处于新的时代环境中的人们为了适应时代的变化,急需扩充自己的信息量、扩大自己的知识

京师图书馆开馆纪念

面和改善自己的知识结构,从而提高自己在新的环境中的信心与判断力。那种在小农经济时代仅靠一个"咸亨酒店"那样的小酒馆或茶楼作为大众权威信息的总汇场所,只靠某个消息灵通人士作为新闻发布者的时代一去不复返。这种时代变化带来的群体性需求成为公共阅读空间兴起的客观根据。19世纪末以来,随着现代印刷技术的发展,以图书、报刊为主体的大众传播媒介开始出现,读者数量急剧上升,印刷品产量猛增,作家、出版社、书店、公共图书馆、阅报处的数量与日俱增。同时,作为新阅读文化之社会枢纽的读书会建立起来,

---

① 《诗经译注》,卷五《小雅·北山之什·北山》,周振甫译注,北京:中华书局,2010年,312页。

各类以书籍阅读和报刊阅读为纽带的学会、社团大量出现并广泛分布于城市、乡村。其中,公共图书馆的出现尤其具有不可忽视的意义。现代图书馆作为社会教育的重要手段,从根本上打破了旧有的阅读观念,它把书籍变为一种公共的精神财富,由社会成员共享,使民众逐步树立起公共观念,对促进中国走向现代国家具有积极的意义。

上述这些要素的出现以及相互作用构成了一个巨大的公共阅读空间,这个公共阅读空间虽然受政治的影响,但本身却是非政治化的,①是在政治权力之外建构的,在市场规律下运行的,公众发表舆论和进行阅读的空间。对权力系统来说,其有相对的独立性,为公众的阅读提供了一个较为开放的空间,成为民国时期大众阅读的一个重要特点。

三、畅销书的出现

畅销书的出现是阅读日常生活化的集中体现,成为大众阅读出现的一个重要表征。所谓畅销书,就是一个时期内,在同类书的销售量中居领先地位的书籍,是表明公众的文学趣味和评价的一种标志。② 这一定义的深层内涵是,畅销书首先是市场的产物,只有契合了当时大众的心理需求、价值观念、欣赏趣味、生活需要,才有可能成为畅销书。

民国时期,从出版业的发展状况来看,新式出版技术的发展为在较短时间内进行大规模的书籍生产提供了物质基础,全国书刊市场的形成为畅销书的出现提供了环境条件。从阅读主体来看,国音注

---

① 哈贝马斯:《公共领域的结构转型》,曹卫东等译,上海:学林出版社,1999年,34页。
② 《不列颠百科全书》的"畅销书"词条。见美国不列颠百科全书公司《不列颠百科全书》(国际中文版),北京:中国大百科全书出版社,2001年,426页。

音符号的推广、白话文的普及,使识字运动得以在广大民众中展开,促进了一个庞大的大众阅读群体逐步形成。在阅读人口比较集中的城市,新的职业、新的生活方式造就了一大批新型市民读者。市民阶层受众地位的突出成为书籍得以畅销的社会基础。

民国时期,畅销书的出现第一次将娱乐休闲作为阅读的一种主要的功能引入到文本阅读中,与传统的古代士大夫的休闲性阅读不同,这种阅读是以现代化的传媒作为载体的,面向大众,在公共领域中流行,并不为文化精英所独享。此外,它还符合现代化生产的需要,以大规模的商业运作和批量生产造就的追求简单、刺激的大众文化品位,使严肃性阅读和大众性阅读的界限逐渐模糊。

四、女性读者群体的崛起

女性读者群体的崛起是民国时期大众阅读形成和发展的重要事件。在以父权、夫权为主导的古代中国社会中,作为社会的弱势群体,女性被排斥在正常的阅读系统之外,女子"无才便是德"①成为一种普遍的价值取向。民国以来,在鼓吹女权、提倡妇女解放的运动中,女性开始获得接受教育的权利,在读书识字的过程中开始重新认识自身的价值和地位。自19世纪中后期西方传教士设立女塾开始,具有读写能力的女性人数逐步提高。1906年,女学地位正式得到官方承认,女学被归入学部执掌;1909年到1916年,男女生受教育的比例已从150∶1缩小到22∶1,②女子教育得到迅速发展;到1920年,

---

① 陈东原:《中国妇女生活史》,台北:"台湾商务印书馆",1965年,2页。该书作者认为,这句话的起源最早在明末。实际上,在汉代曹大姑《女诫》中已有"妇德,不必明才绝异也"之说。
② 韦政通:《中国文化与现代生活》,北京:中国人民大学出版社,2005年,124页。

男女同校的现象已遍及全国。①

五四以后,各地的刊物上有很多社交公开、妇女解放、恋爱自由、教育平等的言论,女性读者市场随之出现,一批专门提供给女性阅读的书籍、报刊大量出现。以当时全国最大的读者市场——上海的情况来看,从民国建立到 1949 年 5 月,就出现过 157 种女性报刊,②其中商务印书馆编辑出版的《妇女杂志》、上海妇女界救国会的

我国第一份妇女日报——《北京女报》
(创刊于 1905 年 8 月 20 日)

机关刊物《妇女生活》等颇具全国性影响,最高销量曾有一月一万册左右。还有一些商业性妇女刊物,如良友图书印刷有限公司的《妇人画报》《女神》等很受家庭妇女的欢迎,销量可观。在图书种类上,据不完全统计,仅上海一地出版的有关妇女问题和以妇女为主要阅读对象的图书就有 346 种;③从内容来看,可分为六大类,按各类图书种数的多少,依次为妇女问题类、恋爱婚姻家庭类、妇女运动和妇女史类、女性卫生保健类、妇女传记类、妇女服饰美容类。

从组织机构来看,社会上成立了一些专门由女性组成的团体,这些团体主要为社会上不同阶层的女性服务,开展了不少专门针对女性的阅读活动。例如 1923 年成立的中华基督教女青年会全国协会,旨在"促进妇女德智体群四育之发展,培养高尚健全之人格,团契之精神,服务社会,造福人群"。中华基督教女青年会全国协会提倡温和渐进的改良方式,以德、智、体、群四育为中心,提高妇女素质,改善

---

① 陈东原:《中国妇女生活史》,台北:"台湾商务印书馆",1965 年,388、389 页。
② 《上海通志·上海妇女志》附录《女性报刊名录》。
③ 参见上海图书馆和复旦大学图书馆馆藏目录。

妇女地位。中华基督教女青年会曾在全国20多个城市开展了大量的活动,服务对象从上层妇女逐步扩大到包括劳动妇女在内的整个妇女界。① 为维护女性权益,提高女性参与社会生活的能力,不少城市的女青年会设有阅览室或流通图书馆,供女性借阅书籍、报刊以学习或休闲;定期或者不定期地开展读书会,参加者多为女学生,在读书会中,会员被要求读指定书籍,而后有人作报告,最后所有成员一同研讨。所用书籍可向流通图书馆借取,获取较为方便;同时,为普遍提高广大劳工阶层女性的识字水平和教育水平,设立了教育部、夜校;为帮助职业妇女或家庭妇女继续求学和中途失学的青年妇女,设立半日补习学校和教育班。此外,随时按社会需要、会员的兴趣添设各种新班,会员和非会员都可以参加各班,读完所选课程并考试及格后,由该会发给证明书,以便升学或求职。

在女工比较集中的大城市,如上海、北平、汉口等地,专门设立了女工夜校。女工在工作之余到女工夜校读书一两个小时,女工夜校教她们识字写字、学习文化、了解自己所处的环境,帮助她们改善生活。上海的女青年会还编辑出版了《经济学》《经济史》《工会运动概况》《一个女工和一个女大学生的通信》《怎样读报》等女工教

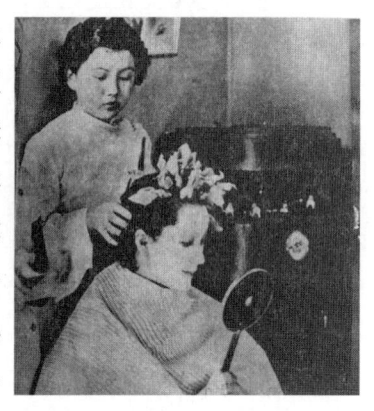

妇女新职业——理发师

育辅导读物。天津的女青年会专门开设女仆识字班,目的在于提倡平民识字运动,每日上课一次,以《千字课》为课本,免学费,会员或非

---

① 《中华基督教女青年会全国协会简史·享受奉献:中华基督教女青年会全国协会成立80周年纪念集》,上海:中华基督教女青年会全国协会,2003年,1—3页。

会员都可以参加学习。① 虽然这些组织机构数量和影响的范围有限，但它们为女性作为一个具有基本社会阅读能力的整体进入社会开辟了路径。

妇女新职业——图书馆员

以上四个方面是民国时期大众阅读的重要特征，勾勒出该时期大众阅读的典型性事件。民国时期的阅读呈现出和以往不同的全新历史面貌，现代大众阅读步入发展阶段，该时期成为我国阅读史发展的重要转折期。

---

① 王可卿：《天津基督教女青年会——一个社会学的分析》，燕京大学法学院社会学系学士毕业论文，1939年。

第二章　阅读的转型历程

19世纪晚期以后,在内忧外患的交困下,中国社会发生了剧烈的变动,社会结构也随之发生了巨大的变化。科举制度的废除"斩断了2000多年来经过许多步骤而加强起来的社会整合制度的根基",中断了士人阶层的流入源泉,造成了原有读书人的大规模分化,也导致了士人阶层迅速解体。① 在这些变化的冲击下,中国古代社会长期以来形成的稳定的阅读系统开始解体,以大众阅读为主体的新的阅读体系和知识接受体系开始形成。民国时期,随着新式教育制度的建立和公共阅读空间的发展,以平装书阅读和报刊阅读为中心的大众阅读系统得以建立。大众阅读的兴起和发展成为民国社会阅读史的主要特征,民国时期因此成为中国大众阅读形成和发展的重要时期。

所谓大众阅读,即以大众为主体的阅读,是相对于精英阅读的一个概念,也是伴随着现代出版业的兴起和读物的普及而出现的一个历史性概念。我们这里所探讨的大众阅读(mass reading)是建立在机器大工业生产和批量印刷基础上的大众印刷读物的阅读。在大众阅读中,阅读不再是一种特权的象征,也不再是一种特殊的技能,它

---

① 吉尔伯特·罗兹曼:《中国的现代化》,国家社会科学基金"比较现代化"课题组译,南京:江苏人民出版社,1995年,335、336页。

为越来越多的民众所掌握,具有普遍而广泛的意义。社会为所有的民众都提供了读书识字的可能性,具有阅读能力成为现代生活的一项基本要求。

在现代社会早期,大众读者与精英读者有着明显的区别,大众读者的概念还具有较浓的阶级色彩,主要指由工人、农民和小市民构成的社会中下层普通劳动者,而精英读者主要指受过良好教育的知识分子和上层管理者。大众阅读带有浓厚的启蒙主义的色彩,其隐含的观察视角是精英的,知识分子扮演的是一个处于中心的领导者角色,这与现代大众文化盛行的社会中知识分子角色的边缘化形成了鲜明的对比。由于大众本身就是一个不断发展的历史概念,因此随着现代社会的进一步发展,大众不再是一个与精英阶层相对立的概念,二者间的对立逐渐模糊。大众被看成一种"都市人的平均状态"而兴起,成为现代社会的基础性力量。与传统的精英一样,大众的文化偏好受到重视并得到满足。①

首先,大众读者(mass reader)不仅指数量上巨大的阅读人口,社会各个层次的读者,因为大众就是常人(common person),这个常人不是特定的人,而是一切人(却不是作为总和),就是这个常人制定着日常生活的存在方式。② 这个大众"是一组变动的效忠从属关系,跨越了所有的社会范畴,而形形色色的人在不同的时间内,可以属于不同的社会层理,并时常在各层理间频繁流动"③,所以无论处于社会上层还是处于社会最底层的读者都具有大众性的一面。处于社会各个层级的读者都可能包括在大众之内,例如手工艺者、店主、店员、零售

---

① Dominic Strinati. *An Introduction to Theories of Popular Culture*. London:Routledge,1995:8、9。
② 马丁·海德格尔:《存在与时间》,北京:生活·读书·新知三联书店,1987年,156页。
③ 约翰·费斯克:《理解大众文化》,北京:中央编译出版社,2001年,31、32页。

商、乡绅等都在大众读者之列。①

其次,大众阅读活动以大众性为特征,而不以精英性为特征。"大众"这个定语,基本意思是"人民的""民众的",但这个词又可引申为"一般性的""普遍的"等意思。因此,作为大众阅读对象的大众读物,就具有了为多数人所接受和喜爱的特点。大众读物就是在内容上为大众所喜闻乐见,在生产和传播中具有消费性、标准性、平面性、流行性等特点,主要通过图书、报刊等大众媒介进行传播的读物。

另外,大众阅读之所以成为大众阅读,原因不仅仅在于读物内容的差异上,还在于阅读文本的选择、阅读方式及阅读目的的差异上。没有哪一种阅读对象本身是专属于某一个群体或者个人的,不同的阅读群体间常常通过不同的文本,分享阅读的方式,来共同阅读相似的内容。如在西方阅读史的研究中,研究者在对欧洲历史上大众阅读特点进行考察后指出:并不是只有平民大众才有祷告献祭的文本,精英们也通过其他方式在进行同样内容的祷告;骑士传奇文学,不管篇幅如何巨大、价格如何高昂,也不是少数精英和富人的专利,虽然处于社会最底层的民众无力购买这些作品,也无力对它们进行全面的阅读,但是他们极有可能通过别人的故事讲述(例如以歌谣的形式传播)间接"阅读"到这些作品。②

此外,在阅读方式和目的上,大众阅读也有独特的特点。例如学者、教授及其受定式思维影响的学生在阅读某部文学作品或小说时,总忘不掉它的文法、规律、理论或传统。他们大多热衷于检讨这部作品的意义或教训,在他们这里,理智和研究性阅读通常占据了主导位置。与之相比,一个商店店员和小职员在阅读同样的文学作品时,可

---

① Guglielmo Cavallo, Roger Chartier. *A History of Reading in the West*. Amherst: University of Massachusetts Press, 2003:272.
② Guglielmo Cavallo, Roger Chartier. *A History of Reading in the West*. Amherst: University of Massachusetts Press, 2003:272.

能更多的是用感情去抚触作品,沉浸在生动的故事叙述中,他们更乐于去体会作者对于人生的种种情感、印象,把阅读作品作为了解人生的一种途径。在这里,前者的阅读就不是大众阅读,而是一种精英阅读,具有研究的性质,后者的阅读则属于大众阅读范畴。

第一节　新式教育的发展和大众识字率的提高

传统的中国社会并没有大众识字率的概念。18世纪以前的所有识字率方面的数据来源于前代的历史文献资料中对士大夫阶层的阅读情况的记载。① 民国时期,这种情况随着现代教育体系的建立和各类平民识字运动的开展发生了巨大的变化。

近代中国的新式教育始于洋务运动期间,至戊戌维新时期得到初步发展。1905年清政府明令废除科举制度后,新式学堂大规模出现,新式教育发展较快,出国留学也走向高潮,教会学校得到较大程度的发展。民国成立以后,新式教育完全占了上风,并得到全面的发展。尤其是1922年的学制变革,使得新式教育基本步入发展的正轨。1922年11月,北洋政府教育部实行新的学制——壬戌学制,即"六三三"模式。壬戌学制确立了七项标准:适应社会进化之需要,发挥平民教育之精神,谋个性之发展,注意国民经济力,注意生活教育,使教育易于普及,多留各地方伸缩余地。它实行分科制和选科制,并带动课程体系和各级各类学校新纲要的更新,以及各种新式教学法的试

---

① Evelyn Sakakida Rawski. *Education and Popular Literacy in Ch'ing China*. Ann Arbor: University of Michigan Press,1979:1.

验。① 这为中国现代教育制度的形成和发展奠定了基础。民国时期逐步形成了以西方教育模式为基础的新式教育制度，建立了涵盖幼儿教育、初等教育、高等教育的现代教育体系。至此，民国学制基本定型，且影响至今。

在课堂教学中，白话文逐步取代文言文，教育从高深的书斋走向广阔的社会，使普通民众有了接受教育的机会。据清朝学部和民国教育部的不完全统计资料，1907年到1915年，学校数增加了91851所，学生人数增加了3269263人（从1907年时的1024988名学生增加到1915年的4294251人）。② 总的来看，学校数量和学生数量都在逐年稳步增长。1908年至1933年全国各地有小学毕业生7140万人，占人口总数的16%，全民识字率曾一度高达26%。③ 到1936年，包括初等教育、中等教育和高等教育在内的学生人数共计19034194人。④ 虽然其后教育事业经历了战争的破坏，但是到1946年，国民学校及小学、中等学校、专科及其以上学校的学生人数达到258215554人，比战前增长了35.7%，⑤ 并且形成了初等教育、中等教育、高等教育、职业教育以及包括民众学校、民众补习馆、民众教育馆和图书馆在内的社会教育等一系列既有中国特色、适合国情，又吸收了西方现代教育思想的较为完善的中国现代教育体系。

作为国家正规教育的补充，在平民教育思潮和工读主义教育等思潮社会教育思潮的影响下，非正规学校教育体系外的平民教育和

---

① 李华兴：《民国教育史》，上海：上海教育出版社，1997年，10页。
② 据清朝学部和民国教育部的统计资料，见王余光《中国新图书出版业初探》，武汉：武汉大学出版社，1998年，7页。
③ 张朋园：《中国现代化的区域研究：湖南省(1860—1916)》，台北："中央研究院近代史研究所"，1983年，365页。
④ 教育部教育年鉴编纂委员会：《第二次中国教育年鉴》，上海：商务印书馆，1948年，379页。
⑤ 教育部教育年鉴编纂委员会：《第二次中国教育年鉴》，上海：商务印书馆，1948年，584页。

各种类型的社会教育纷纷兴起,出现了一批以拯救民族危亡为己任的教育家,如蔡元培、陶行知、黄炎培、晏阳初、梁漱溟等,他们将国外的先进教育思想和教育方法与中国的实际相结合,对义务教育、平民教育、职业教育、成人教育、高等教育等都有积极推进。五四以后,学生由开展爱国运动到从事社会服务,在各处开设平民学校、平民读书处,教导人民。中国平民教育创始人晏阳初首先尝试用一千字编成课本,在长沙、烟台、嘉兴等地从事平民教育试验,希望用最短的时间、最少的钱,去教一般民众读书识字,让他们具备初步的阅读能力。后来中华平民教育促进会总会采用改进的《平民千字课》作为教材在全国推广,9个月后,就已推行到20个省区,会读《平民千字课》的民众已有五十万人。① 同时熊朱其慧、胡适之、袁观澜、朱经农、陶行知、王伯秋、傅若愚等人也加入平民教育运动,平民学校的建立盛极一时。自五四运动后,各学校多附设义务夜校,以期普及教育而救国,所收学生多为学龄儿童,成年人亦不少。1925年孙中山逝世后,因其遗嘱中有"唤起民众"的号召,所以政府开始注意民众教育。教育部于1929年公布《民众学校办法大纲》,从此平民教育也开始进入到国家教育体系的推动中,全国从事民众学校者始有所依据,民众学校也日益发展。大纲中对民众学校课目的规定如下:识字、三民主义、常识、珠算或笔算、乐歌,此外得兼授历史、地理、自然、卫生等方面的浅近读物,并得酌量地方情形,加设关于农业或工商业等方面的课程。规定各县市党部须至少设立一所民众学校。②

据国民政府教育部的统计,1930年,全国的平均识字率在20%左

---

① 陶行知:《平民教育概论》,见《陶行知文集》(修订本),南京:江苏教育出版社,2001年,134页。
② 教育部教育年鉴编纂委员会:《第一次中国教育年鉴》,丙编下,上海:开明书店,1934年,603、604页。

右,不识字的人数至少占有 80%。① 从另一项海关总署(Maritime Customs Regional Offices)提供的数据来看,在 20 世纪 30 年代,由 L. Buck 指导的最大规模的一次调查,发现超过 7 岁的男性中,45% 的民众接受过学校教育,30% 被视为具有识字能力。② 但这些数据在一定程度上隐藏了地区和职业及性别间的不平衡性。据调查,民国时期城市市民识字率最低为 15%,最高为 77%。③ 文盲和半文盲则集中在广大的农村中,民国初年,80% 的就业人口仍在从事千年不变的传统农田耕作,只有不到 1% 的就业人口在近代产业部门工作。1918 年,《教务杂志》(The Chinese Recorder)使用中文的《新约圣经》作为测试阅读能力的文献标准,向中国的 16 个省和满洲地区的 127 个地方发放问卷,调查发现,男性的阅读力在 10%—100% 之间分布,而女性的阅读力则在 0—85% 之间分布。最后,根据平均值,报告认为基督教信众中超过半数不能"轻松"地阅读《新约圣经》。④ 总体而言,女性具有阅读能力者的比率要远远低于男性,但比起前代女性识字率几乎为零、信奉"女子无才便是德",已有了突破性的进步。女子教育的出现,把占人口半数的妇女纳入教育中,扩大了教育对象,初步形成了一个具有一定规模的女性阅读群体。在缺乏直接女性阅读能力

---

① 《教育部公报》(第二卷第二期)。转引自中央教育科学研究所《中国现代教育大事记》,北京:教育科学出版社,1988 年,198 页。
② China Imperial Maritime Customs Decennial Report, 1882—1891. cited in Dwight H. Perkins. Introduction: The Persistence of the Past // China's Modern Economy in Historical Perspective. Stanford, Calif.: Stanford University Press, 1975:4.
③ 铃木将久:《三十年代上海的媒体与文学》,东京大学人文社会系研究科 1996 年度博士论文。转引自藤井省三《鲁迅〈故乡〉阅读史》,董炳月译,北京:新世界出版社,2002 年,81 页。
④ Horace E. Chandler. The Work of the American Presbyterian Mission from 1918 to 1941 toward the Lessening of Adult Illiteracy in Shantung Province, China. Ph. D. diss. , University of Pittsburgh, 1943:9—10. cited in Evelyn Sakakida Rawski. Education and Popular Literacy in Ch'ing China. Ann Arbor: University of Michigan Press, 1979:18.

统计的情况下,我们可以从女性的入学人数中看到其初步的发展。如在1923年,女生在大专及以上程度的高等院校中所占的比率为2.42%,在中学所占的比率为3.14%,在国民学校所占的比率为6.33%。①到1930年时,这个比率进一步提高,在中等教育中女生的比率为17.6%,在初等教育中女生的比率为15%,②但这个比率仍然远远低于全国平均识字率。

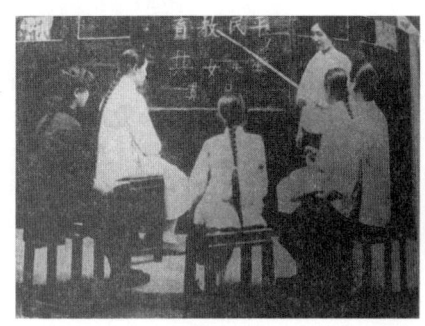
女性识字教育

参与平民义务教育的女生

在经济比较发达、平民教育推广得比较好的地方,民众识字率通常远高于全国的平均识字率。在一项对年龄为19—70岁的江苏农村居民的学校教育的调查中,超过40%的人具有一定程度的阅读能力,③而在广东地区,这个比率要高得多。④ 这个数据和20世纪30年代中期对江西省215个村庄进行调查的结果相近,在1934年政府开始在那里推行乡村教育之前,江西的总人口中只有21.9%的人具有

---

① 《中国教育统计概览》,1924年7月。见中央教育科学研究所《中国现代教育大事记》,北京:教育科学出版社,1988年,69页。
② 教育部教育年鉴编纂委员会:《第一次中国教育年鉴》,丁编,上海:开明书店,1934年,215页。
③ 郭人全:《乡村教育》,上海:黎明书局,1934年,47—49页。
④ C. K. Yang. *A Chinese Village in Early Communist Transition*. Cambridge, Mass.: The MIT Press, 1959:181.

识字能力,而之后则有了较大的提升。① 在 20 世纪 30 年代对云南乡村的调查中,超过 6 岁的人口中有 22.9%的人具有阅读能力。这个数据包括那些在社会经济底层的流动人口,如果只统计定居村民的话,31%的人具有读写能力。② 日本研究者在对中国北方农村 20 世纪 30 年代和 40 年代的调查中发现,几乎每个村庄都有能够读写的人,但是这个阅读群体的识字水平非常不均等。百分之八九十的村民能写出自己的名字,而能阅读报纸的人仅占 30%。③

另外,大众识字率还与经济以及职业状况有着密切的联系。根据晏阳初对 20 世纪 20 年代奉天军队的研究,16.6%的士兵具有读写能力。埃德加·斯诺(Edgar Snow)发现 1936 年时百分之六七十的红一方面军战士具备读写能力,而他们中很多人来自最贫困的地方。在 20 世纪 30 年代的河北保定地区,从事教育及在政府、军队工作的人中 71%具有读写能力,48%的商人、33%的农民、18%的手工业者具有读写能力。④

在城市工人阶层中,识字率也较高。在 20 世纪 30 年代,城市普及了工人阶级扫盲教育。1949 年中华人民共和国成立前夕,鞍山 30%的工人、沈阳 35%的工人具有读写能力。在工业中心上海,1951 年有 54%的城市雇佣者具有读写能力,这远远高于同时期全国的

---

① Jen-Chi Chang. *Pre-Communist China's Rural School and Community*. Boston: The Christopher Publishing House, 1960:77.
② Cornelius Osgood. *Village Life in Old China:A Community Study of Kao Yao, Yunnan*. New York: Ronald Press, 1963:95.
③ Ramon H. Myers. *The Chinese Peasant Economy:Agricultural Development in Hopei and Shantung*, 1890—1949. Cambridge, Mass.: Harvard University Press, 1970: 62,82,102,119; Martin C Yang. *A Chinese Village:Taitou, Shantung Province*. New York : Columbia University Press, 1945:137,144.
④ John N. Hawkins. *Mao Tse-tung and Education:His Thoughts and Teachings*. Hamden, Conn.: Linnet Books, 1974:208; Hsi-Sheng Chi. *Warlord Politics in China*, 1916—1928. Stanford, Calif.: Stanford University Press, 1976:109.

20%—30%的平均水平。据1951年一些教育类杂志的调查显示,许多工人已经知道怎样记账和写简单的信件,社会上普遍的识字运动为维持他们的学习兴趣而不得不为他们提供更高等的学习材料。①

上述通过各种途径接受了教育,具有初步阅读能力的数量庞大的学生、在城市中普及了扫盲教育的工人和其他散布在各种职业中的普通市民,以及乡村中接受过一定程度私塾教育的村民等形成了一个规模庞大的阅读人口,构成了我国历史上大众阅读人口的主体。

第二节 从乡民社会到市民社会的转变

传统的中国社会是农业社会,城镇极少,绝大部分人口散居在广大的乡村,他们远离城市,生活自给自足,加上交通设施极其落后等原因,很多人一生一世都难得踏入府、州、县城一次,其子弟就更难有此奢望了。建立在这种小农经济基础之上的乡民社会在整个社会结构和流动性上都具有较大的稳定性。晚清以来,随着国门的打开,沿海、沿江商埠的开放促进了一批半殖民地化城市的发展。一方面,旧式的农村渐遭破坏;另一方面,新的都市勃然兴起。通商口岸与租界的设立,航运的开发与铁路的修筑,贸易的发达以及各式工商设施和服务性行业的兴起,使以沿海、沿江通商口岸为代表的晚清城市经济结构发生了显著的近代化变动,也带动了新兴城市的出现。清朝末期,上海、汉口、天津、广州等成为华洋杂处、各业兴旺的大都市,原来的一些穷乡僻壤也成为商务繁盛的新兴城镇。上海开风气之先,贸

---

① Evelyn Sakakida Rawski. *Education and Popular Literacy in Ch'ing China*. Ann Arbor: University of Michigan Press, 1979:20.

易工商在国内首屈一指,其"市面繁盛,航路交通为中外商人鳞萃之区"①。上海附近的一些地方,也深受其影响,如原为蚕稻之乡的无锡,地处水路要冲,民国以后一跃成为国内最大的工业中心之一,住民职业由农而工,生活方式发生了较大变化。在沿江城市中,武汉据形胜之地,汉口"舟楫之辐辏,货物之聚散,其盛不亚于上海"②。北方的通商巨埠天津,"富庶繁华甲于都会"③,原来比较封闭的济南也呈现出"市廛栉比,路线纵横,物产骈罗,商贾辐辏,日新月盛"④的面貌。近代商品经济的勃兴,不仅改变了原有的社会结构,还改变了传统的城市形象。以这些商业城市为中心,一个初具规模的工商经济社会在19世纪末渐趋形成,到民国时期已经初具规模,到1947年时全国35个省就有了12个院辖市、57个省辖市、2016个县这样庞大的现代城镇规模。⑤

在城市经济繁盛的同时,依赖工商业、与新的生活方式相联系的市民群体不断发展壮大。在晚清小农经济的不断衰微以及连年的灾荒、战乱的逼迫下,从乡绅、富商到破产农民,农村社会各色人口向城市持续流动以寻求谋生机会,既带来了城市繁荣,也促使城市人口迅速膨胀,与乡村人口比较,城市人口具有较高的识字率和文化素质。随着生活空间的扩展和生活方式的变化,与近代文明紧密接触的城市人群在具有相对稳定的生活保障后,产生了越来越强烈的文化消费愿望。城市文化消费群体率先在沿海、沿江一批新的工商城市里

---

① 天津市档案馆等:《天津商会档案汇编(1903—1911)》,上册,天津:天津人民出版社,1989年,170页。
② 武汉大学历史系中国近代史教研室:《辛亥革命在湖北史料选辑》,武汉:湖北人民出版社,1981年,284页。
③ 天津市档案馆等:《天津商会档案汇编(1903—1911)》,上册,天津:天津人民出版社,1989年,84页。
④ 《山东商埠开局期间收支清单》,载《历史档案》,1988年第3期。
⑤ 郑宝恒:《民国时期行政区划变迁述略(1912—1949)》,载《湖北大学学报》(哲学社会科学版),2000年第2期。

成长起来，成为市民文化兴起和发展最重要的基础，①也成为大众阅读兴起的重要环境因素，因为大众阅读也是市民文化消费的主要方式之一。城镇较之农村阅读人口相对集中，城镇尤其是大都市更是成为图书、报刊等现代传播媒介的内容生产地和聚散地，市民能够借助现代交通工具和各类公共设施，及时、便捷地阅读到想阅读的内容，了解到相关信息。这里聚集着规模和影响最大的出版社，全国数量最多、办学最成功的新型学校、格致书院，还有邮政、电报、电话、现代印刷技术、公共图书馆、戏院、电影院、公共园林等。所以，在这个意义上说，大众阅读活动也是现代城市兴起和发展的产物。

首先，对于公众而言，阅读活动的推动和进行需要一定的设施和公共环境。19世纪末期以后，在民间和官方的共同作用下，产生了一批为市民服务的公共文化设施。晚清城市一些早期的文化设施主要由来华外国人在租界创办，很少有中国人参与。至清朝末年，情况则发生了显著的变化，一批进步知识分子和开明士绅从启蒙社会的角度出发，积极提倡创建文化机构。维新变法时期出现的各种学会组织中，不少附设有藏书楼，搜罗图书，供人阅览，并出现了阅报总会之类的公共报刊阅览机构。至20世纪初，捐资兴办藏书楼、公共图书馆、报刊阅览室等文化机构成为颇具规模的一股社会风潮。一批不同于传统藏书楼，即面向公众开放的新型图书馆在大中城市出现，报刊阅览室等直接面向大众、设施相对简单的阅读场所更呈现出普及势头。以北京为例，从1905年4月到1907年10月，就出现了各种名称的阅报社45处，居全国之首。② 受其影响，天津和直隶各地也出现了一批公共阅报机构，它们成为市民开展文化活动的重要场所。在

---

① 田涛、樊仰泉：《清末市民文化的兴起》，载《山西煤炭管理干部学院学报》，2002年第4期。
② 罗检秋：《近代中国社会文化变迁录》，第三卷，杭州：浙江人民出版社，1998年，399—405页。

民间社会的推动下,清政府也尝试开办了一些公共文化机构。各地官府陆续出资修建图书馆、博物馆、公园等。1906年,出洋考察宪政的大臣端方、戴鸿慈回国后,向清政府建议设立图书馆、博物院、万牲园(动物园)、公园等公共文化设施,作为"优游休息之地","足益见闻之陋",以开启民智。① 清政府开始在各城市兴建这类文化设施,省级图书馆相继出现。1909年,学部奏请设立京师图书馆作为国家图书馆,并制定了在省、府、县成立各级图书馆的章程。在京师图书馆的带动下,这类文化设施渐趋扩散,成为市民进行阅读活动的公共文化场所。这些都说明清末的公共文化设施得到了很大的发展,成为大众阅读文化兴起的重要象征。

1914年建立的山东牟平民众教育馆(初名通俗图书馆)

其次,城市中众多的文化团体为市民进行直接阅读活动和分享阅读活动创造了条件,他们通过各种文化活动引导市民阅读和学习。在清末社会改良的背景下,民间性的文化社团开始活跃在城市社会,介入市民的日常生活。各种学会、教育会、宣讲所、演说会以及习俗

---

① 《考察政治大臣端方、戴鸿慈奏陈各国导民善法请次第举办折》,载《大公报》,1906年12月8日。

改良团体次第举办,仅就教育团体而言,1909年全国就有各级教育会723个,会员48400余人。① 这些组织积极参与城市公益文化活动,开办各类教育机构,创办刊物,在推动市民阅读的同时,成为城市中最活跃的文化实体。上海的人镜学社以"开通知识"为宗旨,设"阅书""讲学""课艺""体育""国语"五个支部,②其面向市民进行社会启蒙的意图不言而喻。这些文化团体和文化机构的活动,对市民阶层产生了广泛的影响,在一定程度上表达了大众的情绪与倾向,促使新的社会文化网络在城市社会中形成。

再者,新媒介的兴起和迅速发展也为大众阅读的发展提供了契机。以图书、报刊为主的新式传媒在清末的大量出现是社会文化领域最重要的现象之一,这些新媒介在引导民众转变思想观念的同时,促进了一系列社会公论的形成。揭露帝国主义侵略,警示亡国灭种危机,提倡爱国精神,国家、国民、国权、主权等成为社会的流行词语。维新运动时期,民间自办报刊开始呈现一定的规模,到20世纪初则形成了高潮,1905年到1911年,全国先后发行报刊600余种,其中直接或间接为清政府所控制的不到10%。③ 在清末十数年间,还出现了100余种白话报刊,这些白话报刊面向民众进行启蒙宣传,文字浅显易懂,很受市民的欢迎,其中以"普通住民"为销售对象的《杭州白话报》发行七八百份,居于杭州各报发行量的首位。④ 一些白话报刊还在京、津、沪及许多省份设代派处、代卖处等机构。

由民间社会创办的报刊在地域上集中于城市,它们以相对独立的姿态体现着新兴市民阶层的意愿,实际上成为市民表达情感和意识的重要载体。在这些新媒介的导引和其内容的影响下,宣传科学

---

① 姜义华:《我国近代型知识分子群体简论》,载《近代史研究》,1987年第1期。
② 汤志钧:《近代上海大事记》,上海:上海辞书出版社,1989年,584页。
③ 桑兵:《晚清学堂学生与社会变迁》,上海:学林出版社,1995年,285页。
④ 杨光辉等:《中国近代报刊发展概况》,北京:新华出版社,1986年,91、102页。

知识,反对迷信鬼神,倡导习俗改良,号召捐资兴学,强调以教育求自立,揭露礼教束缚,提倡女子教育、婚姻自由,反对缠足恶习等,都成为当时观念变革中最具有共同性的倾向。这些趋向一致的公众舆论体现了社会心理的变化,也体现了当时大众阅读基本的精神取向。

最后,在新兴的公共文化领域,消费性文化产品和娱乐性文化产品的繁盛为大众阅读提供了丰富的内容。清末以后,各类切合市民口味的文艺作品在城市中十分流行。晚清印成单行本的小说据称"至少在两千种以上"①。根据对《中国通俗小说总目提要》正目的统计,1840年至1911年的白话通俗小说约有650部,其中绝大部分产生于晚清这段时期。1902年至1911年,以"小说"命名的杂志有21种之多,②小说的类型也十分繁多,有谴责小说、政治小说、社会小说、历史小说、军事小说、科学小说、侦探小说、言情小说、冒险小说等,内容无所不包。文艺性的"小报"也在都市中走俏,据阿英的统计,清末此类小报有32种。③这些小报以谈风月、说勾栏为内容,供人娱乐消遣,足以反映市民的娱乐性趣味。各种通俗画刊在市民中也很流行,在1877年至1912年出版的118种画报中,大部分出现在1901—1912年,④说明这些形象、直接的艺术作品相当有市场。其他如戏剧、民间评书、弹词、鼓词等传统文艺形式,以及西洋电影、话剧等新型娱乐形式也极受市民的欢迎。随着戏剧改良和电影的输入,新式戏院、电影院陆续产生,吸引不少市民的关注。上海南市本是偏僻之地,自夏月润、夏月珊兄弟在此设立新式舞台后,一时竟变得大为热闹起来。这表明文化消费成为市民日常消费

---

① 阿英:《小说三谈》,上海:上海古籍出版社,1979年,197页。
② 陈平原:《二十世纪中国小说史》,第一卷,北京:北京大学出版社,1989年,68、69页。
③ 阿英:《晚清小报录》,见杨光辉等《中国近代报刊发展概况》,北京:新华出版社,1986年,116页。
④ 据彭永祥《中国近代画报简介》一文统计。见丁守和《辛亥革命时期期刊介绍》(四),北京:人民出版社,1986年,656—679页。

中一项不可缺少的内容。这些文艺形式常常与图书、报刊的阅读互相带动、互相影响,它们共同丰富了市民生活。比如一部小说在报刊上连载受到欢迎,继而会以单行本问世,如果畅销,又会以戏剧或电影的形式吸引更多的观众;反过来,一部电影或戏剧的热映也会带来书籍的畅销。这些媒介形式彼此形成了互动,有力地推动了大众阅读多样化、多层次地发展。

从根本上说,这种与现代城市发展息息相关的大众阅读体现了在大变革中的工商经济时代市民群体的文化需求和精神需求。一方面,在这些具有辐射影响的大大小小的城市空间中,传统的大众文化与新型的文化社团、传媒工具相结合,使这些原本属于边缘地位的文化形式逐渐取代了政治伦理在文化体系中的核心地位,广泛散布于社会,成为大众阅读的主流;另一方面,在西方现代文明的影响下,各种公共文化设施和文化活动相继出现,各类民间性社会文化团体普遍产生,新兴的公共媒介迅速成长和发展,多种流行文化产品之间互动频繁,这些成为民国时期大众阅读兴起的重要原因。

第三节　阅读成本的普遍降低

阅读成本是影响阅读人口能在多大层面上展开的核心因素,因此当阅读成本普遍降低,尤其是降低到民众能够比较轻松购买书籍的程度时,大众阅读的形成才成为可能。识字率的高低和书籍获得的难易程度是直接制约阅读活动能在多大深度和多大广度上进行的两个不可或缺的因素。对于识字率,我们在上一节中已经谈到,这里主要对作为阅读成本表征的一个核心要素——书籍价格进行研究。

只有当书籍价格和日用品价格一致或者接近日用品价格时，社会中大规模的读者阅读才会成为可能，而不少研究者指出，经济因素常常比识字程度更能制约大众对于书籍的购买和阅读。① 在中国古代社会，制约书籍价格的因素通常有以下四点：一是物质工本的条件，如雕刻、抄写的质量，用纸的好坏；二是形式上的条件，如精粗之别，美恶之感，工拙之高下；三是内容上的要素，如正伪、时代的远近等；四是发行上的因素，如刻印地的远近、是否畅销、是否罕见、是否急用等。② 通常来说，书籍成本的高低直接体现了阅读成本的高低。手抄本书比刻本书成本高，生产效率低，所以价格高得多。从已知历史记载来看，唐代写本书的价格大致为每卷1000文，而印本书的价格平均每卷约110文，相当于上述写本的十分之一。③ 在明代中后期，刻本书每卷售价1.8钱，抄本书每卷售价2.5钱，抄本书的价格大大高于刻本书的价格。④

在古代社会，尤其是在雕版印刷事业最昌盛的清代，为了适应底层士子学习的需要以及民间一些文化消费和宗教阅读的需求，存在很多印刷质量低、版本和用纸都较差，但价格很便宜的"兔园册子"、

---

① 佩瑞·林克：《论一二十年代传统样式的都市通俗小说》，陈思和译，见贾植芳《中国现代文学的主潮》，上海：复旦大学出版社，1990年，124页。
② 肖东发：《中国编辑出版史》，沈阳：辽宁教育出版社，1996年，352页。
③ 据北宋《宣和书谱·正书》"小字三教经"条的记载，唐末女子吴彩鸾"以小楷书《唐韵》，一部市五千钱，为糊口计"。《唐韵》凡5卷，则平均每卷1000钱。在敦煌石室发现的写本经卷中，有的附注出当时的写本价。如《药师经》1卷，酬资1吊（合1000文）；《大涅槃经》40卷，酬资30吊；《法华经》7卷，酬资10吊。由于每卷文字有所差别，这反映在书价上略有高低是正常的。从总体上讲，在唐代，敦煌写本经卷的酬资相当于每卷1000文左右，这就从现存实物证据的层面，肯定了北宋《宣和书谱》记载的中晚唐时期的写本售价。下面一例可以间接说明晚唐印本书的价格。日本学问僧圆仁838年至847年入唐求法9年，写下了日记《入唐求法巡礼记》，其中有他于唐文宗开成三年（838）在扬州买书的记载："买维摩《关中疏》四卷，价四百五十文。"由于圆仁买书与吴彩鸾卖书都在唐文宗时期，书价不应该如此悬殊，因此有学者推断圆仁所买乃印本书。
④ 袁逸：《明代书籍价格考》，载《编辑之友》，1993年第3期。

口袋字典、小说话本、宝卷等一类的书籍,其价格甚至还不到一碗面钱。① 但从总体上来看,在中国古代,主要的读者群体是科举系统下培植起来的士大夫阶层,他们通常不仅仅作为单纯的读者存在,而且集书籍生产者(作者、资助人、印刷者)和消费者为一体,由于他们在政治上、经济上和文化上往往具有得天独厚的优势,即便是仕途失意者也有着较高的文化水平和一定的经济能力,因此这群具有较高文化水平的精英分子一直在书刊市场上占据着绝对的统治地位,这个市场的高端被活跃的古旧书(善本书籍)贸易占据,并且引导了整个图书市场的走向,获得了这个市场的绝大部分利润。其突出表现就是书籍的高昂价格和在有钱人中竞相争建藏书楼而引发的破产并存。②

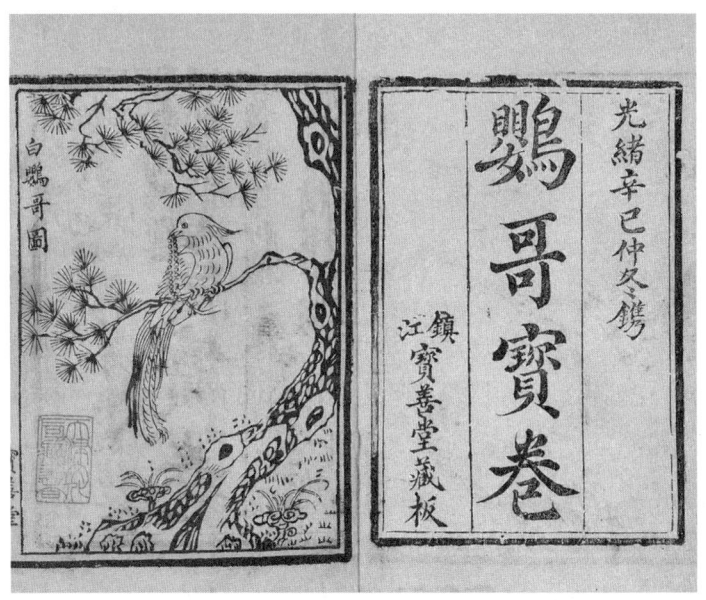

印刷精美、价格不菲的古书［清光绪七年(1881)宝善堂刻本《鹦哥宝卷》］

---

① Wu Ching-tzu. *When a Bowl of Noodles Cost Eight Cash* // The Scholars, cited in Evelyn Sakakida Rawski. *Education and Popular Literacy in Ch'ing China*. Ann Arbor: University of Michigan Press, 1979:121.
② Evelyn Sakakida Rawski. *Education and Popular Literacy in Ch'ing China*. Ann Arbor: University of Michigan Press, 1979:110.

一些常用的书籍,由于刻印质量较好,再加上运输成本,因此不是以普通民众为销售对象的,如一本刻印质量较好、字迹清晰、错误较少的《康熙字典》,如果刻印地距离销售地比较遥远,中间加上各种运输成本后,对一个清代山东的乡村教师来说,如果想购买这样一部当时较为常用的字典,得花上一年的薪水。①

在现代书籍生产中,影响书籍成本的最重要因素有两个:一是生产技术上的革新,二是市场需求。只有在大量社会需求的刺激下,大规模的书籍生产和书籍销售才会成为可能,书籍成本才可能降低,直至降到大众的日常购买水平。

从技术上来说,中国虽然早在13世纪就发明了活字印刷术,但鉴于政治和社会环境等方面的原因,活字印刷术一直没有得到广泛的应用和长足的发展,图书生产仍然以版刻为主。直到19世纪晚期,在西方殖民势力的入侵和西方科技文化的冲击下,国人才开始被动地进行印刷技术上的革新,进而广泛采用铅活字为主的活字印刷术,中国由此进入铅活字印刷时代。这些技术上的变革和新的工业生产设备的引入,使书籍大规模的生产奠定了现实物质基础。

从社会需求来说,由于社会的巨变,各种社会思潮异常活跃。一方面,人们迫切需要通过阅读来重新认识所处的时代和社会,通过获取新的信息和新的知识来发展自己,跟上时代的步伐;另一方面,大众文化的兴盛和发展促进了人们对各类文艺作品的阅读和消费,这些文艺作品既有通俗小说,也有新文学。这些阅读需求极大地刺激了出版业的发展,使大规模的书籍印刷具有了社会必要性。

过去刻本时代印刷能力虽然大大超过了抄本时代,但印刷数量和种类比较有限。雕版印刷每块版大约印30部,根据需要,可随时加

---

① Evelyn Sakakida Rawski. *Education and Popular Literacy in Ch'ing China*. Ann Arbor: University of Michigan Press,1979:122.

印，每块书版初印一共可印约 100 部。活字印刷的每版初印虽然多于雕版印刷，但通常印数只有 100 部左右，与雕版印数每版总印数大致相同。① 据不完全统计，宋元明三代的作品，现知的有三百多种，而刻本最繁盛的清代的作品也就一千多种。② 所以，从整体上看，可印书籍的数量受到了较大限制。19 世纪末 20 世纪初，随着西方印刷技术的引入和国内出版工业的发展，书籍的印量多以千数为基准，多的可以有上万册、几十万册乃至上百万册。如 20 世纪初在资产阶级革命思潮兴起之时，陈天华的《猛回头》初版 5000 册，不到 20 天全部售完；邹容的《革命军》前后翻印 20 多版，发行量超过 100 万册。③ 从书籍种类来说，民国仅一年出版的新书种数就超过了历代图书种类的总和。据统计，在 1912—1937 年我国平均每年出版新著 2811 种。④

民国书籍、书刊生产规模的扩大和印刷效率的提高，大大降低了书籍的成本，从而降低了书价，使普通民众购书成为可能，阅读逐渐走向大众化。如果以米价做比，在清代，一般的图书价格较高时，一册书价相当于 48 斤米，价格回落时，每册书价可折合为 34.4 斤米；⑤民国时期，在抗日战争前，一般的图书定价为 3—5 角钱，比较贵的是 1—2 元钱，一份报纸 3—5 分钱。以主要食物的价格做比较：抗战前夕，在上海、南京、北平、天津等地市场上，每斤 5—6 分钱，猪肉每斤 2 角钱，白糖每斤 1 角钱。这就是说，一册普通书相当于 5—10 斤米的价格。根据当时经济学家们的几十次社会调查统计结果，从事体力劳动的城市贫民五口之家维持生存的最低开支为每月法币 27 元，而知识阶层的最低

---

① 钱存训:《中国纸和印刷文化史》，桂林:广西师范大学出版社，2004 年，182 页。
② 石昌渝:《清代小说:如何由繁荣而衰退》，见《中国小说源流论》，北京:生活·读书·新知三联书店，1994 年。
③ 郭延礼:《中国近代文学发展史》，第三册，济南:山东教育出版社，1990 年，25 页。
④ 杨家骆:《中国古今著作名数之统计》，载《新中华》，1946 年复刊第 4 卷第 7 期。
⑤ 袁逸:《清代的书籍交易及书价考》，载《四川图书馆学报》，1992 年第 1 期。

生活费为每月 50 元，一般每月 200 元。① 这个书价与前代书价相比，较之普通家庭的收入，即使是收入比较低的人家，除基本生活开支外，一个月内买几本书也是大有可能的。

事实上，由于民国时期出版市场的激烈竞争和发行折扣的大量存在，读者实际购买书籍的价格往往大大低于书籍的定价。尤其在 20 世纪 30 年代，书业间的竞争竟出现了"一折八扣书"，即"定价一元，门市一角，批发八分"②的现象。这样一来，连原来那些价格比较高(至少一两元)的学术书籍居然也以很低的价格出售。林语堂在《翻印古籍珍本书》一文内用很大篇幅录了很多注明价格极低的"一折八扣书"，如《饮冰室全集》5 角、《随园诗话》3 角、《龚定庵集》1 角 8 分、《郑板桥集》3 分 6 厘、《徐霞客游记》1 角 6 分、《孟子集注》7 分、《经史百家杂钞》2 角、《十八家诗钞》4 角 5 分等。③ 而那些原来就比较便宜的《三侠五义》《增补麻衣相法》《施公案》《绿野仙踪》之类的畅销书就更为廉价了。这些书籍极为廉价，有人在小书店买了五块钱的文学参考书，竟然拿不动，必须叫了车才搬运回家。④

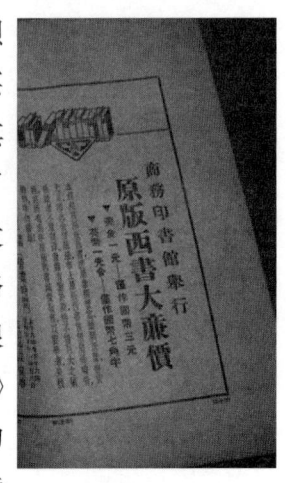

书籍打折宣传广告

---

① 以上关于民国时期的书价和收入水平的数据，见陈明远《文化人的经济生活》，上海：文汇出版社，2005 年，122—124，127 页。
② 平襟亚：《上海滩的"一折八扣书"》，载《出版史料》，1982 年 12 月第 1 辑。
③ 林语堂：《翻印古籍珍本书》，见《林语堂书评序跋集》，长沙：岳麓书社，1988 年，94 页。
④ 平襟亚：《上海滩的"一折八扣书"》，载《出版史料》，1982 年 12 月第 1 辑。

第四节　阅读传统的继承和发展

　　民国时期大众阅读的兴起和发展，离不开上述三个方面的物质条件和环境。作为一种精神活动，阅读如果没有形成一种文化和传统，得不到大众的认同，便很难在民众中发展起来。因此，作为一种精神力量和生活理想而存在的阅读传统的延续和发展成为民国时期大众阅读发生和发展的内在动因。

　　在中国优秀的文化传统中，阅读是作为一种道德力量而存在的，累积千年，具有深厚的传统。在中国古代，阅读是一种接受信息的方式，也是一种娱乐的方式或学习的方式。因此，中国人在很大程度上是出于明理修身的目的而读书的。《颜氏家训》中就写道："若能常保数百卷书，千载终不为小人也。"[1]明人吴麟徵在《家诫要言》中说："多读书则气清，气清则神正，神正则吉祥出焉，自天佑之。"[2]中国古人正是看到了读书对个人成长和家族发展的重要性，才谆谆教诲自己的后辈要多读书。这种认识直接通过"家训"的形式世代相传，成为中国古代家庭教育的重要组成部分，蕴含着勤劳俭朴的美德化育、勇毅刚强的品德砥砺、知书达理的道德规劝、和衷共济的氛围营造等丰富的价值观念。例如明末清初的理学家张履祥教育其后代的家训就是"读书馆课之余，凡田家纤悉之务，无不习其事，而能言其理，谆谆以

---

[1]　颜之推著，王利器注：《颜氏家训集解》（增补本），卷三《勉学第八》，北京：中华书局，1993年，148页。
[2]　徐少锦、陈延斌：《中国家训史》，西安：陕西人民出版社，2003年，599页。

耕读二字教后人者"①。对于一个民族和一个时代的大众而言,如果没有这种世代相承的"家训"和信念,"阅读"很容易因其他因素的影响而飘摇不定,甚至被遗弃。因为"阅读"如果没有传统的阅读及文化积淀作为支撑,就会失去根底,很容易被削弱。

在民国时期,虽然受时代发展的影响,社会阅读形态和方式较前代发生了较大的变化,但是将读书与精神修养、人格提升联系起来,"耕读传家、书礼传家"的阅读却仍以一种巨大的精神力量在世世代代的文化传承中发挥着作用。种田可以事稼穑,丰五谷,养家糊口,以立性命;读书可以知诗书,达礼义,修身养性,以立高德。所以,"耕读传家",既学做人,又学谋生。在耕作之余,或念几句"四书",或读几句《三字经》《百家姓》《千字文》,或听老人讲讲历史演义,人们就在这样平平常常的生活中,潜移默化地接受着礼教的熏陶和圣哲先贤的教化。民国时期社会的发展和进步为普通人的阅读提供了更好的物质基础,同时民国时期新式教育的发展、读物的丰富和传播的便捷也普遍降低了社会阅读成本,这使原本已成为民族文化基因的阅读的种子突破了以往较为狭小的成长环境的限制,开始在更为广阔的世界中生根发芽,以强大的文化力成为大众阅读形成和发展的内在动力。

建立在这种阅读传统中的文化理念,在民国时期的家庭阅读中得到了进一步的延续和发展,以家庭为纽带实现了民族阅读认同。家庭阅读的主要影响因素是藏书和书香氛围。② 家庭阅读之所以不同于个人阅读,是因为它强调家庭环境对个人阅读的影响。这种影响首先是家庭藏书的影响;其次是家庭文化氛围的影响,这主要指家庭成员在文化以及读书方面的相互影响,这种影响既是直接的教导,也是潜移默化的熏陶。民国时期藏书家庭的数量远远超过历朝历

---

① 张履祥:《补农书》,陈恒力校释,北京:农业出版社,1983年,9页。
② 王玮:《试论家庭阅读的重建》,载《图书情报知识》,2004年第5期。

代,具有广泛性,家庭藏书在内容和数量上都得到了飞速发展。家庭藏书特有的方便性和个性化,也使家庭成员尤其是孩子可以随时随地阅读,从小培养起爱读书的习惯。江浙、湖湘、岭南等近代中国人才辈出的地域,都是家学极盛之所在,其实这些家学之中并没有什么秘不可传的东西,往往只是几本经书,以及一种热爱知识、热爱阅读的文化氛围而已。近现代很多名人在回忆录中提到自己的成就时,都会谈到受家中藏书的影响以及从小培养起的阅读习惯。除了知识分子家庭,对于那些家中藏书很少,甚至无力购买书籍的下层劳动阶层家庭而言,虽然他们无力去着意营造书香氛围,可是读书的神圣感和传统的价值取向也会促使其对于阅读的认同,从而让他们以各种不同的方式互相分享阅读,在孩子心中种下阅读的种子。例如一位老人在回忆少儿时代清末民初广州一位普通人家的生活场景时说:

> 我家的走廊前面是用花岗石铺成的,傍晚时分,吃过晚饭后,我们都会集聚在这里听长辈们讲古。有的人会从《三国演义》开讲,或者是将诸葛亮的某一个故事讲给我们听。讲故事的人开讲的时候都会先摇头晃脑念几句唱词,然后就以带着唱音的语调给我们讲故事,很是吸引我们。晚上睡觉之前,诵读几句诗词直至完全记住成为我们人生的一个部分。我们就以这样的方式继承着我们民族丰富的文学传统。①

类似的带有一定娱乐性的下层民众家庭阅读场景,在各种民国时期的相关记录中比比皆是,②这说明这种在家庭中分享阅读的方式

---

① Tin-Yuke Char. *The Sandalwood Mountains*: *Readings and Stories of the Early Chinese in Hawaii*. Honolulu: University Press of Hawaii,1975:257.
② Evelyn Sakakida Rawski. *Education and Popular Literacy in Ch'ing China*. Ann Arbor: University of Michigan Press,1979:238.

在当时颇为普遍。另外，阅读传统的延续还表现在对经典的阅读继承上。传统经典在 20 世纪不仅具有生命力，而且拥有广泛的读者。五四运动前后，新教育制度的确立和白话文的推行，以及受新文化运动思潮的影响，青年学生特别是中小学生已不把传统经典作为主要读物了。但由于传统教育的影响，当时一些中小学生仍然阅读大量的传统经典。因为在中小学学校教育之外，学生们常常受到家庭或社会的影响，有较多的机会阅读传统经典。① 社会上一些知名学者如梁启超、胡适、章太炎、顾颉刚、鲁迅、李笠、胡秋原、钱穆、汪辟疆、吴虞、王浣溪等人也经常向青年学生推荐传统经典。据相关统计，1919 年到 1937 年，学者们开列的传统国学经典书目就有 41 种（次），②《诗经》《论语》《孟子》《史记》《资治通鉴》《老子》《庄子》《荀子》《韩非子》《楚辞》《文选》《左传》等书受到了普遍的推荐。受这种氛围的影响，在阅读这些传统经典的过程中，那个时代不少中小学生和青年人不仅学习了知识，更了解了这些建立在"语言文字思想宗教习俗"之上的文明传统，"一部分久已在我们全社会上形成共同意识"，③从而深化了他们对于民族文化的认同，使之真正成为民族的一分子。在这种文化认同之中，就包含着对上述民族阅读理念的认知和坚持。

正是这些作为一种内在的精神和文化动力的阅读传统在民国时期的进一步延续，才在外部时机成熟的时候从内部有力地促进了大众阅读在民国时期的自觉发生和发展。

---

① 王余光：《传统经典阅读论》，见《读书随记》，南京：东南大学出版社，2002 年，4、5 页。
② 徐雁平：《胡适与整理国故考论——以中国文学史研究为中心》，合肥：安徽教育出版社，2003 年，313—320 页。
③ 梁启超：《国学指导二种·治国学杂话》，上海：中华书局，1936 年，26 页。

第三章　时代阅读风潮

与历代的民众阅读相比,民国时期的大众阅读具有读物种类丰富、读者覆盖面广等特点。这与这一时期新式出版业的发展、市民阶层的形成以及现代大众传播方式的出现有着密切的关系。在本章中,我们将在技术的革新带来的新式出版格局的形成、新式书籍制度的建立、现代出版制度建立等方面的论述的基础上,讨论民国时期大众阅读在内容和形式上的特点。

第一节　新出版业的发展

一、新式出版技术系统的应用和传统出版格局的变革

中国的传统出版业有着漫长的历史,从商周开始到鸦片战争后,无论是手抄复制还是雕版印刷和活字印刷,都以手工操作为主。从总体发展上看,形成了以木版刻印为出版技术特征、以线装竖排为装订排版形式、以经史子集为主要出版内容的传统出版业。从出版主体来说,形成了以官刻为主体,官刻、私刻、坊刻三大系统并存的局

面。在经营方式上,中国传统的出版业具有强烈的教化色彩和道德观念,虽然在民间不乏像扫叶山房这样具有商业经营性质且能延续百年的坊刻,但占据主导地位的还是为满足统治需要而刻印书籍的官刻。大量散落于民间的私人刻书的主要价值取向仍在于传播知识和保存文化,甚少关注能否获得经济利益。重义轻利被认为是人生的美德,而刻书正是于己有利、于人有功之举:"凡有力好事之人,若自揣德业学问不足过人,而欲求不朽者,莫如刊布古书一法。"[①]正是在这种思想的主导下,旧式的出版业在经营上难以形成规模,只能以作坊方式经营;在发行上也受到抑制,作为主体的官刻不事经营,流通渠道不畅,最多是坊刻商人单打零敲,所以民间很难大量获得书籍,这种局面在很大程度上阻碍了知识和文化的传播与普及,这种状况一直延续到19世纪。

19世纪以后,尤其是鸦片战争后,中国对外封闭的大门逐步被打开,随着与西方的频繁接触,中国人的视野由"王土"和"天下"扩展到了"世界"。随着新式技术和新式设备的引进,旧式的传统出版格局被逐渐打破,出版业取得了以下突破。

一是油墨制造上的突破。19世纪初,西方近代印刷术与印刷油墨同时传入中国。1913年,国人自办的第一家专业油墨制造厂——上海中国油墨厂,成为我国制造现代印刷油墨的开端,其产品分为印书油墨和印报油墨两种,其中印报油墨用于印刷上海《申报》《时事新报》、北京《国民公报》《大国民报》等,商务印书馆、中华书局皆用之。1937年抗日战争全面爆发前,中国油墨制造业已具有一定的生产能力和规模,这为新出版业的发展奠定了基础。

二是石印术通过西方传教士传入中国,中国的印刷技术有了新的突破。1833年,广州出版了石印中文月刊《东西洋考每月统记传》,

---

① 张之洞:《书目答问·劝刻书说》,上海:商务印书馆,1936年,77页。

继之出版了石印中文月刊《各国消息》。1874年,石印技术传入上海,最有代表性的事件是1876年点石斋石印书局成立。点石斋在全盛时期有石印全张机10多部,并在北京、浙江等地开设了20多家分店。19世纪80年代初,同文书局和拜石山房创立,与点石斋并称为三大石印书局。在三家大书局的带动下,石印技术得以迅速传播和应用,由上海推广至全国。20世纪初,随着新的先进胶印技术的引进,民国时期原来的一些石印业务逐步被取代,但就全国而言,直至20世纪50年代还是胶印与石印并存。石印之所以在相当长时间内没被淘汰,是因为胶印机价格高,橡皮布、锌版等制版材料又依赖进口,高昂的制版成本导致了高昂的胶印价格,当时一般要求不高的彩印品仍以石印合算,不同的产品用不同的印刷方法这一做法并不普遍。在全国出版中心和印刷中心上海,部分书局由石印改成胶印为主后,石印设备和石印业务仍保留了若干年。全国其他中小城市,在20世纪50年代前仍以石印支撑局面。① 这一时期,许多出版社都在主动地学习西方先进的印刷技术,经历了从石印到胶印,由胶印至铅印以及后来由铅印至更为先进的照相制排这一过程。胶印机虽然具有轻便、印刷速度更快、印刷效果更好的特点,但制版成本和印价高,所以并不十分普及。19世纪末,外国传教士在中国引入席卷欧美的古登堡铅活字印刷术,并带头研究中文铜模制作和活字浇铸,成套的中文铅字问世。伴随着手摇铸字机的引进、纸型取代泥型、多种大小幅面不同结构的凸版印刷机的设计、照相金属凸版的应用,铅印术以文字容量大、再版方便、印刷速度快、适应面广等特点而得到普及。这一系列的技术和设备的变革提高了制版的速度和质量,也促进了中国的新出版业得到进一步的发展。

三是可进行工业化生产的印刷设备的引进。由于动力的采用、

---

① 范慕韩:《中国印刷近代史初稿》,北京:印刷工业出版社,1995年,353、354页。

卷筒纸轮转铅印机以及自动铸排机等的发明和使用,近代印刷术在19世纪至20世纪初的百余年时间里进入了成熟阶段。19世纪70年代,上海、广州、天津、汉口等地出版机构的印刷设备一直来自外国。1872年,上海申报馆购置欧式手摇轮转机,每小时可印几百份报纸。1906年,由英国人发明的电气马达做动力的单滚筒机进入中国,新闻纸可两面印刷。1912年,申报馆购置双轮转机,每小时可印报纸2000张。1916年,申报馆购置法式滚筒纸印刷机,每小时可印报纸8000张。1925年,上海时报馆购置的德国彩色滚筒印刷机,是当时最先进的凸版印刷机械之一。

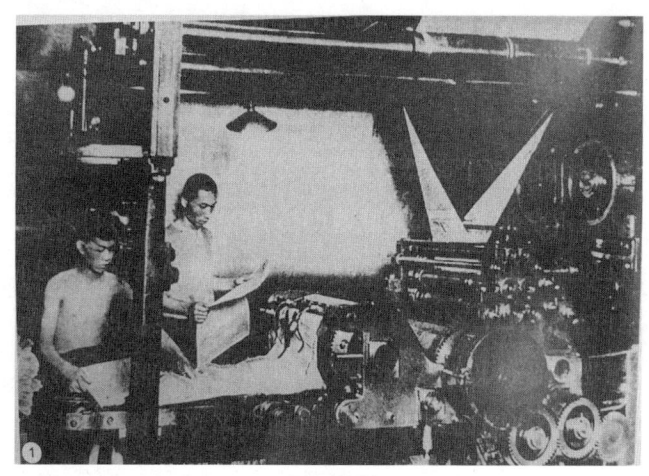

新式印刷机

四是机器造纸术的引进和造纸工业的发展。1904年,中国最早的一家官商合办的机器造纸厂——龙昌机器造纸公司,在上海高昌庙创立。清朝末年,中国的机器造纸厂虽然在数量、规模、生产能力诸方面有所发展,但其产品多是机制土纸,不适合近代的机器印刷,缺乏与进口纸竞争的力量。第一次世界大战的爆发,迫使西方列强集中力量于战争而无暇东顾,这给中国的民族工业带来了有利的发展时机,一批新厂逐渐建成投产。例如,1914年,广东江门造纸厂建成投产,大量生产本槽纸、包装纸、火柴盒纸等能满足市场需求的产品,年产约 900 吨。这样的造纸厂全国有 60 家左右,这些新兴的机器造纸厂生产的纸张品种包括连史纸、毛边纸、海月笺、有光纸、照相卡纸、新闻纸等近 20 个种类。①机器造纸业的兴起成为我国新出版业发展的重要条件。

从上述包括制墨、造纸、排版、印刷诸多要素在内的新式出版技术系统的引入和发展可看出,近代印刷术及印刷设备的引进,直接推动了中国新式出版业的建立和发展,使传统的出版生产模式摆脱了手工操作,走向机械化和工业化的新阶段。20 世纪一二十年代后,全国大部分省份都建有规模不同的铅印和石印的出版企业,照相铜锌版、照相凹版、珂罗版等各种近代印刷技术和设备都被广泛应用。生产力的解放进一步促进了生产关系的变革,中国的现代出版模式逐步形成,传统的出版格局被逐步打破,出版主体几经变化,最终民营出版占据了主流位置。从近代初期西方传教士首先引入新式出版业开始,随着洋务运动的开展,以京师同文馆、江南制造局翻译馆等为代表的官方出版机构开始壮大。甲午战争之后,维新志士在深重的民族危机的刺激下,致力于图书、报刊的出版活动,在他们的影响和带动下,各地报刊如雨后春笋般并起。仅 1896—1898 年,全国各地出版的报刊数量就在 60 种以上。② 这些报刊多是由个人或团体创办的,虽然有的不无官方背景,但基本上多属于民营性质。

20 世纪初叶,清政府在"新政"期间出台的制定学制和废除科举等教育改革措施,既促进了学堂在全国的大规模兴起,也推动了许多以中小学教科书为主要出版对象的民营出版社的发展和壮大。中国人口众多,教学用书印量巨大,新式学校的建立和教学用书的更新,

---

① 徐浣:《我国之纸及印刷》,载《报学季刊》,1935 年第 1 卷第 2 期。
② 据陈玉申《晚清报业史》(济南:山东画报出版社,2003 年)105—108 页列出的表格统计。

推动中国出版业(特别是民营出版业)进入了一个超常规发展时期。这一时期几家著名的出版社,如商务印书馆、文明书局、中华书局等都是民营性质的出版社。它们或是因出版教科书而成立,或是中途以出版教科书而发家。特别是1897年创办于上海的商务印书馆,经过几年的发展和累积,从一个小小的印刷作坊一跃成为一家实力雄厚的大企业。1911年,该馆出版图书141种583册,[①]营业额达1676052元;[②]1913年时总资本就达150万元,为初创时的400倍,[③]商务印书馆的负责人张元济被称为"新出版的辟草莱者"[④]。这一时期的民营出版企业已真正成为我国出版业的主力军,其主导地位贯穿了民国近40年的全部历史。

二、新式书籍制度的建立

书籍制度主要指书刊的形制,它是直接影响读者阅读的因素,包括排版的形式、装订的方式和相关的装帧以及其他影响书刊形式的因素。概括而言,我国古代书籍制度主要分为三大类,即简牍制度、卷轴制度和册页制度。每一种书籍制度都会导致相应的装帧、书写方式、字体、开本等因素的变化,从而导致读者阅读方式和阅读习惯的变化。民国成立以前的书刊基本上采用传统的线装形式,民国成立以后尤其是新文化运动以后,随着出版技术的改进和新思潮的传播,以竖排平装为特点、采用新式标点和现代装帧的新式书籍制度逐

---

① 张静庐:《中国现代出版史料》,丁编下卷,北京:中华书局,1959年,319页。
② 庄俞:《三十五年来之商务印书馆》,见《商务印书馆九十五年——我和商务印书馆》,上海:商务印书馆,1992年,752页。
③ 张树栋等:《中华印刷通史》,北京:印刷工业出版社,1999年,489—511页。
④ 汪家熔:《商务印书馆史及其他——汪家熔出版史研究文集》,北京:中国书籍出版社,1998年,296页。

步取代了旧式书籍制度,并逐渐得到普及。在标点符号的使用上,1904年商务印书馆出版的《英文汉诂》是第一本采用新式标点的出版物,但直到1918年,新文化运动的机关刊物《新青年》第四卷率先使用新式标点时,在当时出版界、文化界有识之士的响应和呼吁下,胡适、钱玄同、周作人等人拟订《请颁行新式标点符号议案》,该议案明确指出新式标点有助于教育和知识的普及,有利于普通人"断句"和阅读书报,随即这一议案被当时教育部采纳并颁布实施,①之后新式标点才在出版物中逐步得以推广。

从装订的方式上看,中国的书籍装订,经过从简策装到线装等长达两千多年的演变之后,到了近代,随着西方近代印刷术的传入和发展,在西方书籍装订的影响下,进入了平装和精装的装订时代。平装和精装逐渐取代了中国传统的线装,占据了图书装订市场的主导地位。这种变化与新式出版技术的引进直接相关。可供阅读书刊种类的丰富也要求装订形式的多样化,从而以利阅读。平装根据不同的阅读要求和书刊种类的不同,又可分平钉、骑马钉、无线胶装、活页装、穿线装等多种形式。一般书籍的装订用平钉;杂志和较薄的书籍用骑马钉,这样可以将书页摊平,便于翻阅;因无线胶装的书籍胶水易于硬化,翻阅日久书页容易脱落,不够牢固,故时间性较强、短期使用或不经常使用的书籍可用无线胶装;日历、照相册等一般用活页装;穿线装是平装书中装订最牢固、效果最理想的装订方法,这种装订方式不受书册厚薄的限制,翻阅比较方便。精装书籍通常成本较高,售价远远高于平装书籍售价,所以多用于页数较多、经常使用、需长期保存、要求美观和比较重要的图书,比如封面和封底要求用硬质或半硬质的材料做成的各种类型的工具书。②

---

① 张静庐:《中国现代出版史料》,甲编,北京:中华书局,1954年,247页。
② 张树栋等:《中华印刷通史》,北京:印刷工业出版社,1999年,571页。

至20世纪20年代,新式书籍制度逐渐取代原有的线装制度,居于主导地位。书刊排版方式也发生了相应的变化。20世纪以前,虽然在书刊印刷上已经采用了新式的技术和设备,但受中国读者传统阅读习惯的制约,书刊形式并没有太大变化,仍然模仿雕版书籍的形式,栏、界、中缝齐全,双页单面印刷,线装,以竖排为主。随着出版物内容的极大丰富,外国字母文字图书、含有公式的科学读物等大量出现,竖排的方式越来越不能适应阅读需要。一些西文书籍和介绍西方自然科学成果的刊物率先采用了横排的方法。如1904年商务印书馆出版严复的《英文汉诂》就完全采用横排的方式,一些数学书籍也采用此种方式。1915年,一群旅美留学生办的《科学》刊物也采用了横排版的方式,其后陆续出现了不少横排版的书刊。从总体上来看,由于传统阅读习惯的改变需要一个渐进的过程,因此民国时期竖排版的书籍仍然占主要地位,直至20世纪50年代,这个转变才基本完成,中国人的阅读才开始真正进入横排的时代。

中国第一本采用横排、西式标点的书籍《英文汉诂》封面

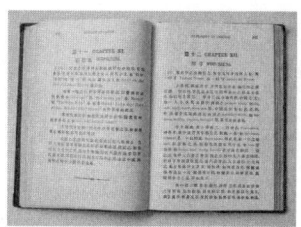

中国第一本横排书籍《英文汉诂》内页

随着近代图书装订形式由中国传统的线装进化到平装、精装,包括图书的开本、字体、封面、环衬、扉页、版面、插图以及前已述及的装订在内的书籍装帧也发生了重大变化。譬如,书报的开本日趋固定,书籍的开本有统一的规格,报纸的开本从书本式改为《时报》式的对开大报版式;封面的设计五颜六色、千姿百态;版面格式多种多样;插图增多,图文并茂;标点符号的使用日趋成熟;字体受西方影响,向美化方向发展。总之,书刊印刷在装帧领域也取得了很大的进步,呈现

出一片勃勃生机。① 我国古代文人对书籍装帧十分讲究,唐代以后人们对书籍阅读的需求逐步加大,要求书籍内容丰富和形式完美的观念逐步增强,开始出现简洁的装帧设计和制作精良的木板插图,如咸通九年(868)的《金刚经》、明版的《三国志演义》、陈洪绶绘制的《水浒叶子》《西厢记》等,使古代的书籍装帧在内容和形式上得到极大的丰富。然而装帧艺术是与物质因素、生产条件和审美观念相适应的,古代的精美装帧受历史条件的制约,许多特点不能为近代读者所接受。与读者和市场紧密相连的近代书籍装帧,从以往偏重于制作工艺的范畴中解脱出来,开始朝着专业化的方向发展,装帧艺术有了历史性的飞跃,一时名家辈出,一大批装帧艺术家应运而生,如陶元庆、丰子恺、司徒乔、钱君匋、叶灵凤、蔡若虹、黄苗子、梁白波、张光宇、叶浅予、陆志庠、郑川谷、莫之恒、曹辛之等。

在印刷技术和美术手法双重作用力的推动下,书籍装帧发生了显著的变化,书籍艺术进入了多样化的探索阶段,字体、构图、图案变化多端,绘画也被引入到书籍的封面上来。新的书刊出版业要运用一些具有现代风格的版式和一些特殊的印刷技术和材料,以适应不同的市场需要。1904年的《东方杂志》、1909年的《域外小说集》等书刊用中国画、风景人像等装饰封面,开现代书籍装帧先河。② 随后,插图成为装帧的重要内容,无论是严肃的学术著作,还是雅俗共赏的通俗书籍,出版者都十分注重插图的应用。人们在书籍中能欣赏到版画、照片、漫画、油画、水墨画、素描、钢笔画、碑文拓印等多种类型的插画。插图的运用将可读性和可视性结合起来,使二者相得益彰。如鲁迅所言:"书籍的插画,原意是在装饰书籍,增加读者的兴趣的,

---

① 张树栋等:《中华印刷通史》,北京:印刷工业出版社,1999年,572页。
② 黄镇伟:《中国编辑出版史》,苏州:苏州大学出版社,2003年,312页。

但那力量,能补助文字之所不及,所以也是一种宣传画。"①

这种包括书籍装订、装帧、排版、开本在内的现代书籍出版制度的确立是19世纪末20世纪初中国新书刊出版业发展的直接体现和最显著的成果之一,它的出现使出版物的形式发生了重大变化,也深刻影响了一个时代读者的阅读方式和阅读行为。

三、现代出版与传播制度的建立

民国时期是我国现代出版与传播制度的建立和发展的时期,与传统的书籍刻印和流通相比,这一时期的出版具有了现代化的雏形,并建立了相应传播通道和系统。书刊的出版作为一种媒介传播方式,给社会带来的变化通常是通过三个层次来渗透的:一是技术上的变革,二是思想层面上的变化,三是制度和行为层面上的变化。我们这里所要讨论的是在新式印刷术、造纸术、装订术逐步取代传统手工操作而在技术层面上得到确立和普及后,在民主、科学等西方资产阶级启蒙思想的熏陶下,一种新式的、具有现代色彩的出版方式在制度层面上得以确立,从而以行之有效的方式极大地推动了新思想的传播和新知识文化的普及。正是在这个层面上,现代出版以一种新兴媒介的力量改造着国人对世界的认知。

一是相关出版法律制度的建立和现代版权观念的形成。

我国的出版立法始于清末的"预备立宪"。"预备立宪"期间,清政府先后颁布了《大清印刷物专律》(1906年)和《大清报律》(1908年),这是中国最早的新闻出版法,是近代新出版业发展的产物,是对著作者的经济利益与精神利益进行保护的法规。它完成了从政府公告到版权合约再到版权立法的过程。民国初期,临时政府颁发了《中

---

① 鲁迅:《"连环画"辩护》,见《鲁迅全集》,第五卷,北京:人民文学出版社,1973年,41页。

华民国临时约法》,此法规定人民有言论、著作、刊行及集会、结社之自由,人民有书信、秘密之自由,人民有选举及被选举之权等。一时间,报纸风起云涌,蔚为大观。过去中国媒介的重镇是上海,报人假公共租界的法律以求自保。民国初期,情况则有所不同。"宋案"①发生前,全国报馆有500多家,北京独占五分之一。报纸的销数多达4200万份。② 1914年后,北洋军阀政府在统治期间,先后颁布了《审定教科用图书规程》《修正审定教科用图书规程》《教科书末页附印部令及规程摘要》《报纸条例》《出版法》《著作权法》等出版法规。

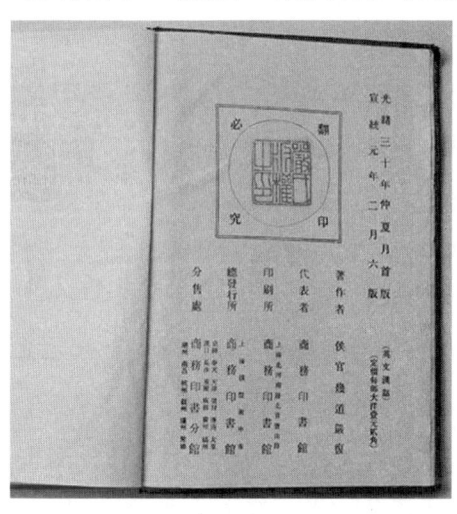

新式书籍上的版权页

1926年1月29日,经北平报界要求,临时执政段祺瑞明令废止袁世凯政府于1914年12月颁布的《出版法》。国民政府1930年12月颁布新制定的《出版法》,该《出版法》共44条,包括总则、新闻纸及杂志、书籍及其他出版品、出版品登载思想之限制、行政处分、罚则共

---

① 宋案:1913年3月,国民党代理理事长宋教仁在上海车站遇刺身亡。
② 戈公振:《中国报学史》,北京:生活·读书·新知三联书店,1955年,178—181页。

六章。① 该《出版法》相比北洋政府《出版法》详细了许多,把出版品分为新闻纸、杂志和书籍及其他出版品;在登记制度方面对待不同的出版品也有区别,分别予以详细规定;采取了事前干涉、事后追惩,预防和追惩并行的方法。

1931年11月,国民政府公布了《出版法施行细则》,对出版物做了严格的限制。此细则共25条,对出版法的原则和办法加以具体规定,对出版物的审批更趋严格,出版物一般要经过国民政府内政部和国民党中央党部的登记批准。

在出版法规确定的同时,一系列的著作权法颁布施行。其中包括《大清著作权律》。1912年9月21日,北洋政府内务部发布《著作物呈请注册暂照前清著作权律分别核办通告文》,宣称"查前清著作权律,尚无与民国国体抵触之条,自应暂行援照办理"②。此通告文后附有《大清著作权律》全文。直至1915年11月7日,北洋政府才以大总统的名义发布了新的《著作权法》。1928年5月14日,国民政府公布了新《著作权法》,此法吸取了《大清著作权律》和北洋政府《著作权法》的立法经验,在它们的基础上做了一些修改、补充。该法基本上没有超出前两法的范围,仅在著作权内容、登记注册生效制度、外国人作品保护等方面做了一些补充。为了保证《著作权法》的实施,根据《著作权法》的规定,国民政府在公布《著作权法》的同日公布了《著作权法施行细则》,该细则共15条,主要规定有关注册的各项事宜。其中值得注意的是,第14条中对于外国人著作物注册的规定,是前两法中没有的,规定如下:"外国人有专供中国人应用之著作物时,得依本法呈请注册。前项外国人,以其本国承认中国人民得在该国享有著作权者为限。依本条第一项注

---

① 刘哲民:《近现代出版新闻法规汇编》,上海:学林出版社,1992年,104—109页。
② 周林、李明山:《中国版权史研究文献》,北京:中国方正出版社,1999年,133页。

册之著作物,自注册之日起,享有著作权十年。"①这一条其实与1903年中国与美国、日本所续签的商约中关于著作权的协定在原则上是一致的,但在著作权法规中对其予以正式规定,这还是第一次。

依法治理是现代政府对出版业管理的主要手段,随着相关法律条规的施行,出版者和著作者都可依法享受和行使相应的权利,出版界和著作界的法律观念大大增强,从业者和著作人开始有了用法律手段来解决版权纠纷和维护出版权的观念。例如1929年北新书局拖欠鲁迅巨额版税,鲁迅委托律师向北新书局索取版税,庭外和解后双方达成协议,鲁迅在当年剩下的4个月内追回版税8300元,第二年又追回1万多元。②

20世纪30年代,由于出版界的盗版问题非常严重,因此出版者为维护自身权益,利用法律打击盗版活动的事件层出不穷,其中比较有代表性的有上海仿古书局翻印开明书店和北新书局数十种书籍而被告上法庭的事件;北平市政府和公安局应商务印书馆、中华书局等多家出版机构的要求,联合打击北平的盗版活动。另外,1930年还发生了开明书店与世界书局的英文教科书版权纠纷等维权事件。

二是稿酬制度和专职作家群的形成。

稿酬制度的产生是现代出版业发展的结果,它在我国是随着新出版业的发展而逐步形成和完善的。虽然早在明清时期,在一些坊刻较为发达的地区,出现了坊刻商人向文人买书稿的现象,但它并没有发展为一种普遍的稿酬制度。直至清末,支付稿酬仍然只是零星的现象,作者在报刊上发表文学作品并没有获得什么报酬,至多是有名的文人在应邀写作时会得到一定的润笔费。1872年4月30日,《申报》在《本馆条例》征集竹枝词时说:"如有骚人韵士有愿以短什长

---

① 刘哲民:《近现代出版新闻法规汇编》,上海:学林出版社,1992年,162—166页。
② 陈明远:《鲁迅生活的经济背景》(下),载《社会科学论坛》,2001年第3期。

篇惠教者,如天下各名区竹枝词及长歌纪事之类,概不取值。"但是1877年后,有酬征稿的情况就逐渐增多了,《申报》《上海新报》《点石斋画报》都先后发表过有酬征稿的广告。① 这些情况说明,19世纪70年代以后,书报刊的出版商开始根据市场的需要,尝试建立现代稿酬制度。19世纪末20世纪初,《申报》《小说林》等较有影响的报刊率先确立了完整的稿费标准。

20世纪初,新出版业迅速发展,出版规模扩大,竞争加剧,为了吸引读者、争夺作者资源,出版商给作者支付稿酬的做法逐渐流行开来,为出版者撰稿、译书皆可得到报酬成为一种惯例。稿酬的以下三种基本形式逐步发展和完善起来。

第一种稿酬形式是稿费,稿费又称为"润笔之资""润笔费"。包天笑在《钏影楼回忆录》中说,1906年以后,他在上海《时报》,每月写论说6篇,另外再写点小说,得80元。包天笑同时在《小说林》兼职,每月得40元。当时,论说以篇计,每篇5元;小说论字计,每千字2元,也有每千字1元,甚至每千字5角的,平江不肖生的《留东外史》便是每千字5角。民初商务印书馆各杂志的稿酬,最低2元,最高5元,鲁迅在《小说月报》上发表其第一篇小说《怀旧》,稿费是大洋5元。林琴南的翻译小说在商务印书馆的稿酬是每千字5元,后来增加到每千字6元,这在当时的稿酬中属于偏高的。胡适的稿酬也是每千字6元,梁启超待遇最优厚,为每千字20元。名中医陈存仁此时正在读书,给《申报》副刊《常识》投稿,每篇稿酬为1元。从清末到民国,上海图书市场已逐渐形成一个通用的稿费标准,为每千字2元至4元,每千字5元、6元的很少,小书坊甚至以每千字5角至1元的稿费收购

---

① 包天笑:《钏影楼回忆录》,香港:大华出版社,1971年,317页。熊月之等:《上海通史》,第六卷,上海:上海人民出版社,1999年,474页。

一些无名作者的书稿。① 以通行的每千字 2 元计算,若每月写稿 2 万字,这一字数对当时的作家来说并不算多,因此每月的收入至少有 40 元。更何况这些作家大多笔耕不辍,同时为数份报刊写稿,其收入是很理想的。如 20 世纪三四十年代的作家张资平,他"半月一部大著,三日一篇鸿文,日草万言,平均千字六元计算,总计月收入已一千八百元了,外加已出版书所抽的版税,因此三千元左右"②。

与之作为对照,如果以体力职业者收入水平来看,当时上海一个下等巡警的工资是每月 8 元,一个效益较好的工厂工人工资也是每月 8 元左右。③ 如果以当时脑力劳动者的收入水平来做参照,根据《近代上海城市研究》的记载,1927 年上海市中小学教师月薪平均 41.9 元,中英文打字员月薪 30 元以上,办公室秘书月薪最低 50 元。④ 从这些基本收入水平对比中可以看出,在当时的情况下,通过写作赖以谋生,并且过上较好的生活,是完全可行的。

第二种稿酬形式是版税,版税又称为"提成费""版费"。这种形式由当时具有西学背景的人士首先引进中国。1900 年前后,严复在与张元济商讨有关翻译《原富》等书时,明确提出了译作的版权问题。当时南洋公学译书院以 2000 两银子买下《原富》书稿,并同意严复要求,在该书售价中抽两成给予译者。1903 年,严复出版《社会通诠》时,与商务印书馆签订了中国第一份正式版税合同,按发行数量计酬。20 世纪初,版税方法推行开后,基本标准在 10%－25%间浮动。例如,1921 年泰东图书局答应给郭沫若的版税是 10%;胡适在新月社自定的版税标准是初版 15%,再版 20%;北新书局支付给鲁迅的版税

---

① 陆费逵:《六十年来中国之出版业与印刷业》,载《申报月刊》,1932 年第 1 号。
② 九鼎:《谈谈几位富丽的新文艺作家》,载《上海报》,1932 年 12 月 19 日。
③ 汤哲声:《生产体系:中国现代文学生成发展的社会基础》,载《文艺研究》,2002 年第 6 期。
④ 陈明远:《文化人的经济生活》,上海:文汇出版社,2005 年,61,62 页。

一般是20％,甚至达到25％;梁启超的版税最高,达到40％,甚至"自印包售,六折算账"。版税的支付时间,按照惯例为"三节"核对实际销售数结算。① 在电影普及的20世纪三四十年代,很多作家还可以从改编成电影的作品中抽取版税,如四十年代,苏青的小说《结婚十年》被拍成电影,苏青从中获得的版税是总票价的5％,收入极为可观。②

第三种稿酬形式是买断版权,买断版权又称为"作价购稿"。作者和出版者为方便起见,在协商同意的基础上一次性付清稿酬。稿酬制度的建立为由于科举制度的取消而仕途拥塞、谋生艰难、经济日益陷入困顿的文人墨客提供了新的生路。良好的经济效益使当时出现了一批专门以卖文为生的人。清末民初以来耻于卖文的观念已发生明显变化,稿酬制度已为人们所接受。一些文采斐然、下笔神速的名士如林琴南,或学养深厚、具有声望的学者如严复,都可以从中获得可观的收入。林琴南最初翻译小说不愿取酬,后来不仅取酬而且稿酬十分可观,他的老友陈衍曾与他开玩笑,说他的书房是造币厂,一动就来钱。③ 民国时期,大量存在的出版机构、报纸和期刊为作家提供了广阔的发表文章的园地,这种稿酬制度的实施,造就了图书、报刊涉及面广泛的写作人群,并使之日渐职业化,造就了中国第一代主要依靠稿酬生存的职业作家群,如李伯元、吴趼人、黄小配、罗孝高、包笑天、徐枕亚、李涵秋、周瘦鹃、陈景韩、林纾、伍光建、吴梼、周桂笙、徐念慈等人。④ 另外还有不少人,虽然有其他职业,但收入的大部分来自稿酬,如严复、梁启超、胡适、鲁迅和林语堂,尤其是后四者,

---

① 陈明远:《文化人的经济生活》,上海:文汇出版社,2005年,54、55页。
② 春光:《苏青抽得眉花眼笑》,载《力报》,1947年12月1日。
③ 李康化:《漫话老上海知识阶层》,上海:上海人民出版社,2003年,104页。
④ 郭延礼:《近代西学与中国文学》,南昌:百花洲文艺出版社,2000年,434页。

他们被视为1949年以前可以全赖稿费为生的名作家。

三是现代出版企业的初步形成和出版行业协会的建立。

我国新出版业的最终形成是以民营机构的兴起为标志的。①1903年7月,清政府颁布了《商人通例》与《公司律》等相关条约,随后成立的民国各界政府,也在这些法律条文的基础上开始积极对现代企业制度进行改革和完善,大批的公司得以建立。现代出版企业制度以市场自由竞争为基础,以自负盈亏为特点,采用股份制管理和资本运营模式。据统计,民国期间存在的"平装书"出版社有8000余家,但新中国成立前仅存百余家,②可见民国30多年间出版市场竞争激烈。从客观上来说,这种激烈的市场竞争决定了只有那些经营灵活、管理科学、逐步建立起现代企业管理制度的出版企业才能在优胜劣汰的竞争中脱颖而出,只有不断地提升管理水平,拓展业务,才可能获得长足的发展。民国时期以商务印书馆、中华书局、大东书局、世界书局、良友图书公司、生活书店等为代表的具有一定规模的大中型出版股份公司正是在这种环境下出现的。这些大中型的股份制出版企业兼办印刷、编辑和销售业务,实行产销结合的经销商制,在全国主要城市广建分支机构,有效减少了市场中间环节,降低了交易成本。雄厚的资金使他们着眼于长远利益,引进最新技术,改进生产,不断提高管理水平,积极推进大型出版项目的实施,建立跨媒介出版体系,立体经营,从而推动了全国出版水平的提高和文化传播事业的发展。

很多出版社除了经营图书出版业务,还经营报刊社,甚至涉足电影业。例如商务印书馆在经营出版等主业之外,还经营文具制造、玩

---

① 王余光:《中国新图书出版业初探》,武汉:武汉大学出版社,1998年,6页。
② 据上海出版文献资料编辑所统计,见汪家熔《商务印书馆史及其他——汪家熔出版史研究文集》,北京:中国书籍出版社,1998年,380页。

具、影片、幻灯片等业务,其下属独立经营的子公司国光影片公司曾拍摄过梅兰芳的《春香闹学》等影片,①商务印书馆还曾投资经营过函授教育事业、广告公司业务和保险业务。尤其是商务印书馆对教育事业的投资,为未能进入高等院校和专科学校就读的青年及因为战事而失学的青年提供了学习的机会,受到社会的欢迎,既服务了教育事业,又宣传了自己,提高了出版社的声誉,还获得了一定的经济利益。

良友图书公司

上海书业一条街

现代出版行业协会的建立是现代出版企业制度得以建立的重要保证,在一个自由竞争的市场环境里,除了法律的宏观调控外,行业协会的自律是出版企业间得以进行良性竞争的保障机制。民国时期,上海作为全国的出版中心,积聚了数量最多的出版机构,在抗战以前实力最强的出版社也基本集中在此,所以现代意义上的出版行业协会组织最早产生在这里,如上海书业公所、上海书业商会以及后来的上海书业公会。随后苏州、北京、重庆、桂林等地也陆续完成了对传统书业行会组织的改造,建立了现代意义上的出版行业协会组织。20世纪初,政府一系列相关法律的制定和颁布,为工商同业公会等行业协会提供了法律上的保障,使同业公会的法人地位得到确立。

---

① 汪家熔:《商务印书馆史及其他——汪家熔出版史研究文集》,北京:中国书籍出版社,1998年,74—77页。

这些新式的出版行业协会组织得到了极大的发展，其职能也从旧行会的限制型转变为倡导促进型，在"联络商情、维持公益"方面发挥了积极的作用，在整合商业习惯、解决纠纷、订立业规、弥补国家政策和法律的盲区，促进出版业的有序发展上做出了重要的贡献。总的来说，由于这些分布于全国各地的大大小小的出版行会组织都具有较强的区域性，不利于全国出版行业的协调发展，因此建立全国性的出版行业公会组织就被提上了议事日程，但最后由于战事的阻断和破坏，全国性的出版行业公会组织未能建成。

四是全国性书报流通网络的形成。

书刊的发行与流通作为出版活动的下游，是关系出版利润的关键环节，也是书刊进入读者阅读视野的主要途径。进入20世纪，现代出版印刷技术的使用大大提高了书刊的生产数量，为了销售尽可能多的书刊，扩大影响，获取更多的利润，出版机构通常不会拘泥于一两种发行渠道，尤其是在社会不稳定的情况下，有些发行渠道会遭到破坏或者阻断，所以出版机构往往见机行事、多管齐下，千方百计地把图书销售出去。

报刊发行车

19世纪末，现代交通运输的发展使出版中心和各级市场得到更好的连接，邮政系统的发展促使邮购这种发行方式在全国范围内普及，使读者可以更为方便地订阅书籍、报刊，书籍得以传递到邮政网络所覆盖的广大区域，包括没有书店的乡村或者偏远地区。在文化封锁的时期,邮购也是一种打开封锁局面,将进步书报送到读者手中的好办法。邮局主要的业务对象是用于个人交流、互致问候的信件、明信片等新的通信手段和以报纸、杂志为代表的现代新闻媒体。据统计,1928年的邮政统计中出版物占据了主要部分,可见新闻媒体处理量的突出成为当时邮政系统的结构性特点之一。① 这就是说,现代邮政系统成为当时全国性书刊流通和发行的主要渠道之一。民国时期由于邮政系统的发展,出现了不少专门经营订购、邮购书籍和报刊的公司。其中,最早承办邮购书籍和报刊业务、具有总代发行功能的上海杂志无限公司在报刊上刊载的"邮购信托部"广告就很有代表性,广告如下:

卖报妇女

报童

> 绝对负责代定代办。上海杂志无限公司业经实业部注册,绝对负无限责任,为全国各地读者图书馆学校等,代定代办全国大小书报杂志,各种新旧图书,迅速稳妥,信用卓著,而于杂志经营,尤称熟练……三年以来委托代定者达四十万户,靡不感觉满意,口碑载道,毋待赘述,值兹学期开始,旧出各刊,多将满期,新编杂志,大量产生之际,凡将预定之读者,如欲选定选购,务希委托本公司代定部代办部及邮购信托部代君办理之,定可使君绝

---

① 藤井省三:《鲁迅〈故乡〉阅读史》,董炳月译,北京:新世界出版社,2002年,33、34页。

对满意也。地址：上海四马路三二四号，电话：九五一四一。①

在图书出版社中，邮购发行业务做得最出色的莫过于生活书店（初期为生活周刊社）。生活书店创建初期资金不如商务印书馆、中华书局等雄厚，无力在各地广开分店，因此独辟蹊径，采取了邮购的方法，保证"好书皆备，备书皆好"，使"除了诲淫诲盗和含有毒素的以外，全国各种书刊皆为读者代办"。1937 年以前，生活书店已经拥有遍及海内外的 5 万邮购用户，包括个人、图书馆、机关、团体。②

另外一种主要的发行方式是建立分支机构，建立覆盖大中城市的销售网络。在全国各地设立分支机构是民国时期出版企业最普遍的发行方式，这些分支机构或以分销处的形式存在，或以分馆、分店、门市等形式存在，在功能上有一些区别。从主要职责来说，这些分支机构的主要任务就是销售本社的出版物，打开各地的市场。这些分支结构还要负责展现整个企业的风貌，扩大企业在总部以外的其他地区的影响。如《申报》从建立伊始就在各地广设分销机构，甚至将分销机构设到日、英、法等地，每日的销量有万余份。《时务报》、点石斋书局、同文书局以及后来的商务印书馆等，也在国内一些主要的大中城市设立分销机构。商务印书馆在 1931 年时，拥有包括香港在内的分馆 26 处，分支机构遍布全国各大城市。中华书局在 1937 年上半年也有 40 余处分支机构，世界书局在 1922—1925 年就在汉口、长沙等城市设立分局 20 处。1937 年后，生活书店建立了遍及大后方的发行网络，仅在 1938 年、1939 年就建立了分支店及办事处 52 个、临时营业处 3 个、流动供应所 9 个。这些发行点遍及大后方 14 个省份，除

---

① 上海杂志无限公司的"邮购信托部"广告。见《时事类编》杂志，1934 年第 4 卷第 16 期。
② 李泽彰：《三十五年来之中国出版业》，见张静庐《中国现代出版史料》，丁编下卷，北京：中华书局，1959 年，384、385 页。

新疆、西藏、青海、宁夏四省区外,其他省份都有生活书店的分支店或办事处。其汉口总店的经理室内悬挂着一张醒目的"全国分支店分布图",徐伯昕将此图制成锌版,送往武汉各大报刊刊登广告,以扩大生活书店的影响。这些分支机构通常设置在交通比较便利、人口比较集中的城市里,因此对边远地区几乎没有什么影响力。在这里特别值得指出的是,在建立偏远地区和广大农村的书报流通网络的过程中,中国共产党领导下的发行工作取得了较大的成绩,尤其在1937年后,中共的发行工作在激发广大人民群众的爱国热情、组织动员广大民众积极参与抗战方面,发挥了重要作用。从开始时依靠沿村传送,利用军队与军邮,把报纸输送到每一个读者手中,到后来建立由干部负责的专门的发行站发送进步书籍,中国共产党把发行工作作为一项事业来进行。到1940年的下半年,共产党领导的报纸发行工作取得了长足的进展,报纸的发行量从最初的一两千份增加到两万一千份,而且到1940年底累计出版各种书刊七十一万六千册。①

此外,通过寄售代销、特约经销、读书会等方式建立的各种类型的书刊销售网点遍布全国各地。在一项对1936年全国有一定规模和经营较好的重要书店的调查中,共计993家书店分布于当时比较重要的、交通较为便利的大、中、小城市中(详见下页表)。这样,一个初具规模的以城市为中心的全国书刊销售市场建立起来了。值得注意的是,我们这里指出的书店主要是正规的书店,并不包括那些数以千计的零散地摊和小书铺。

---

① 《中国报刊发行史料》编写组:《中国报刊发行史料》,北京:光明日报出版社,1987年,331、358、359页。

重要书店数量一览表①

地区	书店数量（个）
上海市	150
青岛市	7
汉口市	22
广州市	23
南京市	48
北平市	83
天津市	23
江苏（丹阳、江阴、泰县、徐州、常熟、苏州等19个县市）	60
浙江（杭州、永康、宁波、金华、定海、温州、绍兴等20个县市）	79
安徽（安庆、屯溪、芜湖、休宁等8个县市）	22
江西（南昌、九江、广信、饶州等9个县市）	28
福建（福州、永春、厦门、莆田等11个县市）	36
广东（文昌、台山、海口、梅县等14个县市）	42
广西（百色、桂林、梧州等6个县市）	45
湖南（长沙、衡阳等6个县市）	23
湖北（武昌、江陵、光化等5个县市）	21
四川（成都、仁寿、自流井、重庆、万县等26个县市）	70
贵州（贵阳、安顺两地）	8
云南（昆明、大理、蒙自等7县市）	22
河北（正定、保定等6地）	12
河南（开封、内乡、洛阳等16个县市）	50
山西（太原、运城等6个县市）	17
山东（济南、东昌、菏泽等18地）	40

---

① 卢震京:《图书学大辞典》,下册,长沙:商务印书馆,1940年,653—687页。

续表

地区	书店数量(个)
陕西(西安、三原、汉中等5地)	21
甘肃(兰州、狄道两地)	7
辽宁(沈阳、营口等4地)	18
吉林(长春、哈尔滨等6地)	16
合计	993

第二节 畅销书的阅读时尚

在上节中,我们对影响大众阅读的一个直接因素——新出版业的发展和现代出版制度的建立做了阐述和分析。由于新出版业的发展和现代出版制度的建立,民国时期书籍的生产得到空前的发展,读物的种类和数量较之前代大为丰富。据统计,明朝平均每年生产著作51种,1912—1937年5月共出版新著71680种,平均每年出版新著2811种,比明朝平均每年出版著作数增长了55倍。[1] 从1911年到1949年,据《民国时期总书目》的统计,在收录的124040种民国中文图书中,文学、经济、政治三个大类的图书最多,约占图书总数的41.7%。[2]由于《民国时期总书目》主要是根据北京图书馆、上海图书馆和重庆图书馆三馆馆藏来统计的,而且不收录线装书、图片、连环画、少数民族文字和外文出版的图书,对中小学教材以外的少儿读物、台湾省1945年

---

[1] 杨家骆:《中国古今著作名数之统计》,载《新中华》,1946年复刊第4卷第7期。
[2] 邱崇丙:《民国时期图书出版调查》,见叶再生《出版史研究》,第二辑,北京:中国书籍出版社,1994年,171、172页。

以后出版的图书和偏远地区的出版物也收录不全,因此全国实际的图书出版物种类远远大于这个数字。据有关人士的估计,《民国时期总书目》统计的书目种类约占当时实际书目种类的60%,所以实际的新出书籍数量应该在20万种左右,年均新出书种数在5000种左右。

从读物的总数上来看,由于目前还没有一个完整的统计数字,我们可以以王云五关于民国时期1927—1936年各年度全国新出版物情况的统计表(见下页表①)为参照。该表以商务印书馆、中华书局、世界书局三家新图书的出版数量为基础进行统计和推算,得出1927—1936年全国共有新出版物42718000册,如果算上重印、盗版等数目,十年间图书的出版总量应该有上亿册。以上述这种统计新出版物数量的方法来计算新文学书籍《呐喊》的出版数量为例,1922年7月,《呐喊》第一版发行1000册,也就是说它作为新书出版发行时统计数量是1000册,但其后,截至1937年6月,该书已经出版发行了24版,印数累计已达98500册。如果再算上盗版等,该书的总印数应该超过10万册。② 因为我们是以当年新出版书籍的数量来统计的,所以在从1922年到1937年的数量统计中,《呐喊》一书的统计数量仅是作为新书出版时的1000册,而后面的数字都没有统计入内。由于成本和销售渠道的原因,民国时期的图书一般具有多版次的特点,很多书出版过七八版,有的书甚至出版过二三十版。新书的印数通常较少,一般只是投石问路,所以比较保守,如果销售得好,就会多印多销。我们统计的数量是以新出版物为标准的,没有考虑再版的因素,所以综合考虑,1927—1936年是民国时期读物种类和数量增长较快的时期,如果以这十年图书出版数量为基点,据笔者的估计,最保守来看,整个民国时期的图书

---

① 王云五:《十年来的中国出版事业》,见张静庐《中国现代出版史料》,乙编,北京:中华书局,1955年,335—352页。
② 藤井省三:《鲁迅〈故乡〉阅读史》,董炳月译,北京:新世界出版社,2002年,32页。

出版数量应该不会少于两亿册。

全国新出版物册数统计表

［民国十六年(1927)一月到民国二十五年(1936)十二月底］

出版年份(年)	册数(千册①)
1927	2035
1928	2414
1929	3175
1930	2806
1931	2432
1932	1517
1933	3481
1934	6197
1935	9223
1936	9438

在这样一个可供图书数量巨大的市场空间里，民国时期的大众阅读得以蓬勃开展。其中，读者数量巨大的畅销书的阅读颇能代表一个时代大众阅读的特点和倾向，所以，本节将主要通过畅销书的阅读来描述民国时期大众图书阅读的风尚。

首先，我们要对畅销书的概念做一个基本的限定。畅销书通常来说就是销售量极大的书，或者说就是比较受大众读者欢迎的流行图书。我们这里所要谈的畅销书并不严格限定其销售数量，各国畅销书的销量因图书市场的大小、历史发展的缓慢及开放程度的高低而各有不同。

---

① 在该统计中，并没有列出统计单位。如果仅以"册"为单位计算，每年新书版书籍的种类都在千种以上，图书数量也只有千余种，就是说每种图书每年仅出版一两册，这是不符合实际的。陈刚在《中国近代图书市场研究》(《编辑学刊》，1995年第2期)一文中也提到上述统计数据，但他是以千册为单位来研究的，笔者觉得比较合理，所以以千册为计算单位。

就民国时期而言,如果参照 1932 年陆费逵在《六十年来中国之出版业与印刷业》一文中指出的"我国出版之书,多则销二三万部,少则销一二千部"来推断,那么只要一部书某版的销售量或多版次的销售总量在万册以上,这部书就可算在畅销书之列。一般来说,畅销书的出现,总是和特定的时空语境紧密相连的。以下,我们将通过对民国期间大众喜闻乐见的流行书籍和有代表性的畅销书的阅读,从时空语境上对其展开分析。

中国畅销书的出现首先是清末以来市民阶层发展和变化的直接结果。这个时期是中国城市进入现代化的发展时期。以上海的发展为例,上海从 1843 年开埠以来很快成为中国最大的通商口岸,工商业的发达、财富的集中、事业的拓展使其在短短数十年间就由一个十万人左右的普通县城发展成一个拥有近一百万人口的大都市。"三四十年来,侨寓日多,学生日众,居民号称百万,实有八十余万……惟本邑人数之多,实由五方杂处,客籍多于土著。"①畅销书就是随着城市和市民人口的扩张而出现的文化消费品。由此,广大市民成为各类畅销书的主要阅读群体,"这些小说的读者大部分都是小市民——即所谓小资产阶级"②。在中国,农民占绝大多数,市民的比例并不大,然而在当时的中国,真正能识字读文的也只有市民阶层,他们虽然人数少,却是书刊的主要读者群。虽然城市的范围不能和农村相比,但它是政治、经济和文化的中心,它代表着社会风气的迁徙,也最先体现着时代心理的变化。很多畅销书作家本身就是小市民,他们把发生在身边的事情诉诸文字,即使是最简单的事件描述,也能让市民阶层倍感亲切,容易产生共鸣,他们自然就成为这些流行作品稳定的读者群。所以,从这个意义上说,没有城市的变化和庞大的市民读者

---

① 黄苇、夏林根:《近代上海地区方志经济史料选辑》,上海:上海人民出版社,1984 年,304 页。
② 茅盾:《封建的小市民文艺》,载《东方杂志》,1933 年第 30 卷第 3 号。

层,就没有畅销书的阅读。

与此同时,在现代化的进程中,由于中国的市民大多是由乡民转化而来的,他们是带着传统的文化观念来到迅速扩张的城市中的,因此传统的文化观念构成了他们的价值标准和审美标准。作品可以是任何题材,但若要真正在市民社会中流行,吸引读者来阅读,就必须符合中国传统的文化观念和价值标准。中国传统的文化观念沉淀了几千年,其基本精神至今不变,对于畅销书和它的读者而言,它也是恒定的,是一个民族安身立命之所在。只是在不同的时空语境下,时代的发展赋予了畅销书不同的面貌,人们在不同形式的阅读中维系和完善这一基本的文化内核。

一、民国初期的阅读风尚

辛亥革命后,民众生活并未从根本上得到改变,"新民""救国"的理念在社会实践中一再遭到否定,人们已不再对其抱有希望。社会现实与市民大众的强烈要求形成巨大反差。一方面,原有的各种传统制度和道统的地位开始动摇,在新思想和新文化的冲击下,人们有了新的要求;另一方面,旧势力的影响仍然根深蒂固。时局的混乱使世俗生活中的儿女之情逐步得到读者的认可,在上海,这类题材的小说日益升温。如逃避现实,以遣情、游戏、消闲为主要特征的鸳鸯蝴蝶派的书籍就大受欢迎。感情是传统的,生活是现代的,现代生活使身处其中的人怀疑那份感情,但又不愿放弃那份感情;传统的感情使人们对现代生活不满,但又使人迷恋其中。这是民国初期畅销书所反映出来的大众读者的心态。正是在这种心态的基础上,以哀情为主的小说成为民国初期小说阅读的主要对象。

(1)市民大众对哀情小说的阅读。

在新旧社会转轨的过程中,政治自然成为社会话语焦点。有着哀伤、深沉情调的民国初期的小说,通过追悼幻灭的爱情来反映一种压抑的政治氛围和幻灭的革命理想。这种情调在一定程度上满足了读者宣泄情感的需要。民国初期,左右人们文化观念的宗法制度,理应在新的社会力量下被击碎,当传统文化价值体系趋于失范时,人们选择寻求一种新的文化价值体系。这种情况正是这一时期读者的文化心理趋向的反映,以苏曼殊的《断鸿零雁记》、徐枕亚的《玉梨魂》、吴双热的《孽冤镜》为代表的言情小说反映了中国在现代化过程中文化选择的矛盾与困惑,满足了市民大众半新不旧的文化心态。这类以当时社会的敏感问题(如婚姻、爱情问题)为题材的作品,也在很大程度上刺激了市民大众的阅读兴趣,成为这一时期市民大众的阅读对象。于是阅读言情小说,尤其是阅读鸳鸯蝴蝶派的小说成为当时的一种市民文化消费行为,并日渐成为市民的一种日常生活方式。

> 读小说则以小银圆一枚,换得新奇小说数十篇,游倦归斋,挑灯展卷,或与良友抵掌评论,或伴爱妻并肩互读,意兴稍阑,则以其余留于明日读之。晴曦照窗,花香入坐,一编在手,万虑都忘,劳瘁一周,安闲此日,不亦快哉![1]

1912年出版的苏曼殊的《断鸿零雁记》是民国初期别具一格、最富诗情的小说,曾广为翻印,轰动一时,并被译为三种外文及改编为剧本。苏曼殊的文品与人品交相掩映,以其"哀感顽艳"的作品和"落叶哀蝉"的身世在民国初年引起了一股"曼殊热"。1913年出版的《玉梨魂》以一种自夸为"有词皆艳,无字不香"的骈体文笔,写成一部"蜂

---

[1] 魏绍昌:《鸳鸯蝴蝶派研究资料》,上卷,上海:上海文艺出版社,1984年,183页。

愁蝶怨"的"千秋恨史",赢得了当时彷徨无度、多愁善感的青年学子和有闲市民的争相购阅,于十余年中销至三十多版几十万册,读者以百万计,遍及广州、昆明、香港以至南洋新加坡各地,创造了民国初期小说畅销的新纪录,成为民国初期流行最广、影响最大的小说。"我们如果替民国以来的小说销数做统计,谁都不会否认这部《玉梨魂》是最近二十年销行最多的一部。"①1914年2月以单行本的形式出版的《孽冤镜》,和《玉梨魂》一样也曾风靡社会,俘获了大批读者的心,一时为《孽冤镜》题词题字的文字出现在各种报刊上,如:"情场祸福两无门,缘去缘来泪影痕,名士笔花双管热,美人墓草一丛冤。不堪率听啼更鸟,强自孤吟折翅鸳,举世更悲同调伙,无边孽海孰为援。"②不久,《孽冤镜》被排成新剧,影响力进一步扩大,带动了更多读者的阅读。

另外,《兰娘哀史》(吴双热,1915)、《玉田恨史》(天虚我生,1914)、《双环记》(徐枕亚,1916)以及李定夷的《鸳湖潮》(1914)和《潘郎怨》(1915)等小说也很受市民大众欢迎。

(2)以林纾作品为代表的翻译小说受到文人读者群体的欢迎。

民国初期,一些反映人性、介绍西方文化与生活的作品,不仅具有一般小说消愁解闷的功能,而且在情感上引起了中国文人读者的共鸣,传达了民主的意识和对自由生活的向往之情。这一时期,为切合这种社会需要,以林纾作品为代表的翻译小说受到文人读者群体的欢迎。林纾的翻译小说的主要读者是一般文人,其在当时的影响非同一般。《巴黎茶花女遗事》(1899年畏庐藏板)出版后,引起巨大轰动,先后有素隐书屋、文明书局、商务印书馆等十三种版本,再版二

---

① 袁进:《鸳鸯蝴蝶派》,上海:上海书店,1994年,9页。
② 汤哲声:《中国现代滑稽文学史略》,北京:文津出版社,1992年,116页。

十多次。① 林纾以清畅明丽、曲尽其致的文言,讲述名妓马克与家境贫寒的亚猛之间哀婉凄楚、曲折动人的爱情故事,尽显其感人魅力。1901年邱炜萲在评这部小说时称:"年来忽获《茶花女遗事》,如饥得食,读之数夕,泪莹然栏干……引起普天下各种情种,不如情生文聊,文生情耶?"② 其后林纾翻译的作品中,比较受读者欢迎的还有《黑奴吁天录》《迦茵小传》等。讲述非洲黑奴被迫害、虐待故事的《黑奴吁天录》(武林魏氏藏板)在1901年翻译出版时,正值中国遭受八国联军侵略、华工在美国遭受排斥、虐待的国势陵夷之际。该书出版后,在中国社会引起了强烈的共鸣,很多人撰文赋诗,推荐这部小说,后来它被改编成话剧上演。1905年初版的全译本《迦茵小传》,将迦茵完整而动人的艺术形象展现在读者面前。书中对迦茵开放的心态和性爱意识的大胆描写,虽然引起了卫道者的攻击,却在如郭沫若这样的现代青年中引起了强烈的共鸣。《迦茵小传》到1906年9月已发行三版,1913年、1914年几度再版,先后编入《说部丛书》和《林译小说丛书》。

包天笑、夏丏尊等人先后翻译过教育小说《馨儿就学记》(亚米契斯所著的《爱的教育》)。包天笑的译本前后达18版之多;夏丏尊的译本1926年3月由开明书店出版,10个月后再版,两年半的时间里重印五版,1935年11月该译本被编入"世界少年文学丛刊"已达20版之多,至1949年3月共发行修订版19次。该书还被各地小学采用为课外辅助读物,十余年中,印行了一百版左右。③ 1922年4月,上海泰东书局出版了郭沫若翻译的《少年维特之烦恼》,十年间此书就由不同书店重印达30次之多,被认为是中国20世纪二三十年代最受读者

---

① 邹振环:《影响中国近代社会的一百种译作》,北京:中国对外翻译出版公司,1996年,122页。
② 谢庆立:《中国近现代通俗社会言情小说史》,北京:群众出版社,2002年,41页。
③ 王知伊:《开明书店纪事》,太原:书海出版社,1991年,100页。

欢迎的外国作品。① 该书以"狂飙突进"的精神影响了"五四"文化熏陶下的一代中国青年,被很多青年读者誉为"精神上的知音"。同年,商务印书馆推出的《阿丽思漫游奇境记》初版后几乎年年一版,也很受青年读者的欢迎。

二、20 世纪 20 年代的阅读风潮

20 世纪 20 年代后期,国内政治局势复杂多变,军阀割据,混战不断。在新兴的都市生活中,日趋紧张的生活节奏和社会环境使人感到压抑,原本渴望跟上外界生活节奏的读者,现在却希望忘掉无法跟上外界生活节奏的事实,②现代化转变过程中的多重矛盾开始让人感到焦虑,广大的市民希望阅读一些轻松、愉悦的读物来获得解脱,所以这一时期原有的言情小说在题材范围上有了拓展,成为社会言情小说。另外,武侠小说、侦探小说、黑幕小说大为兴盛,受到读者的欢迎。

20 世纪一二十年代,根据经济情况,可以把城市中的读者群分为两类。第一类读者群有商人、地主、银行家、工业家以及家中的有闲妇女;一部分改良派知识分子,他们中间有不少人是政府机构的官员;一群游手好闲的人——一些被鸦片、冒险、夜生活吸引到上海的颓废者,另外还有相当多的农村绅士,他们虽然并不愿意在城市生活,却迷上了城市里的出版物,因而通过邮政订购小说、杂志。这类读者购买力普遍都较高,文化消费能力较强。第二类读者群主要是学生和职员,这些人牺牲了小说的私人享用,为节约起见,广泛地分

---

① 马立安·高利克:《中西文学关系的里程碑》,伍晓明、张文定等译,北京:北京大学出版社,1990 年,120 页。
② 佩瑞·林克:《论一二十年代传统样式的都市通俗小说》,陈思和译,见贾植芳《中国现代文学的主潮》,上海:复旦大学出版社,1990 年,124 页。

享书籍,他们在店铺和写字间之中周转书刊,并在那里交流讨论。新式学堂也对这些通俗书籍的传播起到了促进作用。在这些新式学堂里,通过同学间的相互借阅活动,很多学生读到了当时流行的书籍。对家境贫寒、无力购买书籍的学生来说,这种方式成为他们接触小说的主要途径。例如,20世纪初,上海的中学生已都成为徐枕亚《玉梨魂》的热情读者。① 在北京,来自全国各地的学生往往和同乡,或和兄弟、堂兄弟从四合院或者会馆借一间房,共同生活在一起。这些生活在"四合院共同体"中的学生,通常以房间或者院落为单位,轮流阅读书刊,并交流读后感。② 笔者在对一位当年就读于浙江金华中学的老者的访谈中,也发现了当时这种在学生间普遍流行的阅读方式:"我是1935年上的小学,上中学的时候,大约是40年代初,我们晚上住校,偷偷在宿舍看小说,看的都是铅印的公开出版物。自己买的书较少,很多都是同学之间传阅的。"③从总体上来说,这一类读者的经济状况比较差,文化消费能力较低,他们通常买不起书籍,但是发展潜力却很大。具体来说,在上述两类读者群中,处于中上层的有闲阶层、包括各种职业类型在内的小市民、学生群体这几类读者构成了这一时期畅销书的主要读者群。

(1)以市民读者为主体的阅读风潮。

这一时期的读者比较喜欢阅读以李涵秋的《广陵潮》为代表的社会言情小说、张恨水的《春明外史》和《金粉世家》、向恺然的《江湖奇侠传》、程小青的《福尔摩斯侦探全集》和"霍桑探案"系列丛书。

1915年,震亚书局出版了李涵秋的《广陵潮》,该书一问世,立即受到文坛的高度重视和读者的广泛欢迎,前后重印数十次,其影响所

---

① 佩瑞·林克:《论一二十年代传统样式的都市通俗小说》,陈思和译,见贾植芳《中国现代文学的主潮》,上海:复旦大学出版社,1990年,125页。
② 藤井省三:《鲁迅〈故乡〉阅读史》,董炳月译,北京:新世界出版社,2002年,15页。
③ 周文骏访谈,笔者于2005年6月12日在受访者的中关村寓所进行的访谈。周文骏,1928年生,浙江金华人,北京大学信息管理系教授。

及,甚至形成了一股仿效之风。"自《广陵潮》出,一时章回体小说,以'潮'名者,不下数十种。"①这其中,要数1921年5月朱瘦菊的《歇浦潮》最为著名。在当时许多写上海"十里洋场"众生相的社会暴露小说中,《歇浦潮》是最出色、最畅销的一部作品,销数在万数以上。② 陈辟邪的《海外缤纷录》也较为成功,销数二万余册。其余影响较大的有包天笑的《上海春秋》和毕倚虹的《人间地狱》。平襟亚的《人海潮》销行甚广,共七版,印三万多部。1919年五四运动爆发,在"还我青岛"的浪潮中,小说家周瘦鹃将《亡国奴日记》从《瘦鹃短篇小说》中析出,"别刊单行本行世,每册售值五分,以中国纸印",该书因契合社会热点,大受读者青睐,所以"叠版数次,凡销去四五册"③。

这一时期出版的《春明外史》和《金粉世家》先后在报刊上连载,单行本一经出版,立即销售一空,尤其受到京津地区读者的欢迎。在《金粉世家》问世后,在读者中出现了不少《金粉世家》迷,特别是一些有文化的家庭妇女,都很爱读;那些阅读能力差、目力不济的老太太,也天天让人念给她们听。④ 其受欢迎的情况可见一斑。

民国以来,尤其是20世纪20年代以后,武侠小说风起云涌,几乎占了小说出版数量的大部分。这类小说以情节的曲折紧张、人物的奇事异能来引人入胜,内容也总是彰显侠义、惩治顽恶,很是契合人心,故能拥有大量读者。20世纪20年代,武侠小说领域有"南向北赵"之称。"向"即向恺然,他的《江湖奇侠传》当时最为风行,对当时的小市民来说有着巨大的吸引力。其出版次数之多、发行量之大、影响面之广,时所罕有。据说,东方图书馆的《江湖奇侠传》,因为借的人太多,很快就被

---

① 郭延礼:《中国近代文学发展史》,第三册,济南:山东教育出版社,1990年,175页。
② 魏绍昌:《鸳鸯蝴蝶派研究资料》,上卷,上海:上海文艺出版社,1984年,544页。
③ 范烟桥:《民国旧派小说史略》,见魏绍昌《鸳鸯蝴蝶派研究资料》,上卷,上海:上海文艺出版社,1984年,341页。
④ 徐丽芳等:《中国百年畅销书》,西安:陕西师范大学出版社,2001年,204页。

翻得破烂不堪，只好再买一部，不久又被翻得破烂不堪，于是再买一部，如此屡破屡买，屡买屡破，一共买了14次，由此可见当时这本小说已经"热"到了何种程度。1928年5月13日，由《江湖奇侠传》改编成的电影《火烧红莲寺》在上海中央大戏院首映，一时间全城轰动，万人空巷。接着，该片在南京、天津、北平、广州等城市先后上映，引起巨大的社会反响，该影片也很快打破了国产电影的卖座纪录。放映时，场场爆满，电影院里叫好声、鼓掌声不断，从头到尾，观众都笼罩在一片狂热的气氛中；每逢影片中剑侠飞剑打斗的时候，看客们的狂呼就同作战一般。由于观众踊跃观看，票房激增，因此该片一续再续，直至18集之多。《火烧红莲寺》不仅创造了明星影片公司及国产电影的票房奇迹，而且催生出一股长达三年的武侠神怪片热潮。在《火烧红莲寺》的带动下，近40家影片公司都参与制作武侠神怪片，1928年至1931年上映的武侠神怪片总数达到227部。①

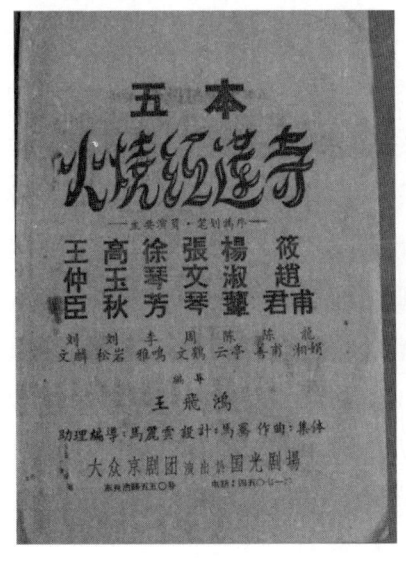

最受大众欢迎的《火烧红莲寺》京剧版宣传品

《火烧红莲寺》电影广告

① 李道新：《中国电影文化史（1905—2004）》，北京：北京大学出版社，2005年，95页。

《江湖奇侠传》引起的武侠小说热，一直到1949年才逐渐消退。这股热潮不仅催生了大批的武侠迷，而且带动了更多的人从事武侠小说的创作工作，其间作者可能有200多人，创作总数可能超过1000部，武侠小说成为当时通俗小说中数量最大、读者最多、影响最广的一类。向恺然另外一部以大刀王五和霍元甲为主角的《近代侠义英雄传》也是销行海内外，销量达数十万册。其他影响和读者面较大的武侠小说还有赵焕亭的《奇侠精忠传》、顾明道的《荒江女侠》等，这些作品在当时广受欢迎，都先后被改编成电影。

在侦探小说中，影响较大的是中华书局1916年出版的《福尔摩斯探案全集》，该书至1937年已出了二十版。[①] 在20世纪20年代，由于侦探小说存在不小的读者市场空间，因此翻译和创作侦探小说的人越来越多，出版界还出现了专门的侦探小说杂志和侦探小说报纸；即便是一般刊物也经常刊载侦探小说以招徕读者。新的叙事模式和层层叠叠的悬念设置让读者耳目一新，以至"学生们在规定时间熄灯以后，借点蜡烛读侦探小说，委实是寻常的事"[②]。其中最受欢迎的侦探小说家是被誉为"中国侦探小说第一人"的程小青，他由翻译进而模仿柯南·道尔，设计了私家侦探霍桑与包朗两个人物形象。他的"霍桑探案"系列丛书影响极大，几乎家喻户晓，"霍桑"也几乎成为他的别名。另一位拥有众多读者的侦探小说家是孙了红，他由翻译法国勒白朗的《亚森罗苹案》进而模仿勒白朗，创作《侠盗鲁平奇案》，成为当时侦探小说家中别出心裁的一位。一时间，霍桑、鲁平、夏华、罗丝、李飞、胡闲等侦探和侠盗的名字，为一般市民读者所津津乐道，几乎成了人们心目中的英雄。对读者而言，这类小说不仅有消遣、娱乐

---

① 范烟桥：《民国旧派小说史略》，见魏绍昌《鸳鸯蝴蝶派研究资料》，上卷，上海：上海文艺出版社，1984年，329页。
② 程小青：《谈侦探小说》，载《红玫瑰》，1929年第5卷第11期。

的作用,而且还给他们带来了科学的精神,成为"化装的通俗教科书",具有"唤醒好奇和启发理智的作用"①,引发了一般民众对于科学的兴趣和对于理智的觉醒与尊重,有启蒙教育的功用。这是现代侦探小说与传统公案小说的区别所在。

侠义小说和中国现代侦探小说的读者规模要远远大于其他类型的小说的读者规模(如比较受欢迎的言情小说和社会小说)。其原因除了这类小说具有消遣、娱乐功用外,更深层的原因在于这类小说所反映和体现出来的思想,同市民意识是相契合的。崇拜英雄的意识,是市民阶级特别是被压迫民众最易产生的一种意识,而大侠和侦探正是英雄的化身。以侦探小说为例,在中国现代侦探小说家的笔下,私家侦探往往机敏智慧、身手矫健,而且急公好义,从某种意义上说,他们同神话传说中的英雄及公案小说中的清官、侠客属于同一类型的人物。市民阶级虽然安于平民生活,但对社会生活中的杀人越货、贪赃枉法的行为是切齿痛恨的。他们对社会生活的不满虽然还不可能达到要推翻不合理制度的程度,但他们却期望有清官、侠客、侦探这类英雄人物替他们扫除社会恶行。特别是当他们受到冤屈的时候,这种期望就显得更迫切。中国现代侦探小说中这种体现英雄史观的描写比比皆是。市民阶级的英雄崇拜心理,在阅读中国现代侦探小说时得到了宣泄,这是侦探小说得到市民读者青睐的原因之一。从这个意义上来说,私家侦探实际上相当于公案小说中的侠士。不过,这些"侠士"已经摆脱了对清官的依附,是"自由职业者"。这也可以说是时代的变化造成了小说中人物的变化。总体来说,中国现代侦探小说反映出的英雄史观、对现实社会的嘲弄和蔑视、"劫富济贫"的思想,均属于市民阶级意识范畴,迎合了市民阶级的口味,所以在当时深受市民读者的欢迎。

---

① 程小青:《侦探小说作法之一》,载《小说世界》,1925 年第 12 卷第 6 期。

(2)以青年学生和知识分子趣味为主的阅读风尚。

在学生群体和以教师、政府职员、公司小职员为代表的知识分子群体中,阅读新文化类书籍成为追求进步的一种表征,开始成为这个群体的阅读风尚。在1925年《京报副刊》"青年爱读书"的征集活动中,鲁迅的《呐喊》、胡适的《胡适文存》、陈独秀的《独秀文存》以及冰心的散文都以较高的得票率位列青年最喜爱的读物行列之中。① 新文化类书籍主要指与新文化运动的潮流相呼应的书籍,如新诗集(非旧体诗),标点本白话小说,文集文存,各种革命性、主义性的书籍,经世致用的知识性读物,社会科学方面的著作及一些翻译作品。20世纪20年代以来,亚东图书馆、商务印书馆、中华书局等大书局纷纷转向新书的出版,尤其是大型期刊《东方杂志》形象的调整,《小说月报》《学生》《妇女》版面的革新、主编的更换,《解放与改革》的创刊,整个社会文化气候幡然为之一变,宣扬新文化的新书在全国范围内行销起来,各类专门出版新书的书店纷纷组建,如1924—1926年先后成立的光华书局、北新书局、开明书店等。②

最初的新文学创作对象主要是白话新诗和白话体议论性散文。1917年1月《新青年》登载胡适的《文学改良刍议》,这不仅标志着文学革命的正式开始,而且标志着新的形式、新思想带来的新文化类畅销书阅读的开始。1920年3月亚东图书馆出版的胡适《尝试集》,成为白话体新诗集的开创之作。该诗集虽然文学史价值远大于艺术价值,但依然风行一时,引起当时各方读者的关注和阅读。《尝试集》在出版后的头两年间就出了四版,销售了一万部,③到1953年亚东图书

---

① 《青年爱读书特刊(一)(二)(三)》,载《京报副刊》,1925年2月28日。
② 王余光等:《中国新图书出版业的文化贡献》,武汉:武汉大学出版社,1998年,152页。
③ 胡适:《尝试集·第四版自序》,见《胡适文存》,第二集第四卷,上海:亚东图书馆,1924年,295页。

馆停止营业为止,总印数有 47000 册。① 据统计,仅在 1920 年 4 月到 1921 年 1 月,对《尝试集》展开的通信讨论,就有十几人参加,各人的阅读文章和体会都发表在三四种日报和杂志上,转载在五六种日报和杂志上,既有憎恶者,也有褒扬者。② 这些情况说明了该诗集的阅读接受情况和社会反响程度。胡适的另一部著作《胡适文存》也很畅销,1921 年 12 月 15 日初版,到 1922 年就印行了 3 版,12000 部,③到 1929 年印了 12 版,共 4.7 万部。因为印次太多,所以模版模糊损坏,1930 年,出版社又将其重新排版印刷,是为 13 版。④ 20 世纪 30 年代,出版社还出了《胡适文存》的选本,定价低廉,提供给中学生作为课外读物,先后共印 9 次,⑤进一步在学生群体中促进了新文学书籍的阅读。

陈独秀的《独秀文存》在青年读者中也颇受欢迎,《独秀文存》从 1922 年初版到 1927 年大革命失败时一共印了 2.9 万部,1933 年时印到第九版。《尝试集》《胡适文存》《独秀文存》成为当时青年学子学习白话文的"模范文",是"新智识的源泉"⑥,毛泽东回忆青年时代的阅读时,也说"特别爱好胡适和陈独秀的文章"⑦。民国时期的出版界,由于盗版盛行,《胡适文存》《独秀文存》《白话书信》《少年飘泊者》等凡能带来利润的书,都被翻版印完,从这种盗版情况中也能看出这些新文学书籍的畅销程度。

从这一时期开始,鲁迅以 1923 年新潮社出版的《呐喊》为代表的

---

① 汪原放:《回忆亚东图书馆》,上海:学林出版社,1983 年,53 页。
② 胡怀琛:《〈尝试集〉批评与讨论》,上海:泰东图书局,1921 年,序,1—2 页。
③ 吉少甫:《亚东图书馆的盛衰》,载《出版史料》,1993 年第 2 期。
④ 胡适:《胡适文存》,上海:亚东图书馆,1930 年,十三版自序。
⑤ 《崔东壁遗书》广告,载《申报》,1924 年 2 月 21 日。
⑥ 《水浒续集》,上海:亚东图书馆,1925 年,再版附页广告。
⑦ 埃德加·斯诺:《西行漫记》,董乐山译,北京:生活·读书·新知三联书店,1979 年,125 页。

一系列作品受到青年读者的广泛关注,影响深远,阿Q、狂人、祥林嫂、闰土、孔乙己等人物形象深入人心。《呐喊》以深广久远的社会影响印证着鲁迅"民族魂"的不朽形象。据不完全统计,该书至1939年就印到24版,鲁迅的不少作品以各种形式被收录到当时的中小学教科书中,影响了一个时代的中国人。其译作《鱼的悲哀》、短篇小说《鸭的喜剧》《风波》《孔乙己》《药》《故乡》《社戏》、短论《我们现在怎样做父亲》等,被收录在《新学制国语教科书》《中学国语文读本》等多种教材中。仅以教科书中《故乡》的读者为例来算,1923年到1937年累计起来就超过一百万。① 20世纪三四十年代后,鲁迅作品的读者面进一步扩大,作品被翻译成外文在欧美各国出版。1936年列宁格勒普里包伊出版社、1945年苏联国家文艺出版局先后出版了王希礼翻译、罗果夫校订的小说集《阿Q正传》,1931年伦敦和纽约两地同时出版了敬隐渔翻译的《阿Q的悲剧》,1941年哥伦比亚大学出版印行了王际真译的《阿Q及其他——鲁迅小说选》,1936年伦敦和纽约出版埃德加·斯诺的《活的中国》中也收录了鲁迅的多篇作品。② 鲁迅因此成为有世界影响力的中国作家,成为中国新文学最有影响的奠基人之一,其作品在青年读者和知识界中具有较大的影响力。

1926年,国民革命军发动北伐战争,革命运动进一步促进了新书业的发展。广大民众急切想了解什么是共产主义、什么是三民主义,这引发一股阅读新文化书籍的狂潮,"上海的印刷机器日夜不停地飞速运转,同行的订书单子改用电报催货,长江书店几十箱新书三天之内便告售罄"③。蒋光慈的第一本小说《少年飘泊者》1926年出版后,立即受到广大青年的热烈欢迎,两年内印刷三次,共出版了16版,④

---

① 藤井省三:《鲁迅〈故乡〉阅读史》,董炳月译,北京:新世界出版社,2002年,49—54页。
② 龙晖南:《英美人怎样论鲁迅》,载《大公报》(天津),1936年11月25日。
③ 张静庐:《在出版界二十年》,上海:上海杂志公司,1938年,126—128页。
④ 王余光等:《中国新图书出版业的文化贡献》,武汉:武汉大学出版社,1998年,199页。

在青年间引发了革命小说的阅读风潮。蒋光慈的另外一本革命小说《鸭绿江上》、与宋若瑜合著的书信集《纪念碑》也非常畅销,其中,《纪念碑》共出版了 10 版。① 由于蒋光慈的书在当时是禁书,因此出版社采取了以下销售措施:一是故意将其当作旧书,散放在门市部,当作旧书零卖;二是将他的书夹在其他书中间,远销外埠,从而使蒋光慈的书销往全国。② 在这个类别中,还有阿英、洪灵菲等太阳社成员的作品,这类"革命加恋爱"的革命激情小说很能赢得当时青年读者的心,《流亡》《转变》《归家》《前线》等作品也一版再版。这些文学作品与左翼文化潮流互相激荡,在青年读者中反响巨大。随即,这类作品受到国民政府的禁止。

在同一时期的新文学作品中,郭沫若、张资平、郁达夫等创造社成员的作品,以浪漫的文学风格及抒扬内心世界、作者独白为基本创作手法,将作者本人的经历、坎坷的遭遇与情感的痛苦向读者直接宣泄,成为开创性的新文学代表之作。这些作品以迥异于世人眼目的姿态撼动着人们的心灵、观念和思想,成为青年读者中的畅销书。创造社丛书中,郭沫若的《女神》、郁达夫的《沉沦》、张资平的《冲击期化石》都很畅销。③ 其他创造社成员的作品如倪贻德的《东海之滨》、叶灵凤的《灵凤小说集》、严良才的《惆怅》等也受到很多青年读者的欢迎。

一些学者文士独具匠心的散文,以或幽远或清丽或细腻感人的情致受到这一时期青年读者的追捧。如冰心的作品以清婉雅丽的笔触,引起很多未涉世事的青年读者的共鸣与模仿。她的《笑》在《小说月报》上刊载后,学校竞相将其选入课本,语法学家为它做通篇句式

---

① 《亚东出版物目录及知见版次》,见王余光等《中国新图书出版业的文化贡献》,武汉:武汉大学出版社,1998 年,199 页。
② 吴似鸿:《蒋光慈回忆录》,见《中国现代文艺资料丛刊》编辑组《中国现代文艺资料丛刊》,第三辑,上海:上海文艺出版社,1962 年,176—178 页。
③ 沈松泉:《泰东图书局经理赵南公》,载《出版史料》,1989 年第 2 期。

读解,可见其影响广大。《寄小读者》于1926年5月由北新书局出版,到1941年已发行至36版。阿英说:"特别是《往事》(二篇)《山中杂记》(《寄小读者》)以及《寄小读者》全书,在青年的读者之中,是曾经有过极大的魔力。一直到现在,从许多青年的作品中,我们还可以看到这种'冰心体'的文章。"①朱自清的散文意境细密、幽远,气氛温柔敦厚,情真意切,在20世纪20年代就被看作是娴熟使用白话文的典范,销行极广。其散文集《背影》于1928年由上海开明书店出版,初版后印行了十余版。②

三、20世纪三四十年代的阅读风尚

20世纪30年代以来,民族危机凸现,民众爱国情绪日益高涨。1936年10月1日,鲁迅、郭沫若、茅盾、巴金等人与旧派作家包天笑、周瘦鹃等21名文化艺术界人士联名发表《文艺界同人为团结御侮与言论自由宣言》,宣言主张"全国文学界同人应不分新旧派别,为抗日救国而联合"③。这一宣言的发表,标志着文艺界抗日统一战线的初步形成。通俗小说原有的情调、趣味与民众感到的民族危机格格不入。新文学类书籍为了更好地承担启蒙与救国的重任,在创作上也开始借鉴通俗作品,两者都在各自的机体上进行革新和发展,甚至一度出现交融的趋势。特殊的时空语境促进了新的阅读需求的产生,这一时期的阅读风尚出现了以下几种倾向和特点。

(1)新文学类作品读者范围的扩大。

1905年科举制度被废止,新式国民教育开始施行,经过十多年的

---

① 钱理群等:《中国现代文学三十年》,北京:北京大学出版社,1998年,152页。
② 《百年百种优秀中国文学图书:1900—1999》,北京:人民文学出版社,1999年,38页。
③ 《文艺界同人为团结御侮与言论自由宣言》,载《文学》,1936年第7卷第4期。

学校教育和实践,接受西方人文科学和自然科学的新学生成为中国知识阶层的中坚力量,他们是以启蒙思想为核心理念的新文艺作品的坚定支持者和执行者。经过19世纪末至20世纪初二三十年的逐步完善和发展,到20世纪三四十年代,新派作家将流行小说的创作元素融入新文学的创作中。这一时期成为民国文艺发展的黄金时期,新文学作品已趋成熟,产生了一系列现代文学巨著。新文学作品的阅读已由最初仅限于知识分子群体和青年学生拓展到社会其他的阅读群体中,引起越来越多读者的关注。正是在这样的背景下,"那些在一二十年代或许只读鸳蝴派小说的'新式'读者以及学生,现在成了巴金、茅盾、曹禺等作家的真正的追随者"①。周文骏教授在回忆20世纪三四十年代学生时代的课外阅读时说道:"我印象比较深的主要有几类书,都是在不同的时期看的。先是看四大名著,《封神演义》《隋唐演义》《飞龙传》《薛仁贵征东》《七侠五义》《小五义》《五虎平南》《杨家将》一类的书,还有张恨水的小说,后来,大约是四十年代,金华沦陷,一些从解放区带过来的毛泽东的著作,还有以鲁迅为主的左派文艺作品开始在同学间流传;中间也喜欢读一些诗作,记得有臧克家、田间、艾青等人的诗。"②这种状况在很大程度上说明新文学类作品的阅读群体在20世纪三四十年代规模逐步扩大。

1933年1月,由开明书店出版的茅盾的《子夜》,是一部描写"都市生活世界"的写实主义的长篇小说,出版后三个月内再版四次,初版3000部,此后各次再版都是5000部,这在当时的新文学书籍中实属少见。除了爱好新文学的广大青年学生争读《子夜》外,据当年主持大江书铺的陈望道说,一些不大爱看新文学作品的资本家的少奶

---

① 佩瑞·林克:《论一二十年代传统样式的都市通俗小说》,陈思和译,见贾植芳《中国现代文学的主潮》,上海:复旦大学出版社,1990年,129、130页。
② 周文骏教授访谈录,据笔者2005年6月12日在受访者的中关村寓所进行的访谈整理而成。

奶、大小姐现在却争着看《子夜》了。① 说到《子夜》成功的原因，诗人萧三认为它"正确回答了这个时期中国社会进步分子所感兴趣的问题"②。

与此同时，巴金在小说"激流三部曲"中所创造的"热情忧郁的青年世界"也吸引了当时大批的青年读者。"激流三部曲"中的《家》于1931年4月18日在上海《时报》上开始连载，时名《激流》，1933年上海开明书店出单行本时始名为《家》。该书一问世就受到人们的关注，此后数十年，人们阅读这部小说的热情长盛不衰，评论它的文章数以百计，《家》因此被誉为"中国新文学"的"第一畅销书"。③ 王易庵对于其受欢迎程度曾有这样的记述："《家》《春》《秋》这三部作品，现在真是家弦户诵，男女老幼，谁人不知，哪个不晓，改编成话剧，天天卖满座，改摄成电影，连映七八十天，甚至连专演京剧的共舞台，现在都上演起《家》来，借以号召观众了。"④

（2）社会科学类书籍的阅读。

20世纪20年代末30年代初，在青年学生中，开始出现对社会科学类书籍的阅读。早在1929年末，就有出版商敏锐地觉察出了这一新的文化阅读趋向，开始着手出版这一类的书籍，如：

> 我们已经感觉到现代青年的要求，已由一般的学术涵养进而为社会科学之具体的探讨，这是全国的文化阶级上一个必然地进步的现象。但是社会科学亦必有程序：(1)历史的，(2)方法的，(3)基本原理的，(4)系统的专门著作。本馆已出之法国革命

---

① 赵遐秋、曾庆瑞：《中国现代小说史》，下册，北京：中国人民大学出版社，1985年，157页。
② 孙中田、查国华：《茅盾研究资料》，北京：中国社会科学出版社，1983年，1604页。
③ 司马长风：《新文学丛谈》，香港：昭明出版社有限公司，1975年，117页。
④ 王易庵：《巴金的"家•春•秋"及其它》，载《杂志》，1942年第9卷第6期。

史、社会经济发展史即所以应第一部门的需要,现出之康德的辩证法、斐斯特的辩证法、产业革命、社会农业即所以应(2)(3)(4)部门的需要。现已约定海内外专家从事编译,继续刊行,以副读者急切之望。①

具体来说,比较有代表性的读物主要有以下几类。

第一类是普及性的知识性读物。《ABC丛书》(徐蔚南主编、世界书局出版)、《教育史 ABC》(杨贤江)都曾风行一时。其中《教育史 ABC》于1929年5月初版,1931年就印行第四版。

第二类是为青年提供各科辅导读物的自学书籍。如约请专家学者撰稿的《青年自学丛书》(张仲实主编、上海生活书店出版),先后出了三辑,每辑十部,以深入浅出为特点,受到全国青年读者的热烈欢迎,总印数在100万册以上。②

第三类是系统的学科专门著作。如政治学、哲学、经济学方面的著作,这些著作读者受众较广,影响巨大。1934年,为通俗地宣传马克思主义哲学,艾思奇所著的《大众哲学》原在上海出版的《读书生活》上连载,后出版单行本,初版五个月内就出了四版,不到两年的时间就发行了两万册,到1948年12月已印行了32版。③ 还有薛暮桥的《经济学》,先作为教材在新四军中广泛流传,经新知书店公开出版后,由于内容通俗、观点鲜明,同样受到国统区广大读者的欢迎,不断再版,读者甚多。生活书店出版的苏联李昂吉叶夫著的《政治经济学讲话》为了适应读者需要,也为了获得竞争优势,采取翻译一章发排一章的做法,出版快速,成为畅销书。④

---

① "上海亚东图书馆社会科学新书"广告,载《申报》,1929年12月16日。
② 赵晓恩:《抗战前的上海生活书店》,载《出版史料》,1993年第1期。
③ 艾思奇:《大众哲学》,北京:生活·读书·新知三联书店,1979年,3页。
④ 赵晓恩:《抗战前的上海生活书店》,载《出版史料》,1993年第2期。

第四类是反映当时政局的时事读物。如正中书局出版的蒋介石与宋美龄合著的《西安半月记》传遍全国,销量达百万册。① 古今社出版的周佛海回忆录《往矣集》,销售极快,再版十次。② 1936年生活书店出版了茅盾主编的《中国的一日》,因内容的写实性和极为有力的广告,其一经出版立即轰动全国。另外还有反映红军二万五千里长征的埃德加·斯诺的《西行漫记》(国外初版时的名字是 *Red Star Over China*),该书在中国出版后,很快在国内及国外华侨地区读者间引起了轰动,出版了无以统计版次的重印本和翻印本,据不完全统计,民国时期出版的中译本《西行漫记》(含雏形本、全译本、节译本、抽印本)共48种。③ 继斯诺后,美国人韦尔斯于1937年继续访问西北苏区,回国后将采访记译为中文后,名为《续西行漫记》,于1939年出版,出版10天后即再版。从后者的畅销情况也可看出《西行漫记》的影响,从而可见其读者之众。

(3)武侠小说阅读热潮的持续。

民族危机的日益深重以及民众英雄情结的日益发展,使得武侠小说阅读进一步兴盛。由于多是在报刊上连载,武侠小说作者及作品的数目难以精确统计,仅刊印成书的就有七百多种,规模最大的一部武侠小说是《蜀山剑侠传》,共50集;其余如《青城十九侠》《十二金钱镖》《鹰爪王》等也有二三十集,作者人数近二百人。④ 武侠小说成为拥有最大读者群的文学样式,20世纪三四十年代成为武侠小说创作的鼎盛时代,当时风格各异的"北派五大家"最受读者欢迎。其中包括还珠楼主李寿民的蜀山系列,宫白羽、郑证因的镖局系列,

---

① 杨寿清:《中国出版界简史》,上海:永祥印书馆,1946年,62页。
② 张煜明:《中国出版史》,武汉:武汉出版社,1994年,433页。
③ 根据张小鼎《〈西行漫记〉在中国》(《出版史料》,2006年第1期)一文后的"中译《西行漫记》版本目录"统计结果。
④ 张赣生:《民国通俗小说论稿》,重庆:重庆出版社,1990年,357页。

王度庐的《卧虎藏龙》等书组成的鹤铁系列,朱贞木的新派武侠系列。另外,还有姚民哀的党会系列、文公直的余谦系列,其分别以"奇幻仙侠""社会世态""悲剧侠情""武功技击""诡异奇情"等凸现自己的风格。1940年《蜀山剑侠传》由正气书局出版,大受读者欢迎。当时书局主人说:"在每一集出版的三四天内,一万册之数,一抢而空。早晨开门来,就有顾客望门而候了。"①当年《江湖奇侠传》的风行与书局的着力宣传大有关系;《蜀山剑侠传》的畅销则与《江湖奇侠传》的风行有所不同,书局方面未曾有过盛大的宣传,它是在读者互相传阅之间,日益广为流传的。还珠楼主的另一部著作《青城十九侠》,与《蜀山剑侠传》齐名,同样令读者着魔。

  中国近代武侠小说潮流在古代传奇、公案、戏曲和清代侠义小说的影响下从20世纪20年代初期开始形成,武侠小说与蓬勃兴起的新文学运动相伴而生、共同成长,并借鉴了很多新文学的写作技巧。武侠小说家以中国文化里的"尚武"精神和大量的武侠叙事文本为基础,不仅塑造出一系列手指白光、口吐神剑、腾云驾雾、飞檐走壁的英雄人物,而且赋予人物形象济困扶危、除暴安良、激昂慷慨、叱咤风云的侠义内涵,这对20世纪初期以来处于内忧外患之困的民族情状以及势弱无助、渴望得到解救的普通民众而言,不啻一种精神的拯救和心灵的安慰。民国时期的读者不同于封建社会的读者,他们的民主思想日渐强化,民主思想成为一种时代思潮,传奇小说和公案小说转化为武侠小说,正是适应这种变化的结果。武侠小说通过对江湖恩怨的描写,以无法排解的爱与恨、情与仇、恩与怨、生与死之情深深打动了读者,以无可抗拒的力量牢牢占据了民国时期最广大的读者市场,上至达官贵人、大家闺秀,下至贩夫走卒、不识字的妇人,都直接或间接地通过书刊、电影、广播、评书等多种途径接触过这类作品。

---

① 徐国桢:《还珠楼主及其作品的研究》,载《宇宙》,1948年第3期。

(4)融入时代语境的社会言情小说阅读热潮。

这一时期融入时代内容而出现的社会言情小说已蔚为大观,和武侠小说一起成为读者市场的主流。20世纪三四十年代,随着"文学大众化"问题讨论的不断深入,新旧两派作家在民族意识方面趋同,新派作家清醒地认识到新文学没有实现"启蒙"和"普及大众"的理想,绝大多数读者仍然喜欢阅读旧派文学作品。1932年,瞿秋白明确指出,就五四作家与大众的关系而言,二者中间存在鸿沟——因为新派文学作品是大众不能理解的"新文言"。张恨水也认为:"新派小说,虽一切前进,而文法上的组织,非习惯读中国书、说中国话的普通民众所能接受。正如雅颂之诗,高则高矣,美则美矣,而匹夫匹妇对之莫明其妙。我们没有理由遗弃这一班人,也无法把西洋文法组织的文字,硬灌入这一班人的脑袋,窃不自量,我愿为这班人工作。有人说,中国旧章回小说,浩如烟海,尽够这班人享受的了,何劳你再去多事?但这有两个问题:那浩如烟海的东西,他不是现代的反映,那班人需要一点写现代事物的小说,他们从何觅取呢?大家若都鄙弃章回小说而不为,让这班人永远去看侠客口中吐白光,才子中状元,佳人后花园私订终身的故事,拿笔杆的人,似乎要负一点责任。"①张恨水的这番话表明了他对新派文学在传播范围和受众效果方面的清醒认识,也表明了他抛弃旧派陈套,以现代新的内容来改造旧章回小说的自觉的艺术追求。在文学与时代、传统、大众的关系方面,张恨水的价值取向和价值判断很能代表20世纪三四十年代通俗作家的追求。旧文学与新文学之间的界限开始消解,旧文学作家开始在作品中进行严肃的思考,对社会与人的命运做出深刻反思,这使作品的艺术品位得到提高。这类作品在社会中下层民众和市民中本来就是主流读物,经过这种变化,读者队伍空间也得到了扩展,更多新式教育

---

① 张恨水:《总答谢——并自我检讨》,载重庆《新民报》,1944年5月20日—22日。

下的青年和知识分子也开始阅读这类通俗作品。

20世纪三四十年代的读者水准较之一二十年代大有提高,不少读者希望阅读不仅能够消愁解闷,还能够增进知识、宣泄民族情绪的作品。如当时一些读者对"为什么要看小说"这一问题的回答有许多相近的地方,比如:

> 因为要知道社会的真相,并且能够增进学识、解除苦闷,得到指示一切,所以要看小说。(上海:许有秋)
> (1)为转移不良心境而看。(2)为消磨枯寂的人生而看……(南通:王懿)
> 为勃发反帝观念,救国热情而看爱国小说……(苏州:张子清)
> (1)能够认识时代的改造和演变。(2)能够纠正农村的旧俗和社会的畸形。(3)能够增进民族的智识。(4)能够指导青年正当的途径。(杭州:马伯荣)①

这些回答真实地传达了民众反帝爱国的热情和意识。这一时期比较受读者欢迎的社会言情类小说作品如下:在上海及其周边地区主要是张恨水的《啼笑因缘》和秦瘦鸥的《秋海棠》;在以京津为核心的北方,则是刘云若和梅娘(孙嘉瑞)、耿小的、李燃犀等人的作品。

1931年《啼笑因缘》的单行本经上海三友书社出版后,立即成为上海地区最受市民欢迎的畅销书。除了国内、南洋地区私人盗印翻版的外,该书前后出版超过二十多版,首版即印一万册,总印数有几十万册。《啼笑因缘》最初在《新闻报》上连载时,在读者中间引起了强烈的反响。上海市民见面时,常把《啼笑因缘》中的故事作为谈话题材,预测它的结局。许多平日不看报的人,对此也感兴趣,甚至订

---

① 《为什么看小说?》,载《珊瑚》,1933年第3卷第5号。

起报来了。很多商人在《新闻报》上登广告时都要求把广告登在连载《啼笑因缘》的版面上。这一时期,《新闻报》的销量很快上升。《啼笑因缘》曾被数次拍成电影,同时还被改编成评弹、大鼓、说书、地方戏曲。《啼笑因缘》创造了小说界的新纪录,它不仅在旧派章回体小说的老读者群中引起强烈反响,而且还使当时的新文艺界惊异不止,众人甚至还讨论此书何以有如此大的魅力,流传得如此广泛,例如瞿秋白说:"《九尾龟》《广陵潮》《留东外史》之类的东西,也至今还占领着市场,甚至於要'侵略'新式白话小说的势力范围,例如今年出版的张恨水的《啼笑因缘》居然在'新式学生'之中有相当的销路。"①所以,当《啼笑因缘》的作者张恨水书毕南下上海时,竟然"上至党国名流,下至风尘少女,一见着面,便问《啼笑因缘》"②。

张恨水是这一时期读者面最广的作家之一,他将缠绵悱恻的言情故事和惊险紧张的武侠传奇熔于一炉,同时将传统小说章回体和西洋小说新技法融为一体,还能将满脑子都是"板荡识忠臣"一类封建思想的关寿峰和受过资产阶级教育的维新人物樊家树黏合在一道,使他们成了"忘年交"。这种"熔于一炉"的手法,迎合了爱看言情小说或武侠小说的不同读者之所好。有些惯读新小说的青年学生也觉得《啼笑因缘》有新小说的韵味,而热衷章回体的读者,又感到《啼笑因缘》甚合脾胃。因此当时有人赞誉它是"新旧咸宜"的作品。③

1937年后,在大后方,张恨水创作了二三十部抗战小说,其中以1939—1941年在重庆《新民报》上连载的《八十一梦》影响最大,《八十一梦》是抗战时期大后方销量最多的一部作品,延安也翻版过。周恩来曾对此书大加赞赏。这部小说以散体化的形式,用"寓言十九托之

---

① 瞿秋白:《鬼门关以外的战争》,见《瞿秋白文集(一)》,第三卷,北京:人民出版社,1953年,626页。
② 张占国、魏守忠:《张恨水研究资料》,天津:天津人民出版社,1986年,344、345页。
③ 张占国、魏守忠:《张恨水研究资料》,天津:天津人民出版社,1986年,325页。

于梦"的手法,对国民党统治下的重庆腐败的现实和社会上种种丑闻进行了无情的揭露和鞭挞。

20世纪40年代言情小说创下畅销书最新纪录的,是"孤岛"上海时期秦瘦鸥的《秋海棠》。该书1941年连载于《申报》之后,1942年7月被上海金城图书公司出版单行本,同年12月被搬上了话剧舞台,历演150多场而长盛不衰;1943年该书又被连续改编成电影、戏剧。此书之所以引起空前的轰动,原因在于它所表达的同仇敌忾的民族情绪与沦陷区人民对日本侵略者的强烈憎恨产生了共鸣。《秋海棠》结局比较悲凉,导致不少读者纷纷要求让秋海棠复活,这使得秦瘦鸥的老友周瘦鹃不得不帮忙续写《秋海棠》,使新《秋海棠》变为大团圆的结局。周瘦鹃说:"我的朋友中十个倒有九个都已看过《秋海棠》,都说哀感太过,虽铁石人也将为之下泪,最好能使剧中人苦尽甘来,给大家乐一下子。我的三女杏、四女瑛……看了《秋海棠》,更泣不能抑,就嘟着我道:'能不能使秋海棠不死?'……这一句话倒说动了我的心……写一部小说,可不是容易的事,且让我仔细考虑一下……救活了秋海棠,使有情人得一个美满的结果,让那些流过眼泪的读者和观众一齐破涕为笑,倒也是功德无量的事。"①

另外,这一时期在读者中影响较大的作家,尤其在北方读者中影响较大的作家还有人称"小张恨水"的刘云若和梅娘。刘云若1930年任《天风报》副刊主编时,发表了第一部长篇言情小说《春风回梦记》,该书大受读者欢迎。此后20年间,其所著言情长篇小说逾40部,其中《红杏出墙记》《小扬州志》《旧巷夕阳》《粉墨筝琶》《海誓山盟》等,堪称通俗小说的上乘之作,出版后倾靡一时,被天津报纸大量连载,北京、上海也开始流行刘云若的小说。在这些作品中,以20世纪40年代出版的《红杏出墙记》影响最大。梅娘是接受过新式教育的女作

---

① 周瘦鹃:《新秋海棠弁言》,载《紫罗兰》,1943年第1期。

家,她在 20 世纪 40 年代中期创作的许多描写婚恋生活的小说,以细腻的女性心理描写受到青年女性读者的喜爱。1942 年,梅娘发表《鱼》《蟹》及大量短篇小说,在这一年达到写作生涯的巅峰。同年,北平的马德增书店和上海的宇宙风书店联合发起了"读者最喜爱的女作家"调查活动,梅娘和张爱玲被读者评为最受欢迎的青年女作家。①

四、新旧文学交融的 20 世纪 40 年代中后期的阅读风尚

20 世纪 40 年代,一些接受过新式教育的青年知识分子加入到市民阶层,他们的精神需求使当时的小说在美学上的追求明显发生了变化。这一时期的畅销书阅读具有明显的地域色彩,主要以上海、京津地区、大后方和以延安为中心的革命根据地这四个区域为代表,体现了特殊环境下特殊的阅读需求和阅读特点。这一时期,由于抗日战争进入相持状态,在反映爱国和抗敌这一点上,新旧文学显现出共同的趋向。从创作手法上来说,新旧文学作品间的融合更加明显,徐讦、无名氏(卜乃夫)、张爱玲、穆时英、苏青等人的作品将通俗性和先锋性合为一体,雅俗共赏。这些作品较好地结合了中西文化,用新的写作方式表达战争所带来的苦闷、耻辱与彷徨,宣泄末世繁华伴随的骄矜、沦陷之耻辱与挫折后的失意和恐惧、西方文明熏染下屈辱的新鲜与沾沾自喜、寄人篱下的安身立命的渴求与深恶痛疾等矛盾的感情。"出名要趁早呀!来得太晚的话,快乐也不那么痛快……个人即使等得及,时代是仓促的,已经在破坏中,还有更大的破坏要来……"②这一时期的畅销书阅读正是这样一种复杂情绪的直接

---

① 阿洁:《不同语境下的"南玲"与"北梅"》,见梅娘《梅娘近作及书简》,北京:同心出版社,2005 年,155 页。
② 张爱玲:《〈传奇〉再版序》,见《张爱玲文集》,第四卷,合肥:安徽文艺出版社,1992 年,135 页。

体现。

20世纪40年代是海派小说承上启下的一个阶段。从这时起,以张爱玲为代表的沪港市民传奇成为"孤岛"时期畅销于上海和国统区的文学作品。张爱玲的作品中潜伏着一种对生之无奈的认同与理解,及繁华落尽后的一种苍凉的人生意境。她的本领在于将市民情趣演绎为一种文化,一种复杂的、参差的情调。她在平庸中发现乐趣,在世俗中开掘优美,化俗为雅,化雅为俗,俗雅参差,雅俗共赏。她的人生哲学

上海山河图书公司1946年出版的《传奇》增订本

是:"有一天我们的文明,不论是升华还是浮华,都要成为过去。然而现在还是清如水、明如镜的秋天,我应当是快乐的。"①她带着辛酸的讥讽认同着大众,却又奇妙地提升着大众,引起读者对她作品的迷恋,以至不少读者成为"张迷"。1944年,她的代表作——小说集《传奇》与散文集《流言》由上海杂志出版社出版,不到一年即再版,红极一时。20世纪40年代末,张爱玲以"梁京"为笔名在上海《亦报》上连载长篇小说《十八春》。在连载《十八春》的过程中,《亦报》先后发表了《〈十八春〉事件》《与梁京谈〈十八春〉》《也谈〈十八春〉》等文章,这反映了读者对张爱玲作品的关注。女作家苏青则开女性主义写作的先河,她以自身经历为背景,用大胆笔触描写男女爱情与性欲。1944年出版的自传体长篇小说《结婚十年》,先后印行了18版,使她一举成为畅销书作家。她的作品,包括长篇小说《结婚十年》(正、续)、中篇小说《歧途佳人》与短篇小说集《涛》在内,都是以女性为主人公,表现女性涉世而终遭幻灭的内心历程,表达普通职业女性务实而不避利、

---

① 柯灵:《遥寄张爱玲》,见静思《张爱玲与苏青》,合肥:安徽文艺出版社,1994年,134页。

俗气而不失真诚的人生态度。这种真诚而带有隽永趣味的别样的市俗化作品大受市民读者的欢迎，甚至连张爱玲也说："如果必需把女作者特别分作一栏来评论的话，那么，把我同冰心、白薇她们来比较，我实在不能引以为荣，只有和苏青相提并论我是甘心情愿的。"①

因描写以上海为原型的现代都市生活而著称的作家——被称为"新感觉派圣手"和"鬼才"的穆时英也是当时风行一时的海派作家。他的影响当时就十分显著，所谓"穆时英笔调""穆时英作风"一时风靡上海，从先锋型的大牌刊物，到商业性的画报、小报，都可见模仿他的文字。穆时英连同他的文字，都带有传奇性质。他是真正意义上的新式洋场小说家。他用有色彩的象征、动态的结构、交错的时空以及充满速率和曲折度的表达方式，来表现由金钱、性所构成的众声喧哗的上海。他的作品所渲染的带有潜在哀婉抒情气息的现代都市文明使读者产生了一种奇异的认同感，于是《公墓》《上海的狐步舞》《白金的女体塑像》等小说畅销一时。

在以重庆为中心的大后方，徐訏和无名氏（卜乃夫）是典型的通俗、先锋两栖作家，他们的小说融汇了中西文化，写的是中国式的爱情，表达的却是一种来自异域的情感和忏悔。正是因为这种文化因素和异域色彩，他们的作品吸引的主要是知识分子。其中，1936年徐訏的《鬼恋》出版后，在大后方及上海都大为风行，7年内印行了19版。其1943年发表的长篇小说《风萧萧》，由于满足了读者市场的需要，加上切合了读者对于描写间谍生活类作品的喜爱，一时风行，当年被列为"全国畅销书之首"，该年被称为"徐訏年"②。无名氏继徐訏之后，一度成为浪漫爱情小说的畅销书作家。他于1943年出版的《北极风情画》和1944年出版的《塔里的女人》都是根据真人真事写成的，

---

① 张爱玲：《我看苏青》，见《张爱玲散文全编》，杭州：浙江文艺出版社，1992年，256页。
② 钱理群等：《中国现代文学三十年》，北京：北京大学出版社，1998年，518页。

具有强烈的震撼力和感染力,因而一经出版便大获成功。《北极风情画》一经在《华北新闻》上连载,立即轰动西安,当时几乎人人都在读。无名氏无论出去理发、洗澡、吃饭、喝咖啡,还是到公园喝茶,到处听到有人在谈论此书。无名氏的友人黄震遐从甘肃来到西安,一见到他就说:"从前拜伦写了《柴尔德·哈罗德》旅游诗,发现自己一夜之间名满伦敦,足下现在正是当之。"在一篇采访录里,被采访者回忆起20世纪40年代左右上中学时的阅读时还对无名氏的作品念念不忘:"上初中后,同学们互相交换书看,无名氏的《北极风情画》很让我们感动……"①《塔里的女人》在刚出版的一段日子里,几乎以一天一千本的速度销售。两书一两年内在全国各地翻版达23种,三四年内各种合计印行100版以上。② 甚至到了"文革"期间,《塔里的女人》还以手抄本的形式在民间广为流传。

在以平津地区为中心的北方,老舍的京味小说具有浓厚世俗气息,在"北京小市民世界"中很受欢迎。其中,1939年3月人间书屋出版的《骆驼祥子》单行本,初版后又多次重印。因为购买者甚众,20世纪三四十年代,《骆驼祥子》的盗版书相当多,特别是在沦陷的东北,更有不少公开的盗版书出版。③

20世纪三四十年代,还有一批学者名士的作品——或以雍容自若为格调的小品,或以诙谐笔法洞悉人生深刻哲理的小说,深受知识分子的喜爱。周作人的小品文集《自己的园地》从1923年初版以来,一版再版,引起了三四十年代小品文阅读的潮流。该书自出版以来,

---

① 《涂光群访谈》,见《人物风流:涂光群,是他一手发掘的刘心武》,载《新京报》,2005年6月28日。涂光群,笔名伍宇、弦柱,1933年生于武汉,1953年进入《人民文学》杂志社做文学编辑。
② 钱理群等:《中国现代文学三十年》,北京:北京大学出版社,1998年,520页。
③ 朱金顺:《〈骆驼祥子〉版本初探》,载《出版史料》,1989年第3、4期合刊。

深受不少学者名士的推崇,被推荐为青年十部必读书之一。① 其后,《雨天的书》《苦竹杂记》等小品文集,以"冲淡平和"的文字整整影响了一代作家的文风。从此,周作人的名字和小品文不可分割地被记忆在读者的心里。周作人"取些茶食,酒,鸟声,野菜,草木,虫鱼,八股文,妖术等等的题材"②更是引发了人们对已被遗忘了一段时间的士大夫趣味产生新的迷恋、沉醉甚至追逐,使种种表达闲情逸致、风雅韵味的小品文因时而起,充斥于各类通俗与不通俗的报刊上,以至专门刊载小品文的杂志如《论语》《人间世》《宇宙风》等也成为兼具士大夫趣味与市民趣味,同时具备乡土闲适情怀与城市现代化节奏的小知识分子们"最恰当的读物"③,使"今之人,凡摩登小姐,西装少年,以及手弯里挟着小黑皮包的先生同志之流,无不在马路上手持一卷津津然有味焉以读《论语》者"④。

　　林语堂"衣不纽扣"的小品文通过不衫不履、恬然自得的情调和文风使作者和读者达到融洽宽适的境界,受到了读者的喜爱。梁实秋轻松幽默、极富生活气息的小品文也颇受读者追捧。例如1949年正中书局出版的《雅舍小品》,收录梁实秋于1940—1947年写的小品34篇,"风行于世,已发行50余版,创20世纪中国现代散文著作发行之最高纪录"⑤。

　　1946年末,旅法归国的学者钱锺书在上海发表了小说《围城》。该小说从1946年2月起就在《文艺复兴》杂志上连载,1947年5月上

---

① 刘超:《读中国书:〈京报副刊〉"青年必读书十部"征求书目分析》,载《安徽大学学报》(哲学社会科学版),2004年第6期。
② 阿英:《周作人小品序》,见《现代十六家小品》,天津:天津市古籍书店,1990年,1—3页。
③ 杜玲玲:《小品文的危机与生机——以〈论语〉、〈人间世〉、〈宇宙风〉为中心》,见夏晓虹、王风等《文学语言与文章体式:从晚清到"五四"》,合肥:安徽教育出版社,2005年,482、483页。
④ 又年:《论语今赞》,载《论语》,1933年第10期。
⑤ 黄修已:《20世纪中国文学史》,广州:中山大学出版社,1998年,404页。

海晨光出版公司初版,1948年再版,1949年三版。在当时混乱的时局中,《围城》发行数量独占鳌头,成为当时长篇小说中"很热闹的读物"①,由此可见该书受读者欢迎的程度。钱锺书将自己的语言天才与极其渊博的知识相结合,添加上一些讽刺主义的幽默成分,使《围城》成为一幅栩栩如生的市井百态图。人生的酸甜苦辣,均在《围城》中得到了淋漓尽致的体现。当时《围城》的销售广告写道:"人物和对话的生动,心理描写的细腻,人情世态观察的深刻,由作者那枝特具的清新辛辣的文笔,写得饱满而妥适。零星片断,充满了机智和幽默,而整篇小说的气氛却是悲凉而又愤郁。"②这虽然是广告,但一语道出《围城》的特点和受读者欢迎的原因。

此外,在以延安为中心的边区根据地和其后的解放区里,对于生活在社会底层、勤奋劳作的农民大众而言,他们所喜闻乐见的是则是用自己的语言写作的反映自己的生活和希望的作品。其中赵树理的作品颇受农民读者群体的喜爱。在五四以来的新文学创作中,农民是不少作家努力表现的对象。鲁迅第一个怀着炽热的同情描写了受着深重压迫的贫苦农民,他笔下的农民大多备尝苦难而尚不觉醒,身心均打着阶级压迫的深深烙印。经过大革命时期农民运动的高潮,到了20世纪30年代,在深入发展的农村革命的推动下,一些左翼作家笔下开始出现觉醒反抗的年青一代新农民形象。但是在当时主观与客观条件的限制下,加上作家未解决如何与农民在感情打成一片的问题,因而不可能塑造出真实丰满的农民形象,某些形象中不免夹带着许多知识分子思想感情的杂质。这些作品和农民大众的距离还很大,阅读对象还是以知识分子为主。农民出身的作家赵树理深感

---

① 吴泰昌:《听李健吾谈〈围城〉》,见《我认识的钱锺书》,上海:上海文艺出版社,2005年,35页。
② 载《文艺复兴》,1947年第3卷第3期。

"中国当时的文坛太高了,群众攀不上去",他认为"最好拆下来铺成小摊子",立志要把自己的作品先挤进《笑林广记》《七侠五义》这些深受大众喜爱的作品中去。①

赵树理最终实现了自己的理想。他以细致生动的笔触,充分地刻画了中国农村深刻和缓慢的历史变革,其作品成为新民主主义革命浪潮中反映中国农村社会的一面镜子。他热爱而且深刻了解农民,他所塑造的农民形象,从思想、感情、习性、气质,到观察、思考、表达的方式,都具有地道的农民特质。他的写作定位是让识字不多的农民能看懂、不识字的农民能听懂,所以他的作品受到农民大众的欢迎。1943年9月,赵树理的中篇小说《小二黑结婚》出版后,在解放区和国统区大受欢迎,仅在太行一个区就销售了三四万册,创下了新文学作品在农村畅销的新纪录。直接翻译这部作品的国家约有30个。美国人西里尔·贝契在谈到《小二黑结婚》时说:"《小二黑结婚》发表了,人们高兴地读着它:这就是回答,这就是令人满意的文学。他们大声地读给农民听,农民欢迎它的那种激动情绪,就像一个女人在电视中看到了自己的丈夫一样。小说中的人物,就是他们自己的儿女和熟悉的人,他们被带进对他们来说全都很熟悉的情节中……由它改编的民族歌剧的演出,遍及解放区各地。"赵树理的另外几部作品如《李有才板话》《李家庄的变迁》等也受到农民大众的欢迎。1946年8月,郭沫若和周扬分别在上海和延安发表文章,推荐赵树理和他的作品。郭沫若在评论《李有才板话》时说:"我是完全被陶醉了,被那新颖、健康、简朴的内容和手法;这儿有新的天地,新的人物,新的意义,新的作风,新的文化,谁读了我相信都会感着兴趣的。"②

此外,丁玲的《太阳照在桑干河上》、周立波的《暴风骤雨》、

---

① 陈荒煤:《向赵树理方向迈进》,载《人民日报》(晋冀鲁豫版),1947年8月10日。
② 郭沫若:《板话及其他》,载上海《文汇报》副刊《笔会》,1946年8月16日。

欧阳山的《高干大》以及李季的《王贵与李香香》等反映解放区农村变革和农民精神面貌的作品由于在政治上受到重视，被先后改编成戏剧、快板等形式，活跃在解放区的读者中。

第三节　阅读限制

一、各种政治文化运动对社会阅读的影响

阅读从来不是一个完全独立的活动，它总是和社会的变化与阅读主体的需求发展息息相关。阅读的内容和形式都反映出一定社会、一定时期的生活状况和意识形态，社会生活实践决定了阅读的内容和形式；同时，阅读又成为影响社会进一步发展的重要因素。大众阅读是一种复杂的社会群体现象，从阅读需求的出现到阅读文本的产生再到阅读效果的形成等诸多环节都和一定的社会政治、文化背景相联系，所以阅读风气是一个时期政治、文化、学术等多方面的综合体现，大众阅读常常呈现出鲜明的时代特色。民国时期是一个多种思潮交织震荡、各种运动风起云涌的时代，因此置身其中的大众阅读不可避免地受到时代的影响，表现出相应的阅读倾向。

（1）从阅读内容来看，新的社会思潮或某种政治运动、文化运动常常会引发读者阅读某类读物的热潮，带动相关读物的畅销与刊载其内容的刊物的大量出版、发行。民国初年，旧王朝统治的终结、新共和政体的建立使民众生活发生了翻天覆地的变化，这一时期掀起了自由恋爱的风潮。这种风潮使得民众喜闻乐见的言情小说风靡一时，《玉梨魂》《泪珠缘》《恨海》以及后期的《啼笑因缘》《秋海棠》等都属此种小说。另外，在这个旧体制已被打破但新体制还没有建立起来的年代中，揭露社会丑恶、曝光社会秘闻的黑幕小说由于满足了人们的猎奇心理，成为人们争相阅读的对象；描绘众生相的社会小说因反映了现实生活而大受欢迎。进入20世纪20年代后，随着包办婚姻的逐渐解体，言情小说日益粗制滥造，市民开始对言情小说产生厌倦心理。鸳鸯蝴蝶派为重新拾得读者的欢心，推出新的小说品种，再加上世界书局20年代的提倡，侦探小说和武侠小说在社会上掀起广泛的阅读热潮。这些小说情节曲折离奇，迎合了人们除暴安良、崇尚侠义的精神追求，因而吸引了大批的读者。

与此同时，在以知识分子为核心的读者群中，经过提倡"民主"与"科学"的新文化运动的洗礼，受新文学革命的影响，以1921年商务印书馆《小说月报》从鸳鸯蝴蝶派的主要阵地变为文学研究会的主要阵地这一标志性事件为界，社会的阅读焦点开始转向新文学读物，各类介绍新思想和新知识的社科文化类读物大受欢迎。从"第一白话诗人"胡适的作品到在新文学阵营中影响深远的鲁迅及其人才辈出的创造社同人的作品，均大受欢迎。在国难当前、社会矛盾日趋尖锐的20世纪30年代，人们经过了社会思潮的急剧变化之后，逐渐开始冷静地思考社会、国家和个人的许多重大问题。冷静思索之后是新一轮的分化组合，各种社团纷纷成立，一些影响巨大的流派逐渐形成。各类文化事业极度繁荣，政治和商业对小说的介入十分明显，以至上一时期的写实小说流派和抒情小说流派分别被以"左联"为核心的左翼、远离文学党派性和商业性的"京派"和最接近读书市场的"海派"所分割。中国新文学史上最有影响的巨著大多在这一时期产生，这些作品具备思想内容深刻、表现技术高超、社会影响巨大且销售业绩优良的特点，形成畅销性、艺术性、思想性交相辉映的璀璨局面。①

抗战期间，"抗日救亡"成为时代的主要风潮，时局的变化成为读

---

① 徐丽芳等：《中国百年畅销书》，西安：陕西师范大学出版社，2001年，25页。

者关注的焦点。为向读者宣传正义和真理，剖析时事，揭露黑暗，激发民众的正义感和爱国热情，唤醒民众奋起抵抗日本帝国主义的侵略，各大书局纷纷以出版新文学书籍为己任，大量通俗化、大众化的丛书和抗战读物相继出版。例如原本计划以介绍国内外政治知识、经济知识，收罗一些小说、散文和传记为主的《一角丛书》，在首批五种书推出之后，由于"九一八"事变爆发，为满足读者迫切了解事变真相、掌握东北的现状以及局势发展的情况的需求，主编者改变原有的计划，邀请罗隆基写成《沈阳事件》，作为《一角丛书》的第六种出版。此后，主编者又出版了《东北事变之国际观》《东北抗日的铁路政策》《日俄对峙中之中东铁路》《国际联盟理事会之剖视》等客观分析时局的进步书籍。生活书店也出版了"救亡文丛""世界知识丛书战时丛刊""战时社会科学丛书""问题与答案丛刊"等。其中，"问题与答案丛刊"主要为民众解答关于国内、国际一些现实问题的疑惑，例如《我们要不要承认意大利吞并阿比西尼亚》《英意协定有什么影响》《究竟有没有侵略阵线与和平阵线》等。

（2）从阅读文本的形式特点来看，现代书刊装帧是新式印刷术和现代出版业发展的产物，也是为更好帮助现代读者阅读、满足其审美需求的产物。作为书刊内容和精神世界直接体现的书籍装帧，也处处体现了鲜明的时代风貌。

五四运动以前，我国现代书刊装帧艺术逐步形成了一个新的格局，告别了线装形式。五四前后的出版物，处在新文学革命的开放时代，在设计上博采众长，打破一切陈规陋习，从技术到艺术形式都用来为新文化的内容服务，书刊装帧艺术与新文化革命同步进入历史的新纪元，具有现代的革新意义。设计家陈之佛无论为《东方杂志》《小说月报》《文学》设计封面，还是为天马书店出版的书籍做装帧，都坚持采用近代几何图案和古典工艺图案，形成了独特的艺术风格。钱君匋在以民族化为主要设计方向的同时，常常吸收和综合运用各种主义、各种流派的创作方法。此外，与五四时期形成的文人办刊办社的传统密不可分的是，鲁迅、闻一多、叶灵凤、倪贻德、沈从文、胡风、巴金、艾青、卞之琳、萧红等人都为书籍设计过封面，他们的设计风格从总体上说都具有浓厚的书卷气，体现了他们深厚的文化修养。①

20世纪20年代中期到30年代后期，在书刊封面设计上，涌现了很多受现代派、未来派、早期立体派等流派影响的作品。构成主义手法成为封面设计的常用手段之一，许多书籍用抽象的图像要素作为封面的装饰以增强形式感，形成别具一格的风格。图案的应用五彩斑斓，西欧图案、东方图案、古典图案、日本图案等，成为封面上活跃的元素。文字也成为极具表现力的元素，很多作品充分发挥了文字特有的表现力。

20世纪30年代后期，抗日战争激起了中国人民族意识的高涨，在艺术表现形式上民族风格也十分突出，写实主义、漫画手法以及解放区朴实的农村风格成为书籍封面的鲜明特色，出现了一大批富有民族特色和时代气息的作品。写实主义的装帧手法不仅能够准确表现书籍的内容，而且能为宣传抗战、激起广大人民群众的爱国热情起到积极的作用。版画是写实主义艺术形式中最为常见的手法，版画极富阳刚之气的线条、鲜明的色彩对比能够表现强烈的情感，给人造成难忘的视觉冲击。漫画独有的讽刺意味和表现力量使其成为战争时期装帧艺术家们青睐的表现手法。漫画笔法简单，形象生动有趣，理解起来也十分容易，因此将它作为封面能够吸引大量的普通民众，从而扩大书籍的影响。抗战期间，参与书籍装帧者多为漫画家，如张光宇、丁聪、廖冰兄、余所亚、特伟等。

从抗战结束到1949年，与时代内容相适应，这一时期书籍装帧的

---

① 姜德明：《书衣百影：中国现代书籍装帧选(1906—1949)》，北京：生活·读书·新知三联书店，1999年，序。

发展和进步不仅表现在封面民族化风格的加强上，而且表现在整体书装设计意识的加强上。除了封面的设计之外，衬页、扉页、封底、书脊的设计和图案、颜色、字体的应用也讲究有层次、有布局地合理安排。设计丛书时，更加注重丛书的设计规范，既有统一的格式，又有局部的变化，要使整套书既醒目大气，又不失灵动。

这一时期丁聪的装饰画以画人物见长，曹辛之的装饰画则以隽逸典雅的抒情风格吸引读者。在解放区，为了让更多的人民群众接触到作家的作品，书籍装帧艺术带着特有的泥土芬芳，风格朴实、大方、亲切，富有战斗性，涌现了很多群众喜闻乐见的作品。

除此之外，在民国期间，启蒙思潮、政治上的尊孔读经、知识分子群体中的整理国故等运动都对社会阅读产生过影响。其中，社会政治文化对阅读最直接影响的典型案例是禁书的出现。

二、禁书阅读

在任何一个阶级社会中，社会组织在信息系统和流通系统中建立起来的信息传播和知识传播的类型及相应的程序、监控十分重要。控制的性质与强度随着社会政治、文化类型的内部关联的变化而变化，也随着在传播领域内占主导地位的技术的变化而变化。在宏观上，国家可在作品出版前实施预防性审查，也可在作品传播之后进行追惩性审查。在微观上，控制手段也可以被运用于生产组织中，如出版社内部的作品审查与把关环节，或用于对发行网络的监控，以及对书商和传播者的控制，对阅览室、图书馆中流通图书的监管等。

在人类现代文明的发展史中，"知识就是力量"已经成为人们的一种共识，人类自身的解放程度也与知识掌握的程度息息相关。在一个资源有限的世界中，各个阶级对于信息和知识的掌握程度也决定了其占有资源的多少以及相应的社会地位的高低。通常来说，统治阶级处于垄断知识的地位，而广大的普通民众则处于被垄断知识的地位。他们对知识的获取主要取决于国家意志下的知识传播系统。在一个专制社会中，对政府而言，大众阅读是一件危险的事情，因为阅读在传递知识与思想的同时，同样的文本会因不同阅读者的阅读而被重新诠释，产生新的意义，容易导致不可控的危险。例如在西方的奴隶社会中，奴隶主就很恐惧奴隶具有阅读的能力，甚至曾经颁布法律禁止任何人教授奴隶阅读，因为奴隶学会阅读就意味着他们可能在书中找到危险的革命思想，意味着反叛。试想，如果奴隶能阅读《圣经》，他们可能会读废奴的檄文，即使在这些《圣经》文字中，奴隶也可能发现反抗与自由的煽动性观念。① 对奴隶来说，学会阅读虽然并非能立即走上自由之路，但获得了反抗压迫者的强有力的工具之一——书本。在红色高棉波尔布特统治期间，柬埔寨大部分戴眼镜的人被杀掉，因为戴眼镜被视为能阅读的表征，因此能获得信息，具有传递知识的能力，而这意味着他们存在批评和揭露政府独裁统治的可能。②

历来的独裁者都知道，统治文盲群众最容易，因此他们极度迷信文字的力量，也远比普通读者更明白：阅读是一种力量。能够读懂一个句子的人就能够读懂一切；更重要的是，读者一旦学会了阅读就会重新反省原有的意义，并为这个新意义的实现付诸行动。针对这种现实危险性，早在两千多年前的中国古代社会就有了"民可使由之，不可使知之"③这种清晰的统治思想。使人民处于知识闭塞、阅读能

---

① *When I can read my title clear: Literacy, Slavery, and Religion in the Antebellum South.* 见阿尔维托·曼古埃尔《阅读史》，吴昌杰译，北京：商务印书馆，2002年，344页。
② 阿尔维托·曼古埃尔：《阅读史》，吴昌杰译，北京：商务印书馆，2002年，367、368页。
③ 孔子：《论语·泰伯篇》，杨伯峻点校，北京：中华书局，2005年，81页。

力普遍缺乏的蒙昧状态中正是一种有效的统治方式。伏尔泰在一个讽刺性小册子《关于阅读的可怕危害》(Concerning the Horrible Danger of Reading)中写道:"驱除蒙昧,而蒙昧向来是完美控制国家的监管与保护的工具。"①

(1)民国时期的出版审查制度与禁书。

事实上,阅读的技巧一旦学会就无法抹消,整个阅读史的发展就在控制与反控制之间展开,各种各样的审查制度就是施展控制力的必然结果。在这种控制与反控制的斗争中,普通民众的阅读权限在一点点扩大,获得了历史性的发展,从绝对的禁止阅读发展到有限的阅读限制。19世纪以来,尤其在进入20世纪后,几乎所有的民众运动都鼓励大众提高识字能力,对阅读能力的重视胜于对书写能力的重视。民众阅读能力的提高成为各国政府部门清晰阐明其施政思想和方法的重要基础。在这样大的时代背景和阅读发展趋势之下,民国社会作为建立现代中国的起始,在大力推进国民教育,提高国民识字能力和文化素养的同时,也在通过国家机器执行维护自身统治权益的阅读控制。这种阅读控制是通过政府对读物种类和读物内容的限制,在书刊审查制度下实现的。书刊检查的主要目的是通过控制人们的言论来稳定统治秩序,但实行起来却难以如愿,效果甚至适得其反,政府的禁书、禁报行为反而激化了社会矛盾,刺激了被禁书报的传播,也在一定程度上推动了革命运动的发展。正如梁启超所言:"时势者可顺而不可逆也,苟其逆之,则愈激而愈横决耳。"这是因为"凡人于其所愈难得之物,则其欲得之之心愈切,幸而得矣,则其宝之之心愈甚"②。

---

① 阿尔维托·曼古埃尔:《阅读史》,吴昌杰译,北京:商务印书馆,2002年,346页。
② 梁启超:《敬告当道者·中国之新民》,载《新民丛报》第十八号《论说》,1902年10月16日。

早在 1914 年 12 月袁世凯政权颁布的《出版法》中就对书籍审查做出了规定："出版之文书图画，应于发行或散布前，禀报该警察官署，并将出版物以一份送该官署，以一份经由该官署送内务部备案。"国民政府成立以后，对图书、杂志、报纸的审查越来越严格，颁布了许多审查法规，并设立专门机构实施书刊的审查制度。1929 年 1 月 10 日，国民政府公布《宣传品审查条例》，同年 6 月公布《取缔销售共产书籍办法》及命令。1930 年 12 月颁布的《出版法》规定报纸、刊物在创刊前必须申请登记，禁止在书刊上发表反对国民政府的言论，并规定了对违反《出版法》的出版行为的种种处罚办法。1931 年 11 月，国民政府又公布了《出版法施行细则》，对出版物做了严格的限制。这一阶段主要由国民党各级党部按照国民政府颁布的《宣传品审查条例》和《出版法》对出版物进行检查。

抗战期间，国民政府制定的出版审查制度从过去的"事后审查""部分地区原稿审查"，发展到"事前审查"和"全面原稿审查"，出版物审查政策趋于严厉。据国民党中宣部中央图书杂志审查委员会档案和国民政府军事系统档案汇总统计，1938 年 3 月至 1945 年 7 月，全国共查禁书籍（包括少量刊物和传单）1925 种（不包括敌伪的出版物和淫秽迷信的读物）。① 其后，国民政府还在湖北、陕西、福建、江西、四川、云南、广东、湖南等地设立了"图书杂志审查分处"，各地方的最高党政军警机关都要参加当地的图书、杂志审查工作。中央图书杂志审查委员会将《审查法规》和《审查手册》以密件形式寄发给各地的审查人员作为依据和参考，并要求各县把图书、杂志的审查工作作为各县党部中心工作之一。审查后的取缔方法有查禁、停止发行、暂停发行三种，以查禁为主。

---

① 叶再生据张克明辑录《抗日战争时期国民党政府查禁书刊目录（1938.3—1945.8）》统计，见叶再生《中国近代现代出版通史》，第三卷，北京：华文出版社，2002 年，447 页。

国民党上海市党部查禁的几种社科文艺书籍

被查禁的书刊主要有三类：一是淫秽迷信类书刊；二是日伪汉奸著作；三是宣传革命的书刊，包括中共和民主人士的著作，也包括国民党内的改组派、国家主义派、无政府主义者等出版的一些书刊。其中，在数量上和种类上，以第三类书刊查禁得最多。北洋政府时期，宣传俄国十月革命后马克思主义的书刊先后遭到查禁。如当时一些著名的书刊——《湘江评论》《觉悟》《浙江新潮》等曾遭查禁。北洋政府国务院在 1920 年 2 月查禁了 83 种"宣传过激主义"的图书。其中，《新青年》在北京难以生存，迁到上海，也遭查禁，又迁到广州。

国民党中央宣传委员会制发的取缔社会科学反动书刊目录

中国共产党成立后，其主要宣传书刊如《向导》《工人周刊》《先驱》《中国青年》等都在重点查禁之列。国民政府上台后，不仅查禁宣传共产主义和民主思想的书籍,而且查禁反映不同意见的书刊(由于其内部各派系纷争不已),如改组派的《革命评论》《陈公博最近言论》,中国国民党护党革命大同盟的《护党周刊》,桂系的《蒋介石窃党祸国》,中国国民党临时行动委员会的《革命行动》半月刊,国家主义派的《三民主义批评》《国家主义概论》,宣传无政府主义的《民铎》《时代前》等,它们都在查禁之列。

1934年2月,国民党中央宣传委员会发出密令,一举查禁图书149种。著名左翼作家的重要著作几乎都被查禁,涉及书店25家,包括商务印书馆、中华书局等。后来由于书业界的反对,当局把这149种书分五档处理,实际上重新发售的不过37种。1941—1943年更是成为查禁书刊最多的年份,查禁的书刊几乎每年都在300种以上,最多的一年——1942年,查禁的书刊竟然达到415种。①

被查禁的杂志《新生》

(2)禁书的阅读。

禁书的目的在于控制读者阅读范围,打击人们追求知识和思想的兴趣与热情,进行长期的文化专制。事实上,这种限制和打压在很多时候却起了反作用,许多作品正是由于被列为禁书而声名大噪,吸引了更多的读者。中国历史上,历朝历代颁布了许多禁书令,但它们全都行不通。越是朝廷查禁的书,越能引起读书人的阅读兴趣,"雪夜闭门读禁书"更是成为一种高雅的生活方式。明代小说《金瓶梅》经常被禁,可士大夫仍然家置一编,只是不放在桌子上而已。房龙说:"对文字和言论的任何暴力压服都没有过任何益处。"禁书政策有时等于是给被禁的书报做了广告,愈禁愈增加销量。以清末禁书为

---

① 叶再生:《中国近代现代出版通史》,第三卷,北京:华文出版社,2002年,446、447页。

例,《清议报》《新民丛报》虽遭政府查禁,但在"国内却是畅销无滞,千千万万的士君子,从前骂康梁为离经叛道,至此却不知不觉都受梁的笔锋趋作它的学舌鹦鹉"①。"《新民丛报》随遭禁,而该报反添销数百份;假外人之力以禁《新小说》,而《新小说》的发行也未受任何影响。"②政府的禁书行为常常不能获得预期的效果,反而经常"禁者自禁,售者自售,阅者自阅",宣传新知识、新思想的新书、新报依然为许多人所爱,其广告依然大量出现于报刊上。③民国时期,出版工作者的反迫害斗争在中共的领导下,开展得十分激烈,反迫害的方法也随着斗争的深入与复杂,运用得十分丰富、巧妙,出版工作者通过各种方法把很多宣传革命思想和进步思想的被查禁书籍及时送到读者手中。

  为了对抗政府当局对进步书刊的查禁,革命人士采取了种种办法。首先是针锋相对,进行直接的斗争。如1938年《新华日报》发表社论,强烈抨击查禁书刊的行为,要求议论自由。邹韬奋等人在国民参政会上,要求撤销图书、杂志原稿审查办法。1943年11月18日,王亚平、丁玲、老舍、茅盾、夏衍、胡风等53名文化界知名人士,就反对审查制度向国民政府提出14条建议。在抗争中,革命人士有时索性"拒检"。1945年,黄炎培、褚辅成等6位国民参政员,应毛泽东邀请,去延安访问。回来后,黄炎培撰写了《延安归来》一书,以日记体形式记载了自己目睹的延安新气象。按当时形势,此书如送检,则几乎被扣押,即使不被扣押,也会被删得体无完肤。黄炎培采纳中共党员黄洛峰的建议,不送检,以最快的速度将《延安归来》出版发行。该书印两万册,几天内就销完,使当局措手不及。进步文化人士由此得到启

---

① 李剑农:《戊戌以后三十年中国政治史》,北京:中华书局,1965年,38页。
② 《投函》,载《警钟日报》,1904年5月28日。
③ 破园:《查禁书报之效果》,载《扬子江》,1904年第2期。

发,开展了一场"拒检"运动。

除了直接的斗争之外,出版者为将书刊安全地送到市场上,还采取了很多迂回的办法,其中最普遍的就是制作伪装书。伪装书的封面名称与书的内容毫不相干,有的采用当时流行书籍的名称,有的用谐音拟一个极为普通的书名,有时索性套用国民党军政要员著述的书名,甚至用一个十分庸俗的书名。如《中国工人》用过《红拂夜奔》《南极仙翁》等名字,《列宁青年》用过《闺中丽影》《童话》等名字。恩格斯的《社会主义从空想到科学的发展》在20世纪30年代初由创造社出版部出版时,为了避免引起反动派的注意,创造社出版部将书名改为《社会主义的发展》等。1931年创立的北方人民出版社也用伪装封面发行图书,如瞿秋白《社会科学概论》的封面印为《社会科学研究初步》,《武装暴动》印为《艺术论》等。唐弢说:"作为反动统治下斗争的一个特色,尖锐的形势促使革命刊物和政治小册子蒙上一层足以瞒过敌人的保护色,就像战士在前沿阵地用草叶和树枝来伪装自己一样。"①周文骏教授在回忆抗战期间作为一个中学生的阅读时说:"我们那时就接触到了不少毛泽东的著作,还有其他一些从解放区带过来的著作,书名是一般书的书名,但内容却是革命的。我们一群同学就在暗地里互相传看。"②除了这些党刊和政治读物外,一些宣传革命、追求进步的小说也在禁书之列,例如20世纪30年代前后,"革命加恋爱式"的蒋光慈小说遭到了查禁,但这不妨碍其作品的流行和畅销,他的《冲出云围的月亮》仅在出版当年,就再版了六次;其他小说如《少年飘泊者》《鸭绿江上》《兄弟夜话》和《短裤党》等在青年学生中也比较受欢迎。由于有利可图,书店老板经常冒着被查禁的危险,改

---

① 唐弢:《书刊的伪装》,见《晦庵书话》,北京:生活·读书·新知三联书店,1980年,89页。
② 周文骏教授采访录,据笔者2005年6月12日于受访者的中关村寓所访谈整理。

头换面再版蒋光慈的旧作,例如将《少年飘泊者》改为《一封长信》,《鸭绿江上》改为《李孟汉与云姑》等。

除了单行本书籍,很多刊物也采用过伪装的方法。第二次国内革命战争期间,在当时极为严苛的文化环境下,共产党党刊《布尔塞维克》杂志为防止国民党政府的迫害,就经常改换封面书名,用伪装封面继续发行,先后采用过《中央半月刊》《小学校高年级用　新时代国语教科书》《中国古史考》《平民》《光明之路》《佛学研究》《实业周报》等名称。创造社在1928年创刊的《文化批判》被查封后,先后易名为《文化思想》《新思潮》《新思想》陆续出版。1945年出版的《文萃》原为16开本,在被国民党统治集团查禁后,于1947年转入地下状态,秘密出版,改为不定期的32开丛刊出版,不用刊名,改用书名。这种书名因仿照密切结合时局的大特写文章名称,所以更具吸引力。如该刊大特写《臧大咬子伸冤记》(臧大咬子系当时上海滩的一个人力车夫,因美国水兵乘车不仅不付钱反而将他活活打死,一时民情大哗,愤然支援,国民党政府反助纣为虐,不予主张正义)就特别受读者欢迎,印数也比平时更多。这种改变刊名、开本、刊期的事例很多。

此外,常见的方法还有挂外国人的旗号、使用化名、开天窗(新闻术语,因新闻检查,某些报道或言论禁止发表,报纸版面上留下成块空白,叫"开天窗")等。例如《国风日报》,当检查人员抽去了有关各省宣布独立和实行武装起义的稿件后,"次日除该报栏外,专电要阁栏全张白纸,不载一字"。这使不少读者"以为都被抽去,消息不知若何恶劣,人心惶惶,不可终日"。愚蠢的警吏们也害怕了起来,不得不宣布以后"不再检查"。①

---

① 方汉奇:《中国近代报刊史(下)》,太原:山西教育出版社,1991年,603页。

第四章　大众通俗读物的阅读与传播

清末民初以来,那些在民间虽然受时代影响而改变了面目,却仍然根植于中国本土传统的作品,几乎成为中国底层大众阅读最多的作品。概括起来,这些家喻户晓的作品不外乎以下四类:一是描写才子佳人的爱情故事的作品;二是以《儿女英雄传》为代表的武侠小说;三是《儒林外史》和晚清以来的谴责小说,包括后来的社会小说、政治小说等;四是公案类小说,如传统的《彭公案》以及后来类似西方《福尔摩斯》的侦探类小说。这些作品除了表现市民生活以外,还传达了中国传统的人文精神,如除暴安良、慈悲为怀、尊老爱幼、赤胆忠心等。这些传统的人文精神里虽然有不少糟粕,但更多的是作为优良的道德标准融合在中国人的是非判断和行为规范之中,而且随着时代的发展,传统人文精神的内涵也得到了丰富。众所周知,中国的现代化是在一次次对外战争的失败和民族屈辱中进行的。不可否认,近代中国物质文明落后,然而传统的人文精神虽然受到了冲击,却始终没有被西方人文精神取代。清末民初以来,西方现代文化观念进入中国,影响了一批社会精英分子的思维,但始终没有变更中国社会主体的文化形态。20世纪30年代以后,随着日本对华侵略的加剧,中国人的民族自尊心受到极大的伤害,传统的文化精神作为基本精神被极大地激发起来。此时流行于大众之间的读物所宣扬的传统人文精神契合了大众心目中的价值判断。这些作品很好地表现了社会现实,它们或反或正,或曲或直地反映了时代的要求,如武侠小说虽然没有直接反映现实生活,但宣扬的除暴安良的精神同样具有客观的时代意义。

第一节 大众通俗读物的传播方式

在广大底层民众中,很多人都不识字。据当时国民政府的一个统计,全国不识字的民众约占总人口的80%,如果总人口按436094953人[①]计算的话,不识字的人数就有348875962人[②]。这就是说,在当时绝大部分的中国大众都是旧式的白话通俗故事直接或间接的读者。其中能识字的,可以看文本;不识字的,可以看有图片的绘本和连环画,或者通过民间戏曲的说唱来进行听读。例如报人徐铸成在回忆自己的阅读启蒙时曾这样描述过当时的阅读环境:

> 这样破落户的大杂院里,也有特殊的风味。盛暑时,各家吃完了晚饭,就先后把竹床搬到院子里,乘凉往往到深夜。我的曾祖母闲着没事,还有几位年长的老婆婆,也喜欢听讲书,总找一位曾做过私塾老师的堂伯来"唱书",廊檐下放了一个破茶几,点

[①] 这是当时国民政府的统计,如果根据新中国成立后的统计,实际人数要大大高于这一数字,如在民国三十四年(1945)时,全国人口总数为513230133人,民国末年则达到541670000人。民国初始人口总数为442945297人。见路遇、滕泽之等《中国人口通史》(下),济南:山东人民出版社,2000年,1020、1095页。

[②] 教育部教育年鉴编纂委员会:《第一次中国教育年鉴》,丙编下,上海:开明书店,1934年,561页。

上一盏油灯,他就凑近火光,"唱"起来了。起先,的确全是唱本,如《安邦定国志》《天雨花》《笔生花》之类,以后,这些书唱完了,就读其他小说,记得《精忠说岳传》《三门街》《三笑》《九美图》《七侠五义》等书,都说过。每天大约说唱两个小时,一个夏天,大约可以说完两部书。①

正是在这种唱读方式的启蒙下,徐铸成"开始对旧小说发生兴趣,开始有一点历史知识,开始萌发爱国主义思想,懂一些忠奸之辨,都是在这个场合引起的"②。

一方面,由于大量的租书铺、廉价小书摊的存在,书籍的实际阅读者数量要远远大于图书的出版发行数量;另一方面,民国时期的很多流行小说与大众媒介的传播相辅相成,互相带动,报刊上连载的小说引起单行本书籍出版发行的热潮,单行本的出版又和电影、戏剧、评书的传播同步,互为渗透,既扩大了影响,又反过来促进了阅读。大众媒介的传播把一种个体式的阅读体验拓展为大众性的传播和情感互动。从这个意义上来说,民国时期这些通俗作品阅读者的数量是几倍于书籍出版和发行的数量的,辐射面巨大。以上海为例,1925年出现了141家电影公司,占全国所有电影公司的80%以上,生产了50部影片。上海成为中国电影事业的中心,比较有为的电影企业有大中华百合、天一、长城、神州、民新、上海影戏公司、友联。那段时期,电影的生产和流行小说的出版几乎是同步进行的。③ 明星电影公司的《火烧红莲寺》《自由之花》《啼笑因缘》《姐妹花》《空谷花》《春蚕》《重婚》,联华电影公司的《渔光曲》《大路》,艺华的《女人》,电通电影

---

① 徐铸成:《报海旧闻》,上海:上海人民出版社,1981年,106页。
② 徐铸成:《报海旧闻》,上海:上海人民出版社,1981年,106页。
③ 李少白:《影心探赜》,北京:中国电影出版社,2000年,256页。

公司的《桃李劫》,长城电影公司的《江南女侠》《妖光剑影》《一箭仇》,友联电影公司的《儿女英雄传》《红蝴蝶》《荒江女侠》等,受到广泛关注。许多电影公司还拍摄了"鸳鸯蝴蝶派"的电影,《玉梨魂》《秋海棠》等作品先后被搬上银幕或改编成戏剧。

街头书摊

在这种风潮的带动下,越来越多的作者注重电影艺术带来的视觉力量,在文本中加入了更多具有视觉效果的内容。如侦探小说讲究的是逻辑推理,但也有人在形式上创新,通过照片将小说情节图片化。如俞天愤将他的侦探小说的情节拍成照片,穿插在文字叙述之中,他认为电影依靠表情和动作得以风行,侦探小说要想取得好的效果也应该有表情和动作。其首创的"连环图片"[①]插图式的侦探小说一经出版,就引起了读者的关注。

借助戏曲或者评书等表现形式,广播成为通俗小说的重要传播方式之一。北洋政府时期,中国已有了民营的电台,但仅限于大城市,且功率较小。1928年,国民政府提出设立中央广播电台的计划,在之后的十年里,一些重要的城市先后出现了20多座广播电台。20

---

① 汤哲声:《中国流行小说经典》,北京:文化艺术出版社,2004年,103页。

世纪 30 年代初期,部分大中城市出现了一批民营广播电台。到抗战胜利后,全国有收音机达 100 万台。① 到了 20 世纪 40 年代后,很多家庭都有了可以收听当地广播的收音机,自然也可以收听到由各种通俗小说改编的戏曲、评书,这种传播方式进一步促进了通俗小说在大众中的传播,市民、工人、有闲阶层成为从书场、茶馆走向广播的戏曲及评书的忠实听众。② 这些书场、茶馆及后来覆盖面更广的广播使大众在听唱中接受了这些作品,成为一大批间接读者。王文宝先生回忆 20 世纪三四十年代自己在北平的阅读经历时说:

> 我 1929 年出生于通县,幼时生活在城市平民的大杂院里,寄居在毫无家产的外祖父家,属于城市贫民,几乎没有什么余钱,更不可能有钱来买书。听收音机比较多,最初的是矿石收音机,外边架天线,戴耳机,只能一个人听,后来是电子管的无线电收音机,喜欢听里面的评书,邻居家或者商店里有,由于自己家里没有,因此经常到别人家去听。三四十年代收音机在普通人家开始增多,在我们的平民大杂院里,几乎一半以上人家都有了收音机。每天晚上北京电台都放戏曲京剧,有《四郎探母》《借东风》《二进宫》《空城计》《武松打虎》这些传统曲目。另外还喜欢听评书,受影响比较大的有公案类小说,如刘杰谦的《包公案》、群福庆的《施公案》等,还有演义类作品《七侠五义》《小五义》《水浒》,另外还有专说《聊斋》的。30 年代在北平,王杰魁号称"静街王",他讲的是公案类评书。只要他一开讲,大街上的人都不干活了,都去听他说了,可能类似你们当年看《上海滩》时候的情形

---

① 闾小波:《百年传媒变迁》,南京:江苏美术出版社,2002 年,72 页。
② 汪景寿等:《中国评书艺术论》,北京:经济日报出版社,1997 年,39、44 页。

吧。这类题材的作品在下层民众间很受欢迎。①

第二节 大众通俗读物的阅读

从上述内容来看,总体来说,整个民国时期的读者市场仍然为旧式的白话畅销作品所占领,一些故事曲折、引人入胜的旧式章回体小说、弹词唱本仍然在中国底层社会拥有广大的读者群。20世纪20年代后,随着北洋政府教育部《新式标点符号》教育令的颁布,新式标点符号在书籍中得到推广和普及,帮助读者更好地在阅读中分清结构、辨明语气、正确了解文意。这一时期,旧体的白话小说开始采用新式标点和分段,这使旧式白话小说更具可读性,从而吸引了更多读者。如吴组缃先生在回忆当年自己作为中学生的阅读时说:

> 我一进中学,就买到了胡适主持整理的亚东版新出的《红楼梦》……我开始尝到读小说的乐趣,心里明白了小说这东西以及读小说的人所受的待遇在新旧时代对比下是如此迥然不同。我们不止为小说的内容所吸引,而且从它学做白话文……新版的《红楼梦》《水浒》《儒林外史》等不止教会我们把白话文和口语挂上钩,而且更进一步开导我们慢慢懂得在日常生活中体察人们说话的神态、语气和意味。如此,我们的表达能力就有了明显的进步。②

---

① 王文宝访谈。笔者采访时间:2005年10月2日。采访地点:北京通州东鹿苑。王文宝,1929年出生于北平,中国民俗研究学者。
② 吴组缃:《胡适文萃·序》,见杨犁《胡适文萃》,北京:作家出版社,1991年,2页。

一些接受过新文化洗礼的女性也很喜欢读这些旧白话小说,如聂华苓曾说"记忆中的母亲,永远是那个样子。她斜靠在珠罗纱帐镂花铜床上,看着手中的书,细声吟着《三笑姻缘》《天雨花》《笔生花》和《再生缘》。我靠在她身边听。我最喜欢《再生缘》中的孟丽君。……母亲是半开放的女性。……母亲谈笑泼剌,豪爽不羁,戴着玳瑁眼镜,很文明的样子,好像五四女性,喜欢新鲜事物,也喜欢读《增广贤文》,听她念着:女慕贞洁,男效良才。她把《三字经》背得滚瓜烂熟。床边小几上永远摆着一叠线装《红楼梦》和《西厢记》。"①接受过西式教育的张爱玲也自称对于通俗小说"一直有一种难言的爱好;那些不用多加解释的人物,他们的悲欢离合。如果说是太浅薄,不够深入,那么,浮雕也一样是艺术呀"②。她小时候阅读过《聊斋志异》《夜雨秋灯录》《阅微草堂笔记》等书,并且"爱看"这些书,把这些白话通俗小说看过好几遍,觉得这些书"耐看,有回味"。③

20世纪三四十年代,虽然新文艺作品被更多的读者接受,新文学的作家们声势浩大,但这没有改变新小说阅读面狭隘的局面,更没有瓦解旧式通俗作品的读者群体。"'新文学'尽管发展,旧式白话的小说,张恨水、张春帆、何海鸣……以及'连环图画'小说的作家,还能够完全笼罩住一般社会和下等人的读者。"④读者与新文学的关系仍然令新文学的创作者们失望,如瞿秋白曾说:"新式小说究竟占什么位置呢?他实在亦只有新式智识阶级才来读他。固然,这种新式智识阶级的读者社会比以前是扩大了,而且还会有更加扩大些的可能。

---

① 聂华苓:《再生缘》,见《三生三世》,天津:百花文艺出版社,2003年,3、6页。
② 张爱玲:《多少恨·序》,见《张爱玲作品集·惘然记》,广州:花城出版社,1997年,85、86页。
③ 张爱玲:《谈看书》,见《张爱玲全集》,第一卷,海口:海南出版社,1995年,367页。
④ 瞿秋白:《鬼门关以外的战争》,见《瞿秋白文集(一)》,第三卷,北京:人民文学出版社,1953年,632页。

然而比较旧式白话小说的读者起来,那就差得多了。一般社会不能够容纳这种新式小说,并不一定是因为他的内容——他们连读都没有读过,根本就不知道内容是什么,他们实在认为他是外国文的书籍。"①如果一种作品不注意宣扬传统的文化精神,只是一味地阐述新思想、新观念,那么这种作品只能被大众视为"外国书籍",进入不了普通民众的阅读视野。推行乡村平民教育的叶圣陶对这种阅读状态的批评从另一个角度很好地反映了当时大众阅读的实际状况,他说:

> 社会里各类的人,而且数量也较多。他们因为无聊,或者欲期消遣,常常拿了一本石印细字的小册子在那里阅览。这种小册子,比不论什么高文典册都流传得普遍;穷乡僻壤,买不到一本小学教科书是平常的事,石印细字的小本子却总是有的——或在庙场上设一个摊,或在市梢头墙脚摆一条板凳,就这样发卖了。所以凡是识几个字的人,识了破体也好,识了小写也好,身边摸得出一个两个铜元,就有与这种小册子接触的机会。②

这种小册子就是包括言情小说、武侠小说、侦探小说在内的各种类型的通俗白话小说以及风水、节气、生活指南方面的书。从20世纪30年代的一个比较有代表性的对开封地区民众读物调查③中可以看到,位于河南开封城市中心地带的相国寺是城中的小市民和附近的乡村老百姓进行商业活动的聚集地带,类似北平的天桥、南京的夫子庙、上海的城隍庙,很多乡村老百姓、商店伙计和小学生都喜欢到这

---

① 瞿秋白:《鬼门关以外的战争》,见《瞿秋白文集(一)》,第三卷,北京:人民文学出版社,1953年,631页。
② 俞平伯、许昂若、叶圣陶等:《民众文学的讨论》,载《文学旬刊》,1922年第26期。
③ 张履谦:《相国寺民众读物调查》,见李文海《民国时期社会调查丛编·文教事业卷》,福州:福建教育出版社,2004年,464、466页。

个地方来购买或者租借读物。和开封的小学生一样,当时各地不少中小学生读通俗读物上了瘾,并且互相影响。报人徐铸成回忆道:"有一个堂兄是小说迷,所有小城市能够买到的草本小说,他几乎都买全了。我偷偷借着看,到十一二岁时,《水浒》《三国演义》《精忠说岳传》《七侠五义》《三门街》,以及《征东》《征西》《包公案》《彭公案》《济公传》等都看过了一遍。全是有光纸印的,字体极小,往往日以继夜地看。所以,初小读完时,已是相当深度的近视。"①

从这个对开封相国寺图书市场的调查中可以发现,在大大小小的16家书摊、书局和书铺中,几乎没有一家出售新文艺或新文学的读物,在558种一般读物中,127种是绘图或绣像本《三国演义》《水浒伟》《西游记》类的通俗白话小说,80%都是通俗传奇和武侠小说,另外还有鼓词、占验、相术、星命、传统医学验方等类的书籍。在会文堂、新裕云书局等经营出租业务的地方,出租的书以连环画为主,在这些书店的书架上,200多部连环画几乎全部被翻阅得破烂不堪。在调查过程中,调查者有几次"见着有不少的孩子到书铺去站着翻连环图看,而且还有不少的当差们代替老爷、太太、小姐将连环图租回家中去看,更还有许多小学生与初中学生暨店伙们也亲往书铺去租看"②。这些连环画中有上海泰兴书局的《梁武帝》、上海庆记书局的《卢俊义大闹大名府》、上海广记书局的《宋江吃粪》等历史类连环图,也有《关东大侠》《扫灭法轮寺》《铁头僧》《火烧红莲寺》等武侠、剑侠类连环画,《一线天》《龙虎门》等探险类连环画,《胡燕娘》《十九路军抗日大战》《青年的梦》《秦良玉》等反映抗日题材的爱国类连环画,还有《武侠奇情传》《大破天妖山》《父子英雄传》《月球寻妻记》等神怪类

---

① 徐铸成:《报海旧闻》,上海:上海人民出版社,1981年,112页。
② 张履谦:《相国寺民众读物调查》,见李文海《民国时期社会调查丛编·文教事业卷》,福州:福建教育出版社,2004年,504页。

连环画,及《大破黑龙山》《科学怪人》等电影写真本的连环图……总之,这些连环图80%以神怪、剑侠与武侠为题材。①

旧书摊

在上海城隍庙"门板书摊"上所卖的书,和其他普通门板摊上卖的书一样,有石印的小说,以及《无锡景》《时新小调》《十二月花名》之类很符合当地民众阅读喜好的书。一些有经验的经常上城隍庙一类地方淘旧书的读者说:"如果你也注意到这一方面的出版物,你很可以在这里买几本新出的小书,看看这一类大众读物的新的倾向。"②另外,城隍庙附近还有不少旧书铺,这些旧书铺里有着更丰富的新旧典籍,能够满足读者的多种需要。

赵树理认为,20世纪二三十年代,在群众中占据压倒之势的"华北文化"就是老百姓家中的《太阳经》《老母家书》《麻衣神相》以及写着"洗手开看"的《玉匣记》《选择捷要》和农村青年手中的《秦雪梅吊孝唱本》《洞房归山》等。③ 这些文本很多都在河南开封相国寺一带民众读物调查中出现过,这说明在很大程度上,中国大部分地区的下层

---

① 张履谦:《相国寺民众读物调查》,见李文海《民国时期社会调查丛编·文教事业卷》,福州:福建教育出版社,2004年,504—520页。
② 阿英:《城隍庙的书市》,见邓九平《中国文化名人谈读书》,上册,北京:大众文艺出版社,2000年,184页。
③ 马以鑫:《中国现代文学接受史》,上海:华东师范大学出版社,1998年,296页。

大众的阅读内容是相似的。

第三节　租书铺与民众阅读

从上文对大众通俗读物的介绍中可以看到，民国时期，租借是流行于大众中的一种阅读方式。有人对当时的情况做过调查，结果显示，在20世纪一二十年代，对于书刊的阅读，价格过高是一个比大众文化程度不高更为严重的障碍。杂志通常是一毛到五毛一本，书籍是三毛到八毛一本。这对于生活在下层的大众来说是很昂贵的，因为每个家庭平均生活水平只许可每年一元钱的娱乐费。① 所以，在阅读人口规模较大的城市或小城镇中，租借图书比购买图书更适宜于广大小市民。由于大多数民众的购买力较低，因此书店营业者想出了很多减轻读者负担的方法来吸引读者阅读，使读者能不断地到他们那里看书。其方法有两种：一是租书回家，以书的价值和租书的次数和时间的长短而分别取租金若干；二是在书摊上看，取很低廉的租金。还有一种专门出租给有钱人家看的书，那主要是品相好的书，给不出门的小姐、太太在家中看，租金较高，一次租期约一个月。民俗学家王文宝回忆："在阅读图书上，主要到租书铺或租书摊上看，里面主要是武侠小说和小人书，我记忆中当时比较流行的有《十二金钱镖》《雍正剑侠传》《蜀山剑侠传》……小孩和学生也来看，最多的还是成年人。在北京天桥、护国寺、隆福寺，小书摊小书铺比比皆是，有的很简单，用布往地上一铺，摆上书就可以开张，一两毛钱就可以看一

---

① 陶孟和：《中国劳工生活程度》，上海：中国太平洋国际学会，1931年，25页。林颂河：《塘沽工人调查》，北京：北平社会调查所，1930年，64—83页。

个整天。"①

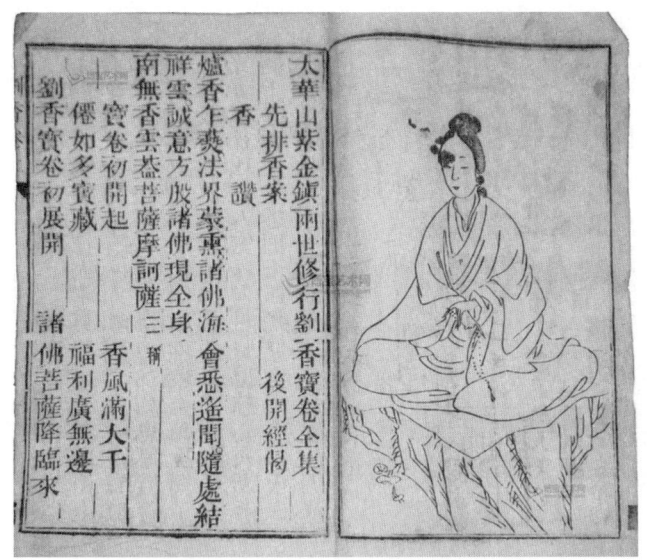

民间广为流传的读唱宝卷——清光绪刻本《刘香宝卷》

民国时期,平津地区的租书铺有三种。

一种是左右拉旗的馒头铺,这种地方通常代售或租赁包括子弟书抄本在内的各种类型的唱本,一般都是木活字刻本,质量不高,价格低廉。其中,质量较好的是最受欢迎的百本张出版的唱本。这些唱本是清代中期以后的抄本,可以读,可以哼,可以表演,可以朗诵。唱本除了作为艺人讲唱的底本,还是清朝贵族和一般民众喜爱的通俗读物。百本张出版的唱本,最多时有一千种,除京、昆杂剧外,曲艺唱本就选有子弟书、单弦牌子曲、大鼓词、莲花落、马头调等曲种,版本有几十种。百本张编有《百本张子弟书目录》,著录他售卖的子弟书共293种。《燕京岁时记》说:"子弟书音调沉穆,词亦高雅。"子弟书因"词亦高雅",故受到社会各阶层的喜爱,自乾隆朝至光绪朝历百余年在民众中盛传不衰,一直到20世纪30年代,在平津、东北的小书摊

---

① 王文宝访谈,笔者采访时间:2005年10月2日。采访地点:北京通州东鹿苑。

上还有这些唱本的踪迹,在上海的街头随处可以买到这些通俗的唱本。在平津地区,人们常常从馒头铺里租赁这些俗曲回家阅读。从当时北京馒头铺里《三国志》《济公传》《锋剑春秋》这些唱本的出租情况中可看出,这些书是当时人们最喜欢阅读的,并且大部分是说唱鼓词,可见这种形式的文本在北方读者群最大,影响也最大。①

这些唱本主要在北京隆福寺、护国寺等庙会上长期设摊售卖,书商将各种唱本摆在高粱秆儿编制的小帘子上任人挑选,有时还辅导教唱。这些地方也是民众购买、租阅唱本和通俗读物之所。在1934年对开封相国寺的民众读物调查中,书铺的老板介绍道:"过去这一类的唱本和善书,相国寺中是卖得最多的,近年来因唱本的取缔,所以来路便少了。"虽然政府取缔了唱本,卖书者不敢公开出售,但市面上唱本却在暗地里流通。事实上,很多民众家中依然有这类唱本在传阅,中国人民大学的一位老教师在回忆20世纪40年代家中的阅读生活时说:

> 我们家在南京城里,是普通城市平民。小时候喜欢听母亲读唱本,我们小孩就会在一边听。晚上没有电灯,母亲在油灯下咏念唱本,带有一定的腔调,印象比较深的是《弟子规》的抄本,最喜欢的是根据弹词改变的唱本《天雨花》《笔生花》,因为经常听母亲吟,所以自己也会念一些了。这些都是当时在江浙一带很流行的戏曲形式的唱本。②

---

① 李家瑞:《清代北京馒头铺租赁唱本的概况》,见张静庐《中国出版史料补编》,北京:中华书局,1957年,134—138页。
② 王红元访谈。笔者采访时间:2005年6月12日。采访地点:受访者的中关村寓所。王红元,生于20世纪30年代,江苏南京人,中国人民大学档案学系教师。

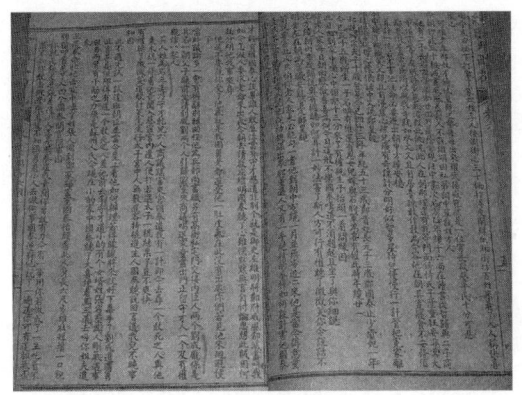

《天雨花》唱本

另一种租书铺是拉洋片的地方,通常放一些色情图片,吸引男中学生和一些成年人。当时北京地区最著名的拉洋片的地方叫大金牙,这里同时也出租图书。

还有一种新式租书铺,一个铺面或者一个摊位专门出租当时最新和最流行的图书,连环画尤其多。这些连环画是当时大众极为喜爱的一种读物,很多经历过那个时代的中小学生都有过类似的到租书铺看连环画的经历,如北京大学的一位教授回忆说:

民国时期的平津地区,三四十年代大约是我上小学和中学的当儿,租书铺非常盛行。唱本的子弟书非常流行,由评书改造成的《三侠剑》在华北地区非常盛行。我在北京后门桥租书铺看到过,大约是上中学的时候。东四租书铺因为离学校比较近,经常在放学回家的路上会蹩进去看一会儿。去看的学生不少,但主要还是一些成年人。租书铺里的书多是旧式武侠小说,我在里面看到过的就有《五女征西》《蜀山剑侠传》《雍正剑侠传》,还有探案类的书,程小青《霍桑探案》,情节曲折,波澜起伏,非常适合大众心理,所以很受欢迎。①

1937年后,上述两种旧式租书铺竞争不过这种新式租书铺,人们基本到新式租书铺租书。后来,这种新式租书铺遍及全国各地,租书阅读成为广大民众一种重要的阅读方式。

第四节 连环画与通俗阅读

连环画,北方叫"小人书",两广叫"公仔书",浙江叫"菩萨书",汉口叫"牙牙书"(即孩子书的意思),上海叫"图画书"。一直到1925年,上海世界书局出版一部《西游记》,将其定名为"连环图画",连环画才有了一个比较固定的名称。② 它是一种以读图为主的书籍形式,以简洁的构图、浅显的文字、低廉的价格及便于携带等优势受到人们的喜爱,成为民国时期最受大众喜爱的一种书籍形式。我国小人书的出现是近代石印技术传入的结果。光绪末年到辛亥革命前后,文海书局、文益书局出版了以图画为主、图案为辅的连环画形式的石印小人书。自光绪年间《玉姣龙全传》(1892年)和《金台全传》(1895年)出版后,上海许多书局纷纷效仿,先后出版的连环画有源记书局的《说唐征西全传》、文宜书局的《施公案》、上海书局的《荆钗奇缘》、申江书局的《七剑十三侠》等。光绪二十五年(1899)文益书局石印的《三国

---

① 白化文访谈。笔者采访时间:2005年5月22日。采访地点:受访者的颐和山庄寓所。白化文,1930年生,江苏连云港人,北京大学信息管理系教授。
② 阿英:《从清末到解放的连环图画》,见《中国连环图画史话》,北京:人民美术出版社,1984年,21页。

志图》收入绘画二百余幅,规模之大,数量之多,远远超过了卷首绣像。① 竖式十开的小开本也更便于携带和阅读。虽然它们只是绣像图书,但已经完成了由"某回画"或"某回图"到"回回画"或"回回图"的转变,成为中国"小人书"的前身。②

民国时期,随着印刷技术的进步,民间印刷市场逐渐扩大。小人书的通俗性和易读性使其成为率先走进老百姓视野的读物,很快就为劳苦大众所喜闻乐见。20世纪30年代以后,连环画在读者中真正红火起来,一批声誉很高的连环画名家,如连环画界的"四大名旦"——朱润斋、周云舫、沈曼云、赵宏本等绘制的连环画深受读者欢迎。专业的连环画画家队伍不断发展和壮大,他们风格各异,擅长的题材互不相同,使连环画异彩纷呈地并立在小人书的世界中。例如,以喜剧和闹剧著称的陈光镒,精于江湖武侠题材的颜梅华和红叶,专事历史故事的严绍唐,还有沈曼云、赵宏本、赵三岛、钱笑呆、笔如花、张令涛、水天宏等,他们都类似今日的笑星或歌星,为千万读者所迷恋与热爱。这种小人书阅读风行的一个最好的见证是周作人的描写:"在上海或是北京的马路上行走,常可以见到路边有些小书摊,却不是卖的,只是借给人看,又不拿回家去,只在摊边翻看。这在北京名为小人书……好些成年人也在那里看着,而且还很滋滋有味的。"③

---

① 陈志明:《中国连环画史考略》,杭州:浙江人民美术出版社,2015年,21、22页。
② 李劭南:《当代北京连环画史话》,北京:当代中国出版社,2011年,4页。
③ 周作人:《小人书》,见《周作人自选精品集——饭后随笔》,石家庄:河北人民出版社,1994年,48页。

街头看小人书的孩子

连环画画家对连环画的艺术形式和表现方法也进行了改良和创新,使图文结合更紧密,情节感更强;说明文字被置于画面内,并增加了人物对话——多在人物嘴前标示出一小块地方,写上说话内容——人物开口说话,就更有看头。这种图文相混的形式,使得图文浑然一体,前后内容更连贯。再加上文字一律由文言文改为白话文,浅显易懂,一目了然。画面的连续性的加强,场景的变化与人物的动作在前后两页衔接得很紧密,好像是电影画面。这样,故事进行得就更顺畅,连环画也就更吸引人,让人爱不释手,成为那个时代最受欢迎的通俗读物,也培养了一批阅读小人书成长起来的忠实读者。那个时候,很多民众对于历史典故、民间传说、古典小说的情节人物、生活小常识,往往最早都是从小人书中获得的。例如历史学家黄永年的童年就是在小人书的熏陶下度过的,他说:

> 我是民国十四年即公元 1925 年出生的,小时候在江苏武进即今常州城里上学。1929 年上幼稚园,1930 年上小学一年级。在幼稚园到小学二年级这二三年内,先后得到过好几部这种世界书局出版的连环画。回忆一下,除《三国志》外,有《西游记》

《封神榜》(也许叫《封神演义》,记不准了)《水浒》(也许叫《水浒传》)《岳传》《薛仁贵征东》,还有一部叫《开天辟地》……《开天辟地》从盘古讲到三皇,五帝和夏、商,最后一页记得还有"请看《封神》"的话……这些世界书局本连环画记得都是用有光纸单面印的,像线装书一样装订成册,不过装得比正经的线装书薄,也不像正经线装书那样呈长方形而是扁方的。后来常见的解放军印连环画也都是这种线装扁方形,不过是用白报纸双面印而不用有光纸了。这种世界书局本和后来的报纸本一样,都是每页下图上文,文字栏占全页四分之一不到,和竖排书一样,每行从上到下,行则从右到左,图中主要人物身旁注明姓名以利辨认。

……

连环画主要是看画。记得我看过的世界书局本多数画得比较好,而且画法如出一手。只有《水浒》是另一个路子,不好看,接近后来那些报纸印粗制滥造的连环画水平,不过还不曾出现太恶劣和不堪入目的画面。当然这些只是就我小朋友时的观赏能力而言。

……

这样一套即一部世界书局本连环画,售价大约是当时流通的银圆即纸币一元左右。其时先父常在外不太管我,先母见我爱看书总是好事情,就省吃俭用地买来让我看。这些世界书局本书后还常带个小广告,上写此类连环画出了哪几种。[1]

虽然这些连环画中有精华也有糟粕,但很多人就是从这种图画式的阅读中获取知识、吸取营养、认识世界的。如黄永年在回忆当年

---

[1] 黄永年:《忆世界书局的连环画》,载《藏书家》第四辑,济南:齐鲁书社,2001年,54、55页。

的小人书对自己的影响时就认为:"从《三国志》里知道一些粗线条的历史知识,《开天辟地》也使我接触到三皇、五帝、夏商周而不必到中学里再硬背死记,看了《岳传》还懂得忠奸之分等。至于《封神》里的法宝自不曾误认为真有,也没有相信岳飞真是大鹏金翅鸟转世。总之没有在这些书里受到多少坏影响。"①

　　这些连环画的内容多改编自戏剧曲目,多是武侠神怪题材(占连环画总数的一半以上),也有改编自历史故事、小说和民间故事的(约占连环画总数的四分之一),还有一些改编自电影故事和影片(约占连环画总数的五分之一)。世界书局出版的第一套连环画共有六种,都取材于中国古典名著,分别为《三国志》《水浒》《西游记》《封神榜》《说岳》《红楼梦》。一套连环画的出版工程非常浩大,例如《三国志》共分24集,每集32幅图,总计700余幅图,画面采用国画笔法,绘制得十分精美。首创的连环画如此有规模,如此精心,给连环画带来了信誉,为连环画赢得了读者。连后来毛泽东也极爱看小人书《三国演义》:"一天,我叫他(毛泽东)吃饭,他靠在床上看小人书,不愿动弹。我说:'主席你还迷小人书啊?'他翻着书说:'小人书不简单哪!言简意赅。就那么几句话,多少大事多少人物就交代出来了。道理一目了然。'"②

　　选取《水浒传》中某一故事和某一人物编绘的连环画也屡见不鲜,其中表现武松的较多,如陈广生绘的《武松出世》,共24册,1930年上海美术出版社出版。陈丹旭画的《武松》、赵宏本画的《武松与潘金莲》都于20世纪40年代后期先后在上海出版。张光宇20世纪30年代画的《林冲》(共71幅图),既吸收了连环画的传统手法,又借鉴了中国画中人物画和木版书籍插图(如陈洪绶的《水浒叶子》)的画法,

---

① 黄永年:《忆世界书局的连环画》,载《藏书家》第四辑,济南:齐鲁书社,2001年,56页。
② 何民:《百年相看小人书》,载《博览群书》,2001年第1期。

使作品别开生面,一经问世,便大受读者欢迎。其他有名的连环画还有取材于现实题材的《直奉血战画宝》《宋氏三姊妹》,取材于小人物生活的直到新中国成立后还为人们所熟知的张乐平的《三毛流浪记》、叶浅予的《王先生》系列。其中,《三毛流浪记》发表后,立即受到广大小市民的欢迎和喜爱,竟然有读者写信给刊载《三毛流浪记》的报纸,表示愿意出钱出力来帮助解决三毛的困难。①

20世纪40年代末,在国统区出版的秦征的《红骡子》、罗工柳根据赵树理小说用木刻创作的《小二黑结婚》和一位木刻家创作的《刘胡兰》等无字木刻连环画小册子也流行于大后方的民众之中。②

小人书紧密联系市场,适合读者观赏需求,加上故事曲折、连续性强,文字通俗易懂,所以特别能够吸引文化程度不高的读者。其封面上明确写着"男女老幼,娱乐大观"八个字。小人书主要通过书摊(其中很多是专门的小人书摊)向读者出租,对象主要是学龄儿童、工人、店员及城市其他居民,其中多半是文盲和半文盲。同时,由于小人书流行于家家户户,老少咸宜,人人爱看,因此出租小人书便成了一种行业,分为固定与流动两种。固定的是小人书铺,街头巷尾,随处可见。铺外悬挂着纸板,花花绿绿,上面贴满小人书的封面,招徕人看;铺内不过用砖块

小人书摊

架几条长长的木板,有时坐满孩子乃至成人,他们各看各的,埋头瞪

---

① 阿英:《从清末到解放的连环图画》,见《中国连环图画史话》,北京:人民美术出版社,1984年,24、25页。
② 赵家璧:《文坛故旧录:编辑忆旧续集》,北京:中华书局,2008年,27页。

目,心迷而神往。流动的则是一辆手推式租书车,每至夜幕下垂,书贩便推着满满一车小人书,沿街吆喝,呼唤看客。逢到人来,书贩就把车子推到路灯下,以便人们借着灯光挑书。一摞书抱回去,全家老小各抓一本在手,看完便与旁人交换。女作家聂华苓在书中回忆童年在武昌时的阅读情形时写道:

> 1929年,我家从俄租界搬到日租界尽头大和街。(邻居家)两个女孩的哥哥呢,一天到晚看连环画。他家巷口有个租书摊子,他看一套,换一套,七侠五义、薛丁山征西、五剑十八义、封神榜、孙悟空。他捧着书回家,很神气的样子。①

民国时期,小人书建立了总的发行机构,其发行网点遍布全国城镇,很多还直接销往南洋等地。在延安、华北等地区,也有连环图画,还有用"洋片"形式画的,每张大小如一张整报纸,彩绘,在广场上放给农民看,很受群众欢迎,政治宣传效果很强。如以反对帝国主义和国民党统治为题材的《狼心喋血记》《百劫英雄》,描写大地主压迫农民的《文武财神》等,极大地唤起了农民大众的爱国热情及对侵略者和国民党黑暗统治的仇恨。

上海是全国出版小人书的大本营,到新中国成立初期,其出版的小人书数量还占全国的90%以上。调查显示,上海在新中国成立前有出版连环图画的书店70余家,在新中国成立初期有小人书摊3000余个。历经二三十年,连环图画出版总数达28000余种;到1953年,还有超过200万册于1947年至1949年上半年出版的旧连环图画存留在书摊上。

在这里值得一提的是,以鲁迅为代表的一些左翼进步作家也很

---

① 聂华苓:《我的戏园子》,见《三生三世》,天津:百花文艺出版社,2003年,43页。

重视小人书对于改造民众、启蒙民众的作用,主张"连环画"是值得利用的,应该"加以导引"逐步改造连环画,创作新连环画,"挤掉一些陈腐的劳什子"。① 鲁迅先生在逝世前,还建议良友图书公司应设法打进旧连环画出版商中,找进步的连环图画家,采用新的健康的脚本。同时他自己身体力行,积极向中国读者介绍德国的珂勒惠支和比利时的麦绥莱勒创作的木刻连环画作品。尽管如此,但由于彼时受时代文化环境的制约,鲁迅先生关于新连环画的理想却没有能够实现,因为木刻连环画在当时难免曲高和寡,总体上不可能超越传统小人书的读者市场。

---

① 鲁迅:《集外集拾遗》,北京:人民文学出版社,1973年,160页。

第五章　报刊的阅读热潮

　　现代意义上的报刊是活字印刷术革兴和机器大工业生产的结果,它从诞生伊始就以大众为传播对象,在本质上是一种争取广泛读者的媒体。它的出现极大地丰富了社会的信息量,标志着人类进入媒介社会的开始。它的发展有效地促进了信息在社会各个角落的传播,打破了过去知识被局限在少数人或某一特定阶层中的局面,对普及教育起了巨大的推动作用。它渗透到人类社会生活的方方面面,传达民主与自由的信息,并且以巨大的力量参与到社会现代化的进程中。"一旦自由的征兆给所有的灵魂带来生机与活力,普遍强大的物质利益赋予所有思想非凡的震撼与活跃,所有的人都渴望读书,所有的人都渴望学习……"[1]

　　在中国,这一历史进程始于19世纪末救亡图存的维新运动。在这场运动中,报刊作为政治变革的先声,承载着"开通民智""浚导文明""改良风俗"的使命而登上历史舞台,正如张继煦所说:"欲养国民之资格,不可不浚国民之知识。东西各国所恃以发达个人之特质者,学校、报纸几有功力平均缺一不可之势。以吾中国现势衡之,报纸其犹要哉。……况夫学

---

[1] 弗雷德里克·巴比耶:《书籍的历史》,刘阳等译,桂林:广西师范大学出版社,2005年,302页。

校之收效,至速当在十年以后,病毒日深,祸机日迫,吾恐时不我待也。若夫报纸则无老无少,无贵无贱,无贫无富,皆可从事于此。阅报多一人,则多一人之热度,而国家多一抵御外侮之人矣。"①新闻传媒与出版业作为兴民之利器,向按照资本主义商品生产、流通的方式与规律经营的文化产业方向发展。大众传媒与市场结合,不仅赋予了大众传媒商业色彩,还更深刻地影响了人与人之间信息传播的接受关系,改变了以垂直式路线为主的官僚等级型社会结构中信息传播的层次性与控制态势。以报纸为代表的大众传媒不同于古代社会中只发派给一定级别官员的"邸报"一类的传播载体,它遵循商品交换的自由平等原则,读者只要支付一定费用就可以买到一份报纸,自由地从中选择自己所需的信息。"光绪中因印刷术之进步,遇事镌版传布,由是军国之政,可家喻户晓,不独富贵者能知之,即贫贱者亦能知之,由此一方而言,是日趋平民化。"②这种商业性的大众传媒事业的发展所带来的平等性,塑造了一个公共阅读空间,促使作为生产力主要因素的"人"从旧的人身依附关系中解放出来,为中国人了解科学知识、了解世界提供了广阔的窗口。

一方面,报刊业的发展拓宽了大众获取知识的渠道,使他们能接受到多元化的信息,丰富自己的精神家园。学者梁漱溟就曾这样介绍报刊对自己的影响:"我的自学,最得力于杂志报纸。许多专门书或重要典籍之阅读,常是从杂志报纸先引起兴趣和注意,然后方觅它来读底。即如中国的经书以至佛典,亦都是如此。其他如社会科学各门的书,更不待言。"另一方面,报刊业的发展催化了以四书教育为基础的文化精英制度的终结,促进了文人角色的转换,"从'上通下

---

① 张继煦:《湖北学生界·绪论》,见张枬、王忍之《辛亥革命前十年间时论选集》,第一卷上册,北京:生活·读书·新知三联书店,1960年,1977页。
② 戈公振:《中国报纸进化之概观》,见中国人民大学新闻系《中国近代报刊史参考资料》,上册,校内用书,1982年,10、11页。

达'式的公众角色转变成为某个社会团体的利益而服务的公众角色"①。在这些偏离了原有主流意识形态的报纸的影响下,一批新的具有开放视野的新知识阶层逐渐成长起来。毫无疑问,许多民国时期及以后对于中国发展影响巨大的人物,其成长都受到这些报纸的影响。如近现代著名教育家蒋梦麟回忆说:"梁启超在东京出版的《新民丛报》是份综合性的刊物,内容从短篇小说到形而上学,无所不包。其中有基本科学常识、有历史、有政治论著,有自传、有文学作品。梁氏简洁的文笔深入浅出,能使人了解任何新颖或困难的问题。当时正需要介绍西方观念到中国,梁氏深入浅出的才能尤其显得重要……我就是千千万万受其影响的学生之一。"②

第一节 大众启蒙性阅读

中国报刊的出现与繁荣,是近代工商业与商业都市发展的结果。近代实业为报刊的发展提供了必要的物质条件,印刷业和交通运输业的发展,使众多报刊的创立和快捷而大量地印刷、流通成为可能。只有在报刊消费需求旺盛的大都市,报刊才有可能发展和繁荣,这也是现代报刊主要出现在上海、广州、香港、天津、北京等地的主要原因。19世纪末,中国报刊兴起,1895年至1911年短短的十几年内,各类中文报刊有七八百种之多。这一时期,虽然商办的报纸日渐占据统治地位,但就内容而言,政论性的报刊一直是晚清媒介的主流。

---

① 杨誉:《现代化都市的文人和知识分子的社会责任——试论〈申报〉主编上海黄协埙》,此文为作者在1996年近代中国城市发展史国际学术讨论会上提交的论文。
② 蒋梦麟:《西潮》,台北:金枫出版社,1990年,64—76页。

"彼心目中只知有政治,故不知社会之重要;只知有官,故不知国民之重要;因官僚幕下集中式的政治,故只知有中央而不知地方之重要;又因功利心热,投机心切,至甘心为政治机关为党派利用,则亦必至之结果也。夫报纸有公众之需要而刊行,则纪载当根据国民心理,而后发达可期……"相反,作为新闻媒介主要内容的新闻事实报道反居其次,由于中国近代特殊的历史条件,报刊成为这一时期报人或抒发自己悲时忧国的心情,或宣传自己的政治主张的载体,报刊在内容上重视言论甚于新闻,这种状况在当时比较普遍。由于政治和思想上启蒙的需要,论说成了这一时期报刊的主体,新闻仅为它的附属物。

一、近现代报刊的兴起

1911 年辛亥革命的爆发掀起了近代中国前所未有的办报热潮,一年中全国报纸达 500 家,期刊 700 余种,仅报纸的总销售量就达 4200 余万份。① 20 世纪 20 年代中后期,每日或两日以上发行的报纸种类在两千种左右②,报刊从以发表政论为主朝"社会之日用品,人民之耳目喉舌"③的方向发展,我国近现代报刊进入发展兴盛期。

报馆的编辑

---

① 据戈公振统计,见颜琳等《报刊的出现与连载小说的兴起》,载《山西师范大学学报》(社科版),2001 年第 1 期。
② 戈公振:《中国报纸进化之概观》,见中国人民大学新闻系《中国近代报刊史参考资料》,上册,校内用书,1982 年,7 页。
③ 戈公振:《中国报纸进化之概观》,见中国人民大学新闻系《中国近代报刊史参考资料》,上册,校内用书,1982 年,11 页。

中国近现代报刊在发展过程中逐渐形成了适合中国读者口味的传播形式,言论、新闻、副刊和广告等构成报纸版面的基本结构。报刊销售渠道不断丰富,从开始的"送阅""乞阅"到后来的"报贩渐成专业,派报所林立",报刊成为人们茶余饭后的消遣品。对于距离较近的读者则"雇人兜售及托商店代售",如上海的烟纸店中均有报纸出售;距离较远的读者则主要"以信局为媒介"通过邮局订购。

"与日用品同其需要之趋势"使得报刊成为社会的公共读物,销售报刊成为一个专门的职业。"恃卖报纸为生活者,谓之报贩,亦有团体,有机关,有首领。其法每日天明即携现款至报馆,计取报之多少以付值,不能拖欠分文。"①专门的管理组织相继成立,分工明确。"以上海情形言,此种报贩人数极多,组有捷音公所,团结甚坚。有立街头叫卖者,有专送住宅商店者,各有主顾,不相侵犯,诚足推广报纸之销路也。"②另外,媒介以读者需要为存在之本的特性使得它有别于传统意义上排他性和权威性的经典传播系统,开始注意与读者间的互动。比如19世纪末期的报纸也刊载科举的时文,但这并不能说明办刊人是因为具有传播儒学的信念而为之,他完全可能是因为这方面的内容能吸引那些谋取功名的人来购买和阅读报纸,所以才刊载科举时文。"晚清之报纸适应读者需要,对于科考颇为重视,常刊载时文典范供士子摩。特别是改试策论后,因为'主事者以报纸为蓝本,而命题不外乎是;应试者亦以报纸为兔园册子,而复习不外乎是'。所以士子'虽在穷乡僻壤亦订,结数人合阅沪报一份'。"③

早期的报刊为了实现启蒙民众的目标,吸引更多的读者进行阅

---

① 张静庐:《上海的报贩生活》,见中国人民大学新闻系《中国近代报刊史参考资料》,下册,校内用书,1982年,756页。
② 戈公振:《中国报学史》,北京:生活·读书·新知三联书店,1955年,226页。
③ 干春松:《近代大众媒介的发展对制度化儒家的冲击》,载《天津社会科学》,2001年第5期。

读,便尽量使自己通俗化,这也是近代中国大量白话报刊出现的内在原因。白话报刊通俗易懂的表达方式使其受众群一下子开阔起来,在过去政论性报纸主导下的精英读者群之外,在阅读人口中占绝大多数的文化教育程度偏低的普通读者群随之崛起,这也是近代中国纸质传媒由精英文化向大众文化过渡的重要表现。

二、白话文报刊与读报活动

1876年,《申报》发行了最早的一份"专为民间所设,故字句俱如寻常说话,每句及人名地名尽行标明,庶几稍识字者,便于解释"①的新报——《民报》。该报用通俗文字写成,使读者易于了解其内涵。比如,每句末都空出一格,人名及地名分别用直线及点线标于旁。该报隔日发行一次,定价铜钱5分,深入了《申报》所不能到达的阶级,如店员、劳工之类。20世纪初,随着清政府新政和预备立宪的实行,不少开明人士开始致力于对社会大众的启蒙,其中一种方式就是大量创办白话文报刊,社会上形成了一个创办白话文报刊的热潮。这一时期出现的白话报刊不少于140种,出版地遍及国内的北京、上海、香港、广东、湖南、湖北、山东、山西、江西、东北、天津等地,长江流域的江苏、浙江和安徽三省最盛行。② 除了各地具有鲜明地域性,掺杂白话和俚语的白话报刊外,还出现了一些略具全国规模、发行时间较长的白话报刊,如《演义白话报》《杭州白话报》《京话日报》《安徽俗话报》《中国白话报》等。

与白话报刊热潮的形成相适应,20世纪初,在民众中出现了一股以提高国民素质为宗旨,以官吏和士绅阶层为主体、城乡百姓为对象

---

① 《民报·发刊告白·创刊号》,1876年3月30日。
② 陈万雄:《五四新文化的源流》,北京:生活·读书·新知三联书店,1997年,160页。

的读报、讲报热潮。1901年至1911年见诸记载的阅报所(社)、讲报处(所)就有220余家,由此可见当时民间读报、讲报活动的兴盛。"清末的阅报讲报活动具有较为规范的组织形式,多有固定的场所,并分为陈列各类报刊供阅读并备茶水座位,不取分文的阅报所(社、处)和配备专职或兼职讲解人员,以朝佣夕趁、不通文墨者为对象,侧重讲解报章的讲报处"①,阅报所扩大了报纸传播的范围,使更多的人能接触到报纸,讲报处的日常活动对一般市民素养的提高起到了重大的促进作用。"中国顽固的人多,阅报的风气原不大开……惟有设立阅报处最好。这阅报处,既可阅报,又可听报,不但于明白人有益处,就连那顽固人,也可以渐渐地化过来。"这些读报、讲报活动受到了社会各界的广泛欢迎,如济南在"四关四隅分设阅报处八所"后,"因阅报者日多又添设三处"②,即为其中一例。

  阅报所是专为粗识文字的普通民众养成阅读习惯,了解国是,开启民智而设置的简易阅报场所。"只须择公有地方数处,略备椅桌,购置各种日报而已。"③作为增进国民知识的重要方法,它"不仅可以设置于城邑,乡镇之中亦可以施行",因此"各街市之有识者,纷纷设立阅报处、阅报之家,多将报纸贴于壁上,以供行人阅览"。④

民众在阅报栏前阅读

---

① 李斯颐:《清季末叶的阅报讲报活动》,载《文史知识》,2002年第7期。
② 李斯颐:《清季末叶的阅报讲报活动》,载《文史知识》,2002年第7期。
③ 无妄:《推广阅报社之益》,载《大公报》,1910年4月2日。
④ 无妄:《推广阅报社之益》,载《大公报》,1910年4月2日。

以北京为例，1905年4月，北京出现了第一个面向社会公众的报刊阅览室——西城阅报社。此后，京城社会各界创办阅报社的热情一发而不可收。《大公报》报道："北京志士纷纷设立阅报处、讲报处，诚于下等社会及寒士有大裨益。"[①]从1905年到1907年，北京先后出现了几十个阅报社和讲报社。它们遍布于京城每个城区，其中尤以东城区、西城区、崇文区、宣武区居多。由于数量众多，大多数阅报社有自己的名称和宗旨，以示区别。阅读社创办人的身份也相当复杂，有官吏、商人、教师、医生，甚至有和尚、喇嘛等。可供阅览的报刊，主要有北京的《京话报》、天津的《大公报》以及上海的《申报》等。就在西城阅报社开办10天后，北京街头开始出现阅报栏，有的直接将报纸贴在街边的墙上，有的则将报纸贴在专门制作的木牌上，张贴的大都为当地出版的《京话报》。《大公报》在多次报道中，都说"观者如堵"，"来往观看者甚众"，由此可见其受欢迎程度。之后，有识之士又将目光转向了茶馆，他们将报纸送进茶馆，供茶客阅读，同时新添了读报、讲报的内容。《大公报》报道，"京师风气大开，讲报阅报各社皆已林立，每日听阅者击毂摩肩"，"由于主讲人能够抓住时政热点，传达最新信息，而且声情并茂，引人入胜，因而听众每每多达数百"，许多茶馆"每午饮茶者数倍于往日"。"北京民智之开，政治日进于新，是时之报纸厥功甚伟"。例如以社会教育为目的的《启蒙画报》，报首有浅白的论文，然后是故事及含有浅近科学知识的图画，这种读图方式让失学之人及妇孺都受益匪浅。据说那时候有志士二人，一人叫"醉郭"（本名郭瑞），一人叫巨云章，二人每日持报沿街叫卖，并在人多处为民众讲解报纸内容，"以故闾阎之中，行销甚广，而'醉郭'、巨云章

[①] 见《大公报》，1905年6月12日。

之名亦深印于市民脑海中矣"。①

在北京的阅报社出现一个月后,《大公报》就评论道:"发照北京的办法,多立阅报处,不但是入学堂的可以开通,学堂以外的人,也可以有开智的益处。"在北京的影响下,直隶阅报社兴起,天津陆续出现了十多家阅报社。乡绅也创办各类阅报社,并在附近各村贴遍白话报。其后,建立阅报社成为一种风气,山东、浙江、广东、江苏、福建、江西、湖北等地陆陆续续设立阅报社。1910年前后,阅报社、讲报所等设施已经明确登载在地方自治的章程中,成为各级地方政府都应推行的要政。②

三、白话报刊的启蒙阅读

19世纪末20世纪初的读报、讲报活动,第一次将报刊和普通百姓密切联系在了一起,使报刊成为民众获得信息的重要渠道,并得到民众的认同。这种形式后来演变为阅报栏、读报小组等多种方式,一直发挥着传播新知、开启民智的作用。在启蒙效果上,以当时轰动一时的《京话日报》来看,其投稿者不仅包括职员、教师、学生,还包括识字不多的小企业主、小商贩、店员、手工业者、家奴、差役、士兵、家庭妇女、优伶及一部分妓女。另外,还出现了"担夫走卒居然有坐阶石读报者"的情况,其受欢迎的程度可见一斑。在上海,许多学生购买林獬办的《中国白话报》。"近日购阅纷纷,其中尤以学生社会为多数",就是为了回到家乡赠送给父老乡亲阅读,以改变家乡"妇孺盲塞"的状况。③《大公报》的"附件"栏用白话文演绎政治主张,这在当

---

① 长白山人:《北京报纸小史》,见中国人民大学新闻系《中国近代报刊史参考资料》,下册,1982年,760页。
② 李孝悌:《清末的下层社会启蒙运动:1901—1911》,石家庄:河北教育出版社,2001年,43、53页。
③ 林獬:《敬告阅报诸君》,载《中国白话报》,1904年第8期。

时是很新颖的形式,很受读者欢迎。如《大公报》从第一号开始,就在特辟的"附件"栏中,用白话文发表《戒缠足说》,十几年如一日,宣传禁止妇女缠足,并设立天足会。据《大公报》的报道,一些粗识字的人,专挑《大公报》的白话文附件来看,并且高声朗诵,眉宇间露出得意之态。

在南方,随着简易阅报处或阅报栏的普及,人们逐渐养成了读报的习惯,读报之风影响了一代青少年。如著名报人徐铸成记述自己年少时读报的经历时说,由于羡慕当小学教员的表哥见多识广,因此开始"千方百计觅报来看",不但养成了阅报的习惯,而且看报的兴趣渐浓[①],他说:

> 在我们的小城中,大概没有几家订报的,更没有什么贴报的地方,只有在城隍庙对过的育婴堂大门上,贴了一个纸条——公共阅报处,那里是我上学的必经之路。……中间一张长方桌,四面有凳,桌上散放着报纸,只有一位戴眼镜的老人,正手持一张报纸,凑近看着。我也就大胆坐了上去,看看桌上大约十来张报纸,其实只有两份报——《申报》和《新闻报》。找到第一张,全是广告,翻过来,才看到"本报专电"的题目下,一行行大字的"北京电",赫然"吴佩孚"三字找到了,同时出现了"徐大总统""段合肥"以及张作霖、曹锟等一连串生疏的名字。后面用小字登的"北京特约通讯",则有战局的描写,还记载了"阁潮""欠薪"等我看不大懂的新闻。尽管这样,从此以后,每天放了学,总溜到育婴堂去看半个小时的报才回家,慢慢地由生吞活剥儿逐渐理解了一些内容。有时也对同学津津乐道我的"见闻"。

[①] 徐铸成:《报海旧闻》,上海:上海人民出版社,1981年,114、115页。

第二节　主流舆论的阅读和影响

20世纪初,中国的民族资产阶级已经初步形成。在1900年以前,完全由民间创办的厂矿企业,资本在1万元以上的有122家,资本总数为2277万元。① 从1912年到1919年,中国新建厂矿600多家,新增资本1.3亿元以上,超过了过去的半个世纪,其中发展最快的是纺织业和面粉业。此外,火柴、榨油、造纸、化工等轻工业也发展迅速。到1920年各种使用大机器生产的近代工厂已达1759家,工人数达557622人。② 20世纪30年代末,随着民族资产阶级规模进一步扩大,产业工人增加到250万至300万,小工业和手工业雇佣劳动者及商店店员约有1200万。③ 这些新兴阶层的兴起,造就了一个数量庞大的市民读者群体,逐步形成了一个以城市为中心的主流阅读空间。

戊戌变法以来,维新思想深刻影响了资产阶级知识分子。经过辛亥革命、新文化运动、五四运动、抗日战争,民族资本主义有了长足的发展,中国的现代报刊业逐步走向兴盛和繁荣。据1936年的资料,当时全国有报馆1077家,仅国统区就有报纸1763种。④ 抗战时期,在共产党领导下的延安和敌后抗日根据地也有一千多种大小报刊,其中《解放日报》《新华日报》《晋察冀日报》《新西北报》《五日时事》

---

① 吴玉章:《论辛亥革命》,北京:人民出版社,1972年,2、3页。
② 陈真、姚洛:《中国近代工业史资料》第四辑,北京:生活·读书·新知三联书店,1961年,55、56页。
③ 《毛泽东选集》第二卷,北京:人民出版社,1991年,644页。
④ 据1936年4月出版的国民党政府《内政年鉴》统计,见王凤超《中国的报刊》,北京:人民出版社,1988年,196页。

《黄河日报》《晋冀豫日报》《拂晓报》《江淮日报》《盐阜大众报》《七七报》《老百姓报》等在宣传抗日救亡的过程中发展壮大,在群众中具有较大影响。从全国范围来说,各种类型的报纸更是不计其数。民国时期的期刊出版相当繁荣,据《全国中文期刊联合目录》的统计,1833年到1949年出版的期刊有一万九千一百余种,其中大半为民国时期的期刊。这样就逐步形成了面向不同读者群、覆盖各个层次阅读公众的现代报刊传播体系。在这个庞大的传播体系中,主导舆论走向,对社会公共阅读产生巨大影响的主要是一些有独立言论的综合性大报,如上海的《申报》《新闻报》《时报》《时事新报》,北京的《晨报》《世界日报》,天津的《大公报》《益世报》,南京的《中央日报》《新民报》等。它们不仅销量大,读者面广,而且常常引领报刊界的时尚,成为众多报刊所仿效的对象。下面就对《申报》《新闻报》《大公报》《大众生活》等影响较大的主流报刊的阅读和传播情况进行介绍。

《申报》是中国近现代史上历史最长、影响最大的商业报纸。它在内容上以贴近市民生活为特色,是市民文化的直接体现。为迎合市民大众的需要,它从创刊伊始就申明自己是"新闻纸",宣称"凡国家之政治,风俗之变迁,中外交涉之要务,商贾贸易之利弊,与夫一切可惊、可愕、可喜之事,足以新人听闻者,靡不毕载"。①《申报》自1872年4月创刊后,数月内就占领上海市场,十年后遍及全国。在清末至民国的几十年间,人们把《申报》当作报纸的同义词,甚至有人把所有报纸都叫作"申报纸"。《申报》成为近代中国最成功的报纸,以至连《申报》作者在市井民众心目中的地位都远超大部分作家。例如在当时离上海不远的乌镇人看来,"沈雁冰大抵是个书呆子,不及另一个乌镇文人严独鹤,《申报》主笔,同乡引以为荣,因为《申报》是厉害的,好事上了报,坏事上了报,都是天下大事,而小说,地摊上多的是,风

---

① 《本馆告白》,载《申报》,1872年4月30日。

吹日晒，纸都黄焦焦，卖不掉。"①清末以来，《申报》和《新闻报》一度成为全国销量最大的两份报纸。一般来说，最初《申报》的读者多为官绅，《新闻报》的读者多为商界人士。因为受官绅欢迎，所以《申报》在选材方面就以迎合官绅口味为第一要义。当时《申报》所刊新闻大多琐屑，却十分注重科举消息。每逢江浙乡试放榜，《申报》编辑部都彻夜译电，次日报纸的销数也可比平日多三分之一。20世纪初，随着清政府新政的实行，《中外日报》《时报》等新报崛起，《申报》仍坚守旧时态度，以不触犯官绅为准则，渐被社会抛弃。《申报》于是宣布改革，支持革命。② 1913年史量才接手《申报》后，力图摆脱政治集团对报馆的影响，以"不偏不倚"为宗旨，强调要将报纸看成是现在的《史记》，近日的新闻明日将成为历史，要真实、客观、公正地报道新闻，这成为《申报》在之后的发展过程中重要的指导思想。史量才主持时期，《申报》也秉承了"以史自役"的传统，尽力全面、详尽、真实地记载每天国内外发生的重大事件，可以说是政治、经济、科学、教育、文化各方面无所不包，重要的政治文件、条约协议、统计资料无所不载。

　　史量才广建新闻网，不惜花费巨资函请北京及各省会在机关中的任职者担任重要访稿，专电络绎。同时《申报》还向外务部、商务部等部"览取秘要文件，次第披露"。20世纪20年代初，《申报》开始在伦敦、巴黎、柏林、纽约、东京等大城市聘用专职或兼职通讯员，形成较完备的通讯网，翻译刊载中西各报关于中国之记载评论。同时《申报》也向国内各大城市、重要商埠派驻记者或特约通讯员，直接在第一时间采写通讯，搜录中外交通、土产外货、销市情形等商界要闻。"广延各省访事，上自官弁，下逮士农，人事纷纭，多有所采，成为当时

---

① 木心：《木心谈木心：〈文学回忆录〉补遗》，陈丹青笔录，桂林：广西师范大学出版社，2015年，27页。
② 雷瑨：《申报过去之现状》，见黄炎培等《最近之五十年：申报馆五十周年纪念》，申报馆，1923年。

全国消息最灵通的报纸。"为方便读者阅读,《申报》积极改进版面版式,"上下横截,分列短行,文理易明,且省目力。别刊大字,择要标题,籍振精神,并醒眉目"①。

另外,《申报》还网罗了大批优秀的记者,先后聘请名记者黄远生、邵飘萍为北京特派员。黄远生发表了许多活泼的"北京通讯",开创了"新闻通讯"的文体,被誉为"报界奇才"。邵飘萍每日发回北京专电和"北京特别通讯",报道时局变化,揭露北洋军阀反动统治的黑幕,其超高的采访能力和精妙的文笔备受读者好评。社会上对于《申报》的改革"相顾惊奇",《申报》因而声名鹊起,销数骤增。20世纪20年代初,《申报》已成为畅销全国的商业大报,1919年《申报》日销量突破3万份,1926年激增到14万份,1926年到1936年间,销数一直保持在15万份左右,号称读者百万。《申报》的成功,使史量才成为当时中国最大的报业资本家。

能与《申报》抗衡、实力雄厚且独立经营的大报《新闻报》,创办于1893年。在一份民众阅读兴趣调查报告②中,按得票数的多少,读者认为上海最好的大报依次为《新闻报》《申报》《时事新报》和《时报》,由此可见该报的受欢迎程度。该报开创时,正主笔是别号"缕馨仙史"的蔡尔康,继之者为畅销书《海上繁华梦》的作者孙玉声。鸳鸯蝴蝶派小说家严独鹤主持该报副刊《快活林》(后更名《新园林》),使该报销售数日益增加。其销售范围起先仅限苏浙两省局部地区,进而至于邻省,次第设立分馆行销处,前后计成立五百余处。20世纪30年代,《新闻报》每日销售超出10万份。③ 该报率先开辟专栏,于1922年和1923年先后

---

① 《编辑要点及纲目》,载《申报·论说栏》,1905年2月7日。
② 《江阴巷实验民众图书馆民众阅读兴趣调查报告》,载《无锡图书馆协会会报》,1933年第3期,36—41页。
③ 胡道静:《新闻报四十年史》,见中国人民大学新闻系《中国近代报刊史参考资料》,上册,校内用书,1982年,191页。

开辟经济新闻和教育新闻专栏,聘请知名专家学者担任专栏编辑,如经济新闻专栏的编辑就是著名经济学家徐沧水,这些专栏受到读者的极大欢迎。

《新闻报》历年日均销数比较表①

年份	每日平均销行份数(份)
1893	300
1894	3000
1912	19418
1916	33045
1924	105727
1930	150028
1933	149015

《大公报》于1902年创办于天津,从创立伊始就趋向进步,主张君主立宪,赞同维新,重视西洋知识。该报以社评著称于世,只要是国内外发生的大事和时局的变化,《大公报》都对其发表及时的评论,文风简朴,行文委婉有致,说理深入浅出,做到了"有闻必录""风闻议事",成为当时中国颇具影响力的报纸之一。梁启超在《新民丛报》中评价说:"天津之《大公报》,有特色,有新论,实可称日报进化之一级。"它的《时事要闻》栏目和一些专栏也很受读者欢迎。如《大公报》1934年1月起开办的《星期论文》就很有特色,它延揽各界权威与名流发表论文,不论意见是否与报社宗旨相左,绝不干涉内容,不更改字义,以尊重作者。参加《星期论文》写作的原有八人,随着这个栏目

---

① 《新闻报历年销数比较表》,载《报学杂志》,1948年第1卷第2期。

影响的扩大,作者队伍不断壮大,一度达到36人。另外,《大公报》还开设了许多特刊、副刊、周刊,或让专家发表专论,或邀请专家主持编写。如请南开大学的何廉教授编《经济周刊》,清华大学的吴宓教授编《文艺副刊》,清华大学的张申府教授编《世界思潮》,北京大学的梁漱溟教授编《社会问题》等。也有少数专栏是报社自己编辑,如1936年7月复刊的《科学副刊》。在《科学副刊》复刊一年后,该报社设立了科学奖金,鼓励科学知识的传播。这些专栏的开辟,大大增加了信息量,丰富了报纸的内容。

《大公报》以"论政而不参政,经营而不营利,以言论报国,代民众讲话"为办报宗旨。《大公报》多次迁馆,先后创办天津版、上海版、汉口版、香港版、重庆版和桂林版。其中重庆版单日发行数最高达9.7万份,上海版单日发行数最高达15万份,[①]平均日总发行量接近20万份,这在当时是一个空前的数字。1937年,《大公报》上海版因拒绝日军的新闻检查,自动停刊。停刊社论称:"我们是中国人,办的是中国报,一不投降,二不受辱。"抗战期间,《大公报》号召全民积极抗日,痛斥一切有违抗战的腐败行为,抨击政要,针砭时弊,提出"惩治贪污并须自高级官吏始,导之以德,齐之以刑",真正做到"莫畏书生空议论,头颅掷处血斑斑"。美国最负盛名的新闻学府密苏里大学新闻学院于1941年授予《大公报》"最佳新闻事业服务奖"。抗战胜利后,《大公报》上海版、天津版、香港版相继复刊,重庆版继续出版,并成立《大公报》总管理处,《大公报》从而成为全国最大的报业集团。

《大公报》见证时代,记录历史,在不同时期均产生过重要影响。1919年巴黎和会期间,派往法国采访和会的唯一中国记者是《大公报》的胡政之。第二次世界大战时唯一驻守欧洲战场的中国记者是

---

① 张蓬舟:《大公报大事记》,见《新闻研究资料》,第七辑,北京:新华出版社,1981年,189—230页。

《大公报》记者萧乾,他从伦敦一直随同盟国军队打到柏林,写下了《血红的九月》《到莱茵前线去》等许多有名的战地通讯。日本无条件投降仪式在东京湾密苏里号战舰上举行,《大公报》派驻太平洋地区的战地记者朱启平,写下了中国新闻史上的经典名篇《落日》,《落日》被传诵一时,并被编入中国大学新闻系教材。在波茨坦会议的现场,在纽伦堡审判纳粹战犯的现场,在联合国成立大会的会场,都有《大公报》记者的身影。第一个派记者(曹谷冰)到苏联采访,报道中苏建交后苏联情况的是《大公报》;第一个深入西部边区,向全国大众报道红军长征情况的是《大公报》记者范长江。① 《大公报》每临大事都能快速反应,并能站在国家和人民的立场上,做出准确和深刻的报道,《大公报》因此成为中国近现代史上反映民生和社会变革的舆论重镇和畅销大报。

《生活》周刊于1925年10月创办于上海,由中华职业教育社主办,最初主要是传播职业教育信息,每期印行2800份左右,分送给教育社社员和教育机关。1926年邹韬奋接手该刊,锐意改革,提出独特的办刊思想——"以读者的利益为中心,以社会的改进为目的",并以"暗示人生修养,唤起服务精神,力谋社会改造"为宗旨。② 《生活》周刊从单纯讨论"职业教育"和"青年修养"转而讨论社会问题,主要由邹韬奋轮换六七个笔名撰文,另设有《读者信箱》专栏,专门为读者解答生活、恋爱、婚姻以及求学、择业等方面的疑难问题,"以极诚恳、极真挚的情感待他们,简直随他们的歌泣而歌泣,随他们的喜怒而喜怒"。

《生活》周刊由于文字朴实、亲切自然、贴近生活,又敢于面对现实、伸张正义,因此成为群众倾诉衷肠的伙伴,很快赢得了广大读者

---

① 方汉奇:《方汉奇文集》,汕头:汕头大学出版社,2003年,303、308页。
② 邹韬奋:《我们的立场》(1930年12月13日),见《韬奋全集》,第三卷,上海:上海人民出版社,1995年,256页。

的信任和喜爱。在邹韬奋主持该刊的7年里,《生活》周刊从一个不起眼的小刊物,发展成为"风行海内外,深入穷乡僻壤的有广大影响的刊物",不到三年其销量便升到4万份,发行量最高达15.5万份,"创造了当时期刊发行的新纪录",时人称"有中国人的地方,就有《生活》周刊"。① 为满足日益扩大的读者需求,1930年,邹韬奋在原来经营规模的基础上,成立了"书报代办部",专办读者服务业务,"书报代办部"之后逐步发展成"生活书店",其在全国的分店及办事处有五六十处之多。由于政治原因,1933年《生活》周刊被迫停刊。1935年,作为《生活》周刊的延续和发展,《大众生活》创刊,其创刊词提出以"力求民族解放的实现,封建残余的铲除,个人主义的克服"为办报目标。② 《大众生活》以其鲜明的政治立场和无畏的战斗风格,对一二·九运动给予了强有力的声援。邹韬奋在报刊上接连发表评论,痛斥国民党当局的卖国行径,并对学生的爱国救亡运动进行大力宣传和热情支持。《大众生活》因此受到广大民众的热烈欢迎,销售量达到20万份,超过原来的《生活》周刊,创造出当时我国杂志发行的最高纪录。③

另外,邹韬奋主持的《生活日报》《抗战》《全民抗战》等报刊,以宣传抗战救国,争取民主权利为中心内容,受到广大民众的支持,其中《全民抗战》的日售量曾突破30万份,在20世纪三四十年代影响范围极广。

---

① 邹嘉骊:《韬奋的新闻道路》,见王知伊等《编辑记者一百人》,上海:学林出版社,1985年,252页。
② 《我们的灯塔》(《大众生活》创刊词,1935年11月16日),见《韬奋全集》,第六卷,上海:上海人民出版社,1995年,495页。
③ 沈谦芳:《邹韬奋传》,济南:山东人民出版社,1998年,420页。

第三节　报纸副刊的阅读

报纸副刊，又叫"报屁股"或"报尾巴"，是民国时期报纸版面中不可或缺的重要组成部分，区别于作为报纸主体部分的新闻版。其特点在于有一定的篇幅和编辑方针，每天或定期出版，多数有专名，副刊的内容与新闻正刊的内容没有区别，上至国家大事，下至风俗民情，无所不包，但是副刊文字要求具有娱乐性、趣味性和知识性，通俗易懂，因此副刊又被称为"软性新闻"，它既要满足某些特定读者的需要，又要承担为正刊扩大读者群的任务。无论是大报、小报还是日报、晚报大多都有副刊，报纸的副刊和正刊可以是密切配合的，也可以是相对独立、相对游离的。报纸副刊起源于清末，最初称为附张或副张。1875年上海《申报》于新闻之后，公开征求和逐日刊登"骚人韵士"的"短什长篇"与"竹枝词及长歌纪事之类"，虽未辟副刊专栏，但已有"报屁股"的味道。1897年严复、夏曾佑为《国闻报》作《本馆附印说部缘起》，计划"广为采辑"小说并"附纸分送"。同年，上海《字林沪报》率先把副刊类文字印成单张，取名为《消闲报》，随正报增送，之后，各报陆续增设附张，主要刊载旧体诗词、小说、笔记等作品，带有消闲性质。民国以来副刊虽然也有不少是专门性的，但大多是综合性的，以刊登"消闲性小品"为主，具有鲜明的文艺色彩，常常运用多样化体裁，反映社会面貌，介绍科学知识，丰富大众文化生活。①

---

① 严独鹤：《编辑副刊的感想》，见王文彬《中国报纸的副刊》，北京：中国文史出版社，1988年，29页。

一、民国初年副刊的发展和阅读状况

　　曾经风行一时的鸳鸯蝴蝶派(以下简称鸳蝴派)作品就常常刊登在报纸的副刊上。从民国初年到 20 世纪 30 年代,由鸳蝴派作者主办、编辑的报刊约有 113 种,掌握大报、小报的副刊不下 50 种。仅上海一地,当时由他们主办的刊物就有 34 种以上,上海报业中销路最广的三家报纸——《申报》《新闻报》《时报》,在 1911 年后其副刊均曾由鸳蝴派作者任主编,比较著名的鸳蝴派副刊主编有包天笑、周瘦鹃、范烟桥、严独鹤、张恨水等。这些报纸副刊的内容常常新旧杂糅,无所不包,有考据,有时事,也有风花雪月,因此受到市民大众的欢迎。不少报纸的副刊由于连载鸳蝴派小说,带动了副刊阅读走向兴盛,从而形成一个巨大的副刊消费市场。① 如《民权报》副刊因连载徐枕亚的《玉梨魂》、吴双热的《孽冤镜》、李定夷的《霣玉怨》而大受读者欢迎。张恨水先后在《世界晚报》的副刊《夜光》、《世界日报》的副刊《明珠》、《新闻报》的副刊《快活林》等诸多报纸副刊上担任主笔。《春明外史》《金粉世家》《啼笑因缘》等作品都最先分别在这些副刊上连载,轰动一时。有的读者就是冲着副刊中连载的小说才购买该报纸的,例如《春明外史》在《世界晚报》副刊《夜光》上连载的时候,读者把它看作是新闻版外的"新闻",很多人花一个"大子儿"买张报纸,就是为了知道这版外"新闻"如何发展,如何结局:"读者往往将书中人物,一一索隐起来,当作历史一样来看。"②

　　正是这些副刊的发展催生了专门发表文艺作品的文学期刊。据

---

① 郑逸梅:《民国旧派文艺期刊丛话》,见魏绍昌《鸳鸯蝴蝶派研究资料》,上海:上海文艺出版社,1984 年,364—534 页。
② 张恨水:《我的小说过程》,见张占国、魏守忠《中国文学史资料全编·现代卷·张恨水研究资料》,北京:知识产权出版社,2009 年,232 页。

统计，1910年到1920年，文学期刊已达52种，如果仔细溯源，可以发现它们几乎都是从报纸副刊发展而来的。如以《民权报》副刊为大本营，派生出《民权素》《小说丛报》《黄花旬报》《五铜圆》等；从《申报》副刊《自由谈》、《时报》副刊《滑稽时报》、《新闻报》副刊《庄谐丛录》派生出《小说月报》《自由杂志》《游戏杂志》《礼拜六》《女子世界》《小说大观》《小说画报》《半月》《星期》《小说时报》《妇女时报》等数十种杂志。有的刊物，如《小说时报》《自由杂志》，其本身就是报纸副刊的汇刊，且一些报纸副刊的主编常常又是文学期刊的主编，如包天笑是《时报》副刊的主编，也是《小说大观》《小说画报》等报刊的主编；周瘦鹃是《申报》副刊的主笔，也是《小说月报》《礼拜六》的主笔；徐枕亚、吴双热、刘铁冷是《民权报》副刊和《小说丛报》的主编……正是这种传播载体的连带，促进了鸳鸯蝴蝶派文学的进一步传播和兴盛，带动了民国时期通俗小说创作的发展，后来的《万象》《紫罗兰》《红玫瑰》《一四七》等都是这类刊物的延续。这些报纸副刊，以及在这种现代新闻传播方式下产生的文艺期刊、小报等新的媒介成为以鸳鸯蝴蝶派作品为代表的通俗小说赖以生存的空间。这类小说中最受欢迎者仅20世纪一二十年代"在上海肯定有40万至100万人读过"，其销售纪录直至20世纪30年代末期都未曾被打破。①

二、20世纪20年代副刊阅读的影响

五四运动以后，有些报纸的副刊以独特的形式和特点，成为传播新文化和新思想的重要阵地。例如，五四时期的四大报纸副刊《晨报副镌》《京报副刊》《时事新报·学灯》《民国日报·觉悟》由于"较正报

---

① 费正清：《鸳鸯蝴蝶派小说与五四前的过渡时期(1911—1917)》，见《剑桥中华民国史》第一部，章建刚等译，上海：上海人民出版社，1991年，494页。

更进步、激进,成为沙漠中的绿洲",因此成为继《新青年》之后文学革命的重要阵地。鲁迅、冰心、许地山、林语堂等人都在这些报纸的副刊上发表过相当数量的原创文学作品和译作。鲁迅的著名小说《阿Q正传》最早就是在《晨报副镌》上连载的。梁启超的《欧游心影录》、罗素的《到自由之路》曾在《学灯》上连载过,郁达夫的第一篇小说《银灰色的死》以及郭沫若的第一首新诗等都是最先在《学灯》上发表的。由此,精英阶层倡导的文学革命在以报纸副刊为主的大众传播媒介的宣传下迅速地影响了社会上大批有志文学青年,一时间青年学生成立文学社团和创办文学报刊蔚然成风(见下表)。这种提倡个性主义和平民主义的思潮影响了一个时代的青年读者。"在若干年后,也许深留在一般人脑海的是副刊。二十年前的《民国日报》,现在遗留在一般人脑海的,恐怕还是邵力子先生编的《觉悟》。《晨报》时代的《晨报副镌》也是令人不忘的。《时事新报》的《学灯》,甚至于《益世报》的《益智粽》都在人们的记忆之中。"①

五四前后创办的学生报刊简表②

创办地点	刊名
北京	《国民》《北京大学学生周刊》《五七日刊》《少年中国》《平民教育》《曙光》《新生活》《工学》《救国周刊》
上海	《全国学生联合会日报》《上海学生联合会日报》
天津	《天津学生联合会报》《南开日刊》《觉悟》
湖南	《湘江评论》《新湖南》
成都	《星期日》

---

① 陈纪滢:《我们需要怎样的副刊》,载《中外春秋》,第一卷,1943年8月30日。
② 王凤超:《中国的报刊》,北京:人民出版社,1988年,129页。

续表

创办地点	刊名
南京	《少年世界》《少年社会》
武汉	《学生周刊》
杭州	《钱江评论》
广东	《广东学生联合会日报》《新学生》等

三、20世纪30年代副刊阅读的新发展

20世纪30年代,副刊进入繁荣期,一个突出的标志就是商业性副刊的大量涌现。如《申报》早在20世纪20年代就出现了专载公路建设消息及利用汽车的副刊,在1932年就明确指出《申报》副刊工作的方向:"增添各种附刊,如电影业已附送,如经济、业余、建筑、卫生,十二月起即可出刊。还有教育、国货、科学等亦将次第出版……务必使读者各就所好获得所需的知识和资料。"①这一时期,影响较大、读者面较广的副刊有以《大公报》的《小公园》,上海《立报》的《言林》,《申报》的《自由谈》《春秋》,《新闻报》的《快活林》,《时报》的《余兴》等为代表的副刊群,它们都曾有大量读者。

20世纪30年代副刊进入繁荣期的另一个突出的标志是读者普遍的阅读需求直接决定了副刊的导向和销路以及市场化程度。例如进入20世纪30年代,由于1927年大革命的失败,在民众中,尤其是在许多的青年中普遍产生了一种不满的情绪,或者说是一种"政治焦虑",这种焦虑总要找寻某种释放和排解的渠道,而进步报刊尤其是进步文学就在很大程度上承担起了这种渠道的作用。② 因此这一时

---

① 《今后本报努力的工作》,载《申报》,1932年11月30日。
② 朱晓进:《论三十年代文学杂志》,载《南京师范大学学报》(社科版),1999年第3期。

期左翼革命文学刊物受到广泛的欢迎,尤其是青年,他们对进步文艺杂志的关注几乎是空前的。一位30年代的读者回忆:"正当我读俄罗斯和其他外国作家的作品时,也受到了左翼文艺运动的猛烈冲击。""鲁迅主编的《萌芽》和蒋光慈、钱杏邨主编的《拓荒者》"以及"一大批发表革命文学作品的刊物,如《北斗》《大众文艺》《文学月刊》等等"都是很受欢迎的。① 在这种阅读期待的影响下,为争取更多的读者,扩大影响,以大报副刊编导方向的转变为先声,包括文学杂志在内的许多刊物在编辑方针上都发生了变化,连鲁迅在30年代初给友人的一封信中也提及,"近颇流行无产文学,出版物不立此为旗帜,世间便以为落伍",当时杂志中"销行颇多者,为《拓荒者》《现代小说》《大众文艺》《萌芽》等"。② 例如《大公报》的副刊《文艺》,该刊本来政治色彩很淡,为了扩大销路,《大公报》放手让《文艺》副刊去争取青年读者,包括用一些观点与官方对立的文章"来把报纸打扮得'民间'色彩一些",虽曾有当局的"'警告''传票'给他带来过不便",可是好处是显而易见的,即报纸销售量的增加。当时的左翼作家杨刚也正是因为这个原因而被请进报社做编辑的。③ 又如《申报》副刊《自由谈》,是创刊于1910年的一个有较长历史、较大影响的副刊,在20世纪一二十年代至30年代初,该刊为满足市民读者的需要,多注重趣味主义,以刊载鸳鸯蝴蝶派作品为主。但进入30年代后,其固有的办刊方针与最普遍的阅读需求渐生距离。为了"调和读者兴趣",报社决定改革,拟"时常举行有兴趣的民意测验或悬赏征文,务以不违时代潮流与大

---

① 王西彦:《船儿摇出大江》,载《新文学史料》,1984年第2期。
② 鲁迅:《300503 致李秉中》,见《鲁迅全集》,第十一卷,北京:人民文学出版社,1973年,431页。
③ 萧乾:《鱼饵·论坛·阵地——记〈大众报·文艺〉(1935—1939)》,载《新文学史料》,1979年第2期。

众化为原则"。① 革新后的《自由谈》,以"描写实际生活之文字,或含有深意之随笔杂感等"为主,主笔也由"星社"和《礼拜六》的旧式文人,变成鲁迅、茅盾、瞿秋白、郁达夫、郑振铎、陈望道、叶圣陶等左翼普罗②作家。鲁迅就在《自由谈》上发表了大量杂文,这些杂文后来结集为《伪自由书》。

这些变革很快受到了许多读者的欢迎,编辑部"每天接到了许多来信",读者对该刊的努力"赞许备至",这使编者"又惭愧,又感激":"我们以后当益加奋勉,务使本刊的内容更为充实,成为一种站在时代面前的副刊,决不敢以'茶余酒后消遣之资'的'报屁股'自限。"③《自由谈》曾连载张资平的长篇小说《时代与爱的歧路》,已连刊101次,但因"接读者来信,表示倦意",《自由谈》编辑"为尊重读者意见起见",毅然"停止刊载",④这成为轰动一时的"腰斩张资平"事件。为了顺应读者的阅读心理,《自由谈》约请了包括鲁迅、茅盾在内的一批左翼作家为其撰稿,以至国民党官办杂志《社会新闻》连连发表文章,称鲁迅和沈雁冰成了《自由谈》的两大台柱子,刊物"也完全在左翼作家手中",认为"自从鲁迅与沈雁冰等以《申报·自由谈》为地盘……居然又能吸引群众,取得满意的收获",以至连"书局老板现在竟靠他们吃饭了"等等。⑤《自由谈》很快受到来自当局的压力,不得不在《编辑室启事》中"吁请海内文豪,从兹多谈风月,少发牢骚",⑥但又怕失去读者,故仍继续采用鲁迅等左翼作家的稿件。

由于对政治和现实生活状况不满,一些文人产生不问政治,苟全

---

① 《本报六十周年纪念宣言》,载《申报》,1931年9月1日。
② 笔者注:普罗指来自法语的音译"普罗列塔利亚",意思为无产阶级的。
③ 《编辑室启事》,载《申报·自由谈》,1932年12月12日。
④ 《编辑室启事》,载《申报·自由谈》,1933年4月22日。
⑤ 农:《鲁迅与沈雁冰的雄图》,载《社会新闻》,第3卷第12期,1933年5月6日。
⑥ 《编辑室启事》,载《申报·自由谈》,1933年5月25日。

性命于乱世的出世情怀。在这种背景下,以闲适和诙谐为基调,抒发乱世情怀的小品文正好深得许多知识分子的欢迎,从而在政治和市场的夹缝中找到了一块狭小的空间,并借助报纸的副刊得以迅速发展起来。"城乡间有许多小康的知识分子,他们本来过着安闲的生活,日常无事,辄拿起说部浏览,篇幅不嫌其巨。可是现在经济情况发生变动,这些人多被迫着离开家乡,不得不东奔西跑的找事做,生活既无安定,时间亦感局促;为了满足其趣味与求知起见,报纸便成了恩物,而副刊中的短文字,也就自然而然的代替了那些长篇说部。小品文渐次盛行,这是一个原因。"①

四、抗战时期的副刊阅读

"孤岛时期"的报刊,以文艺副刊为重要阵地,发表新闻性很强的文艺作品,特别是通过短小精悍的杂文来打击敌人,鼓舞教育群众,产生了巨大影响。这一时期曾经为读者所瞩目的副刊有《每日译报》的《爝火》《大家谈》和《前哨》,《导报》的《晨钟》,《文汇报》的《世纪风》和《灯塔》,《申报》的《自由谈》,《大美晚报》的《夜光》,《正言报》的《草原》,《大美报》的《浅草》和《茶话》,《大英夜报》的《七月》等。② 这些副刊发表大量诗歌、杂文、小说和报告文学等作品,有对日军暴行的揭露和控诉,有对汪伪政权的卖国论调的驳斥和抨击,也有对延安和抗日根据地的讴歌和向往。有的副刊还发表过外国记者如斯诺、贝兰特、富尔曼等撰写的有关八路军、新四军和中国共产党的采访记和文章。

在抗日战争时期的大后方,乃至解放战争时期,共产党领导下的

---

① 陈醉云:《小品文往哪儿走》,见《小品文和漫画》,上海:生活书店,1935年,58页。
② 王凤超:《中国的报刊》,北京:人民出版社,1988年,224页。

一些党报副刊如《新华日报》的《新华副刊》、《解放日报》的《文艺》等颇具代表性，这些副刊通过杂文、诗歌、剧评和书评等方式及时对当时出版的书刊、戏剧等文艺形式进行评介，同时发表不少具有革命倾向的新文学作品，积极引导革命文艺活动的发展。这些党报副刊的撰稿人有郭沫若、茅盾、老舍、田汉、夏衍、胡风、林默涵、何其芳、叶以群、欧阳凡海、艾青、臧克家、力扬、吕剑、陈白尘、宋之的、葛一虹、荒煤、艾思奇等。这些副刊与主报其他版次的社论、报道密切配合，既宣传了中国共产党的文艺理论主张和政策，又贯彻执行了抗日民族统一战线的方针。它不仅刊载国统区各抗日阶层作家的创作，有针对性地发表理论批评文章，还经常发表、报道延安和其他敌后抗日根据地以及"孤岛时期"上海作家的作品、文艺运动情况，多方面反映和记载了革命文艺的发展历程，以鲜明的特色和政治导向，深受广大具有进步倾向的读者的欢迎。

第四节　众声喧哗中的小报阅读

小报[①]通常指小型的报纸，它篇幅较小，形式灵活，文体多变，开本一般为八开或者小于八开。小报以报道软性新闻为主，重视消遣性，内容包括新闻、小说、笔记、小品文、掌故、影戏舞动态、社会知识和生活话题等。小报的种类多姿多彩，有文艺类小报、社会新闻类小报、生活常识类小报、揭载内部秘闻的小报和综合性小报，还有一些黄色小报等。1897年6月24日由谴责小说家李伯元创刊并主编的

[①] 李楠：《晚清、民国时期上海小报研究》，北京：人民文学出版社，2005年，21页。

《游戏报》是具有代表性的小报之一,该报多刊载俳谐嘲骂的杂著、诗词,记叙官场的笑柄和社会的趣事,以及歌楼舞榭、茶肆酒馆的新闻。这种小报"以诙谐之笔,写游戏之文。上自列邦政治,下逮风土人情,文则论辩、传记、碑志、歌颂、诗赋、词曲、演义、小唱之属……人则士农工贾,强弱老幼,远人过客……莫不描摹尽致,寓意劝惩。无义不搜,有体皆备"。《游戏报》的文字讲求浅显易懂,自由不拘,不避俗语和方言,其影响深远,奠定了小报文字和价值取向世俗化的大体风格,其意"无非欲唤醒痴愚,破除烦恼,意取其浅,言取其俚,使农工商贾、妇人竖子,皆得而观之"。其他如《指南报》《笑林报》《采风报》等小报迎合市民趣味,颇受读者欢迎,《晶报》《金钢钻》《福尔摩斯》《罗宾汉》号称"四金刚"。

  小报从清末诞生以来直到1949年前后消失,其间消长起伏,热潮迭起。20世纪20年代初期和中期的小报以报道热点新闻、秘闻取胜,体现了那个时期市民关心时局的风尚。20年代后期小报不再只报道风花雪月和故作惊人的坊间杂闻,开始把目光转向平淡的市民日常生活,介绍市井风尚、生活常识的小报日益增多。如1927年11月9日,以传授生活知识、健康知识等为主的小报《常识》问世,"首印了八千多份,下午四点即售光,出版才半月,长期订户已有七十余家"。① 当时名震上海滩的医学名士们也创办了一些同类小报,如陈存仁自创自编的《康健报》,清末御医陈莲舫的孙子陈范吾办的《骊珠》,妇科专家汪洋办的《性欲周刊》等。到了30年代,大报受小报的影响,也开辟了生活常识副刊,聘请一些专家担任顾问。三四十年代的小报,市民化、生活化的特征更明显。1946年,《铁报》经常用大量篇幅反映市民日常生活,《阴雨连绵中上海人的生活》就是向上海市

---

① 祝均宙:《上海小报的历史沿革(一)》,见中国社会科学院新闻研究所《新闻研究资料》1988年总42期。

民投去的关切的一瞥。① 从总体上而言,民国时期全国范围内曾出版发行过的小报难以计数,仅以小报集中地上海为例就存在过一千种以上。②

一、小报的阅读内容

小报以市民的眼光来观察都市,刊载社会风俗人情、有趣的市井新闻等大报绝少登载或不屑记之事,补大报之不足,从而在大报的夹缝中生存下来。大众化、平民化是其文化理念的核心,当时的报人就曾这样宣称,"只要少吸一支烟,准保买得起;只要略识几百字,准保读得懂"③,"到家庭去,是办小报的出路"④,"小报是平民化刊物"⑤。小报以数量大、种类多的特点为不同品位的读者提供了多样化的选择,读者可以根据自己的喜好选择不同风格的小报。市民社会的享乐风尚和现代都市人的欲望骚动,促使人们渴望自我纾解,小报正好为人们提供了一个宣泄的空间。这群市民读者成为小报赖以生存的基础。小报为及时把握社会脉搏,适应快节奏的都市生活,提出了"简便"和"以小为本"的办报方针。他们认为,"现代人过着劳苦挣扎的生活,只能够看看小型报跟短文章",小报应让读者"五分钟能知天下事"。⑥ 在民族危机加重,报禁甚严的时代,"读不公正之大报,毋宁读言论自由之小报"⑦。

---

① 之江:《阴雨连绵中上海人的生活》,载《铁报》,1946年3月3日。
② 祝均宙:《上海小报的历史沿革(一)》,见中国社会科学院新闻研究所《新闻研究资料》1988年总42期。
③ 《立报广告》,载《晶报》,1935年9月17日。
④ 《立报创刊广告词》,载《立报》,1935年9月20日。
⑤ 《谈小报》,载《立报》,1935年9月22日。
⑥ 谢六逸:《开场白》,载《立报》,1935年9月21日。
⑦ 纯银:《晶报琐语》,载《晶报》,1932年3月3日。

小报文学是一种娱乐游戏文学，其宗旨在于使读者感受到阅读带来的身心愉悦。与此宗旨相适应的鸳鸯蝴蝶派作家的作品因此成为小报文学的重要组成内容。小报通过刊载小说来吸引读者，最初以短篇小说为主，后来长篇连载的比重日趋增加。如鸳蝴派名家从1919年到1940年代相继发表在《晶报》上的短篇小说，有小凤（叶楚伧）的《一室之间》、欧阳予倩的《枯树》、胡寄尘的《二百岁之少年》等。另外，很多鸳蝴派作家在自己的作品走红于大报的副刊后，再把代表作的续集放在小报上连载，如李涵秋的《新广陵潮》、包天笑的《新上海春秋》等。小报文学既有一定的消闲价值，也有一定的文学价值，但与纯文学力透纸背的社会批判和剖析相比，只能算一种展露文学。它注重展露生活的广阔程度，追求拟真化效果，却不对生活做深层的挖掘。都市中存在和发生的几乎所有现实都能在小报中看到雪泥鸿爪，小报文学既记叙重大事件如工人罢工、金融危机、军阀混战、学生运动、抢购风潮等，也展现城市中各种人物的生活和心理状态，有商人、官僚、银行家、寓公寓婆、军阀政客，也有工人、职员、学生等众生百相。比如以《荒唐世界》为代表的小报虽在后期格调越来越低下，把休闲变成了一种简单的感官刺激，但它也表现出了城市中的许多人文景观，有交易所、跑马场、茶馆、书场、饭店、学校、工厂、妓院等，不一而足，几乎大大小小的社会事件和市民生活都被流水账式地记录了下来。

衣食住行永远是小报关注的焦点。小报文人同市井民众一样，对日常琐事津津乐道，沉浸在卑微的快乐和对实用价值的观赏中。如《论时装》《妇女头上的革命》《谈高跟鞋》《电车闲话》《市电话加价的感想》《剪发新潮》等文章皆可在小报中读到。许多小报还专门开辟副刊或专栏，介绍生活常识。如《立报》的《点心》，有陈夫人的《每日菜单》，介绍日常菜谱，并标明菜的价格，《街头科学》介绍实用的生活小知识；《社会日报》的副刊《香海》把触角伸向海外，试图开阔市民视野,唤起读者关于遥远异国的想象;《晶报》自创刊起,就设有衣食住行的栏目,连载《衣之派别及变迁》之类的长文,探寻各派衣饰的演变历史;1927年4月,《繁华世界》几乎每天都有一篇题为"繁华的……"短文,内容包括吃、穿、嫖、赌、租房等方方面面。

除了衣食住行外,关于娱乐、休闲、男女交往等流行动态的报道和评论也成为广大市民了解社会时尚潮流的窗口。如介绍高跟鞋的流行时尚,"皮鞋尚高跟,固风头矣","然坐而受其累者不在少数",很多人却宁愿做一个"步履维艰之摩登女子"①,也不肯换上舒适的平底鞋。这种摩登尽管不尽如人意,却"引起一些人的羡慕",仿效者不计其数。② 在电影盛行的三四十年代,电影明星生活方式引领都市时尚潮流。40年代初,租界一度禁止汽车通行,"许多电影明星骑着脚踏车到各处去出风头"③,经报刊报道后,一时间脚踏车成为最时髦的交通工具。此外还有不少介绍专门内容的小报,如以介绍影戏信息和各类八卦消息为主的《罗宾汉》也拥有较多的读者。

二、小报的读者

总体而言,小报的主要读者是学生和职员、店员等粗通文墨的普通市民,但是不少政要名流、商界名人和新文学作家也有阅读小报的嗜好。小报包罗万象的内容和紧贴生活的报道也成为学者、文人研究当时社会的重要资料,如鲁迅曾在他的杂文中多次引用小报材料,还曾为研究文人间的"社会关系",将一份小报"连看了两个月"。④ 以创办于1935年9月的《立报》为例,该报以劳苦大众为主要读者,在言

---

① 《高跟之累》,载《春鸣报》,1941年5月30日。
② 《艺术家的头发》,载《春鸣报》,1942年3月24日。
③ 《明星的时髦动作》,载《春鸣报》,1942年8月31日。
④ 鲁迅:《360108 致沈雁冰》,见《鲁迅全集》,第十三卷,北京:人民文学出版社,1981年,287页。

论上力主抗日,争取民主,实施大报小型化的方针,内容精要,在编采上竞争消息,广用照片,文字简明通俗,报价低廉,深受底层市民群众欢迎,曾创下小报销售的最高纪录,每日发行数超过 20 万份。① 当时有人称《立报》就是站立着看的报纸,在车站等候电车、在车上或乘电梯时,都可以阅读《立报》。鲁迅在阅读过《立报》后,也"以为很好"②。

当时上海的许多青少年学生很热衷于看小报,小报"注重各学校珍闻秘史,及女学生之私生活速描,于若辈有切身关系,有非看不可之势,既不便公开阅读,遂分别私购秘闻。男学生与青年店员最关心各女校女生消息,遂亦视小报为珍品"。40 年代,就读于上海圣约翰大学的李君维③就说:"我是上海小报的忠实读者,排日拜读唐大郎(云旌)的诗文。"④女学生在私底下也很喜欢看这些小报,"行经发行所前,每以铜圆三枚,购得一份,藏诸书包,掉头而去"⑤。前述小报文人唐大郎也生动记述过自己的孩子经常背着家长偷看小报的事情:"我最大的孩子,今年十七岁了,他每天早上,要买一二张小型报,在马桶上偷看。有一天被我发现了,我想提出反对,再一想,我十七岁的时候,非但看小型报,而且已替小型报写稿子。回溯生平,我是没有理由禁止儿子看小型报的……"⑥

年轻的职员、店员也是小报的忠实读者,对他们而言,除了具有休闲功能外,小报还是一部"人生指南"。小报使得在上海的人,能够晓得想不到的事情,增长自己的见识,不在上海的人看了小报,能够

---

① 王凤超:《中国的报刊》,北京:人民出版社,1988 年,219、220 页。
② 鲁迅:《351004 致谢六逸》,见《鲁迅全集》,第十三卷,北京:人民文学出版社,1981 年,228 页。
③ 李君维,1922 年生于上海,现代小说家,笔名东方蝃蝀,代表作《绅士淑女图》,有男版张爱玲之美誉。早年毕业于上海圣约翰大学文学院,抗战胜利后先后担任上海《世界晨报》《大公报》记者、编辑之职。
④ 李君维:《张爱玲笺注三则》,载《新民晚报》,2000 年 3 月 26 日。
⑤ 啼红:《灯边话堕·杂谈刊物》下,载《小说月报》,1940 年 12 月 16 日。
⑥ 高唐(唐大郎):《小时候我就爱看小报》,载《铁报》,1946 年 8 月 31 日。

知道上海有什么秘事,助长自己的经验,以备他日到了上海,不至受他人欺骗。① 作家曹聚仁在给《社会日报》的信中也说:"我爱读贵报成癖,并不是我在瞎恭维,贵报的确在指导读者,使了解上海的社会。"②他还向朋友们推荐该报,鲁迅就是在他的推荐下阅读该报的,鲁迅也对该报给予了较高的评价。

第五节　图像中的世界

在国难深重的民国时期,在文盲较多的情况下,"然中国识字者少,不识字者多,安能人人尽阅报章,亦何能人人尽知报中之事?"于是始有画报的创设,定期出版,月出数册,在内容上"或取古人之事,绘之以为考据;或取报中近事,绘之以广见闻"③。画报作为一种通俗刊物,以图画作为表情达意的主要手段,直观、形象、生动、易懂,增进了读者的阅读兴趣,受到普遍欢迎,"天下容有不能读日报之人,天下无有不喜阅画报之人"④。画报在传播新知、倡导新思想方面发挥了得天独厚的优势。正所谓"天下一家,五洲之大,无奇不有。人之囿于乡曲,而得以稍知世事者,亦未始非画报之益。自来淫书之有干例禁者,因无论识字不识字之人,皆得败坏风俗,沉溺心态也;而今画报之可以畅销者,因无论识字不识字之人,皆得增其识见,扩其心胸也"⑤。这正是画报这种现代传播载体得以在中国迅速发展的原因,

---

① 洋盘:《老上海话》,载《老上海》,1930年5月5日。
② 曹聚仁:《乌鸦的自白》,载《社会日报》,1933年6月9日。
③ 《论画报可以启蒙》,载《申报》,1898年8月29日。
④ 《画报招登告白启》,载《点石斋画报》第83号,1886年7月。
⑤ 《论画报可以启蒙》,载《申报》,1898年8月29日。

如戈公振在1920年上海《时报》创刊的《图画周刊》的导言中明确指出:"世界愈进步,事愈繁颐,有非言语所能形容者,必藉图画以明之……今国民蔽锢,政教未及清明,本刊将继文学之未逮,一一揭而出之,尽画穷形,俾举世有所观感……"①

我国近现代以来的画报是在中国传统名物象数、小说戏曲以及因果报应之书中插图和西方画报的影响下产生的,通常认为"中国之有画报,半系受外国画报之影响,半系受传奇小说前插图之影响"②。书籍配图,是传统中国读书人的阅读趣味所在:"古人之为学也,必左图而右史。诚以学也者,不博览古今之书籍,不足以扩一己之才识;不详考古今之图画,不足以证书籍之精详。书与画,固相须而成,不能偏废者也。"③清末民初以来,画报开始盛行,由于识字不多者乃至文盲也能阅读画报,因此除了经常读书阅报的"士夫"、"乡愚""妇女"与"商贾"都"宜家置一编,塾置一册"来阅读。当年这种阅读画报的盛况被生动记录下来:

> 各家画报售纷纷,销路争夸最出群。纵是花丛不识字,亦持一纸说新闻。④

一、《点石斋画报》的阅读和影响

19世纪末,以《点石斋画报》为代表的一批主要采用石印技术的

---

① 张煜明:《中国出版史》,武汉:武汉出版社,1994年,275页。
② 萨空了:《五十年来中国画报之三个时期》,见张静庐《中国现代出版史料》,乙编,北京:中华书局,1955年,410页。
③ 郑樵:《通志略·图谱略》,上海:上海古籍出版社,1990年,929、930页。
④ 兰陵忧患生:《京华百二竹枝词》其十七,见路工编《清代北京竹枝词》,北京:北京古籍出版社,1982年,126页。

画报相继出现,前有 1875 年 3 月上海清心书馆出的《小孩月报》,1877 年 9 月申报馆编印出版的不定期画刊《寰瀛画报》,1880 年 5 月上海圣教会印行的《图画新报》等,与《点石斋画报》同时印行的有《飞影阁画报》《书画谱报》数种,后有《浅说日日新闻画报》《图画日报》《图画演说报》等。这些画报大多仅售铜圆两枚,价格较为低廉①,在一定程度上促进了清末民初画报的传播与阅读。为了增加报纸的销售,吸引读者,不少大报开始竞相附送画报单页和画报增刊,如以政治讽刺画著称的《北京画报》《当

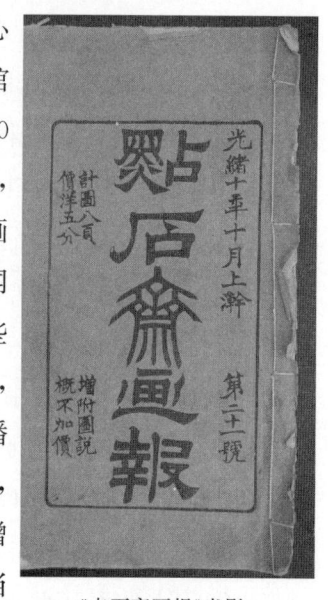

《点石斋画报》书影

日画报》《神州五日画报》,以及《民立》《民吁》《启民》等,和后期的注重社会新闻和妇女儿童生活的《新闻报画报》,注重国内外大事和艺术的《申报画报》等。

《点石斋画报》创刊于 1884 年 5 月 8 日,是中国第一种时事和风俗画报。著名画家吴友如先生既是该报主编,又是该报主要的绘画者,他的画"观察精细","画得最细巧,也最能引动人","勃勃有生气,令人在纸上看出上海的洋场来"。② 当时出版《点石斋画报》的主要目的是配合《申报》的时事新闻,作为《申报》功能的图像化延伸。基于这一缘故,该画报内容能够广泛而丰富地反映出一定时期社会历史的真实面貌。该画报主要采用一图一文的方式,每幅图画反映一个事件或一个小故事,内容大致围绕"中外纪闻""官场现形""格致汇

---

① 萨空了:《五十年来中国画报之三个时期》,见张静庐《中国现代出版史料》,乙编,北京:中华书局,1955 年,410 页。
② 周金保:《鲁迅点评〈点石斋画报〉》,载《旧书信息报》,2003 年 5 月 24 日。

编""海上繁华"四大主题展开。由于《点石斋画报》将"新闻"与"绘画"完美结合,因此从它出现起,虽然"上海画报日趋繁多,然清末数十年,绝无能与之抗衡者",原因是后来者或"画笔实无可观",或忽略了画报"强调时事纪载"的宗旨。①

由于"增人识见,怡人心目",《点石斋画报》广受读者欢迎,"流行各省",并成为当时人们了解"时务"的耳目。小说家包天笑提及当年苏州的阅读情况时认为,大人主要通过《申报》和《新闻报》了解时事与新知。《点石斋画报》

《点石斋画报》选页

则是老少咸宜,"本来儿童最喜欢看画,而这个画报,即是成人也喜欢看的"。他一直对少年时代阅读的《点石斋画报》念念不忘,他说道:"我在十二三岁的时候,上海出有一种石印的《点石斋画报》,我最喜欢看了……每逢出版,寄到苏州来,我宁可省下了点心钱,必须去购买一册。这是每十天出一册,积十册便可以线装成一本。我当时就有装订成好几本。虽然那些画师也没有什么博识,可是在画上也可以得着一点常识。因为上海那个地方是开风气之先的,外国的什么新发明、新事物,都是先传到上海。譬如像轮船、火车,内地人当时都没有见过的,有它一编在手,可以领略了。风土、习俗,各处有什么不同的,也有了一个印象。"②

《点石斋画报》开创了以新闻性为主的图文并茂的"画报体式"。

---

① 阿英:《中国画报发展之经过》,见《晚清文艺报刊述略》,北京:古典文学出版社,1958年,90、100页。
② 包天笑:《钏影楼回忆录》,香港:大华出版社,1971年,112、113页。

受《点石斋画报》成功范例的鼓舞,19世纪末20世纪初出现一股画报热。据相关统计,截至1919年底,全国共刊行过118种画报,大部分出现在1901年至1912年,其中"绝大多数是图画石印或刻版"①。虽然20年代以后,石印线装这一出版形式迅速衰落,铜版画报和影写凹版画报相继出现,摄影画报逐渐占据主流地位,但是《点石斋画报》关注时事、注重新知、图文互相诠释等表现手法,基本上被后来者继承下来。

二、画报阅读的新发展阶段

自1920年《图画周刊》出版后,铜版画报逐渐成为主流,进入20世纪30年代后,影写凹版画报逐渐流行起来,由此民国画报进入发达时期,形成了面向不同读者、具有各自受众和特色的画报群体。1935年,据不完全统计,全国共有画报235种②,从出版周期来看,包括日刊、二日刊、三日刊、五日刊、周刊、旬刊、半月刊、月刊、季刊九种类型。其中周刊类画报由于在收集材料、编辑加工和读者阅读周期上较为适宜,因此数量最多。20世纪30年代画报的兴盛推动了杂志的全面发展,据统计,1933年仅上海一地就出版了至少215种杂志③,当时全中国有各种性质的定期刊物三百余种,其中近八成出版于上海④,而且出现了专营杂志的书店——上海杂志公司。

这一时期画报的发展日趋成熟,并出现了较为固定的读者群,通

---

① 据彭永祥《中国近代画报简介》一文统计,见丁守和《辛亥革命时期期刊介绍》四,北京:人民出版社,1986年,656—679页。
② 蒋荫恩:《1935年全国画刊名录》,见张静庐《中国现代出版史料》,乙编,北京:中华书局,1955年,415页。
③ 茅盾:《一年的回顾》,载《文学》,第3卷第6期,1934年12月1日。
④ 茅盾:《所谓杂志年》,载《文学》,第3卷第2期,1934年8月1日。

常来说报纸的读者群较泛化,而杂志一般都以其特点、品位吸引着各自较固定的读者群。如面对女性读者的《玲珑》《妇人画报》《甜心》,面对学生群体的《中国学生画报》《学校生活》《少年画报》《儿童报》等。杂志在内容上出现了一定程度的专业分工,既有大型综合性画报,如《良友》《现代》《北洋画报》《时代画报》,也有专门类型的画报,如影剧信息类画报《电影三日刊》《中国电影杂志》《好莱坞》《国剧画报》《电声》《电通》,生活常识类画报《健康生活》《常识画报》,文学类画报《小说画报》《艺林月刊》《文艺画报》《春明画报》《印象》,时事新闻类画报《时事新画》《国闻画报》《真相画报》,娱乐时尚类画报《男朋友》《摩登画报》《风月画报》《跳舞晶报》《新潮流杂志》等。以下我们将以民国时期一些较受读者欢迎的画报为例,来分析民国时期画报的阅读情况。

《良友》画报于 1926 年 2 月创刊于上海,至 1945 年 10 月停办,历时近 20 年,计正常出刊 172 期,外加特刊 2 期,共刊出 174 期。据 1932 年 12 月"上海邮政局挂号杂志销数记录"的统计,《良友》销量仅次于《生活》周刊,位居沪上杂志销量第二位。《良友》的读者遍布世界各地,包括美国、加拿大、苏联、澳洲、日本、德国、菲律宾、法国、英国、智利、马来群岛等地。① 它集新闻性、趣味性、知识性于一身,以图为主,图文并茂,对当时国内外经济建设、政治军事、社会生活、文化艺术、科学知识、奇风异俗等都有图片报道,被读者称为"眼睛的冰激凌"。第一百期纪念特刊刊载了《良友》遍天下的阅读盛况:"《良友》无人不读:主妇、现代女性、工人、巡捕、老头子、掌柜先生、戏院的顾客、茶室里的茶客、学生;《良友》无处不在:在茶几,在厨房,在梳妆台,在收银机旁,在旅行唱片机上,在公园里;《良友》的读者里不乏这

---

① 马国亮:《良友忆旧:一家画报与一个时代》,北京:生活·读书·新知三联书店,2002 年,47 页。

样的名流：老舍、叶灵凤、张天翼、黎明晖、胡蝶、金焰……"①这虽然有自我宣传的意思，但能从一个侧面反映出《良友》画报受欢迎的程度。

总体而言，《良友》是一份以中产阶层为目标读者的大型生活型画刊，虽然它自我标榜是大众现代生活的探索者，"无人不读，无处不在"，但不菲的价格将它的读者范围仅限于生活富裕的中上层市民中。《良友》画报的定价是国内全年十二期，连邮费在内共 4 元 4 角，为了进一步扩大读者面，《良友》从 1933 年 9 月开展"十元运动"，即订购三年的《良友》只需 10 元大洋，可是即便如此，这样的价格对于下层民众来说也是难以承受的。处于生活底层的劳动人民如成都市人力车夫，每月收入不过 6.88 元，北平、上海的人力车夫月收入仅在 10 元左右②，这样的收入仅能维持最基本的生活。由于《良友》的读者对象主要是以资本家、职员等市民群体为核心，由实业家、企业家、金融家、商人等构成的资本家群体经济实力雄厚，受教育程度高，在城市生活中有明显的构建作用和导引效应；由职员、中小商人、专业人员、公教人员、知识分子、自由职业者等构成的职员群体，多受过新式教育，有较为明确的自我评判标准与价值准绳，在社会文化和价值空间构成中地位突出，其价值观、行为观往往成为引导市民发展的目标指向，具有示范意义，因此属于中产阶级读物的《良友》在全体市民群体中仍然具有广泛的影响力。③

三、女性时尚刊物的阅读

女性时尚刊物主要以社会中上层女性和受过一定教育、渴望中

---

① 马国亮：《良友忆旧：一家画报与一个时代》，北京：生活·读书·新知三联书店，2002年，4、5页。
② 《劳工月刊》，1935年第4卷第3期。
③ 李康化：《漫话老上海知识阶层》，上海：上海人民出版社，2003年，121页。

产阶级生活的女性为读者对象,因为她们有足够学识和能力,容易接受最摩登的潮流与事物。知名女性时尚刊物有《玲珑》《妇人画报》等,它们对20世纪三四十年代女性的生活和思想有着重要的影响,对女性现代生活的塑造具有重要的示范作用,其中介绍的时尚成为众多女性追逐和模仿的对象。《玲珑》是1931年至1937年出版的一本畅销女性杂志,开始叫作《玲珑图画妇女杂志》,1936年第1期改名为《玲珑妇女杂志》,简称《玲珑》。它的办刊目的是"增进妇女优美生活,提倡社会高尚娱乐",鼓励妇女通过高尚娱乐来追求美好生活。《玲珑》杂志主要刊登时装、室内装潢、大众心理学等方面的文章,设有关于爱情、性与婚姻的专栏,也刊登当地名人与好莱坞明星的大幅照片。

《玲珑》杂志书影

　　《玲珑》杂志除了定期刊登电影剧照和影星照片,让读者及时了解明星的最新潮流及装扮外,对于妇女的时装和美容术亦多有介绍。例如漫画家叶浅予就经常为《玲珑》绘画各类妇女时装,如各季新款时装,以及晨装、昏装、晚装和交际服装乃至学生装、名牌运动装等。此外,《玲珑》杂志还介绍女性如何修饰身体,如《摩登的脚》一文,就教女性如何做脚部运动和按摩,使脚部优美,不致变形或生鸡眼,以便能穿上当时最摩登的高跟鞋①;绣翎的《怎样使手美观》指出女性在修甲后要在指甲软皮上涂美容膏,而勤于工作的女性亦须涂滋润手

---

① 《玲珑》,1931年第12期,412、413页。(该刊物已经由哥伦比亚大学东亚图书馆建立数据库完整上网)

部的化妆品。① 《玲珑》杂志就连指甲修饰也有提及——把指甲磨短，再涂上美指油，最后涂上甲膜膏或油。② 还有很多论及如何达至卷发美效果的文章。③ 当时上海有一个传言："要看上海滩最摩登漂亮的小姐们，只要每个礼拜天上午到亿定盘路中西女塾的大门口去等着。"由此可见，《玲珑》或者是同类型的大众文化刊物所建构的摩登女学生形象，是与现实生活中的上海女学生形象联系在一起的，所以《玲珑》也被称为20世纪30年代上海女学生每人手持一部的传授影星美容秘诀的刊物。④

《玲珑》杂志选页

创刊于1933年的《妇人画报》，在次年郭建英任主编后逐渐受到都市女性欢迎。郭建英主持《妇人画报》后，在保持杂志时尚特色的同时，逐步为其注入了文学因素，使《妇人画报》游走于俗与雅、大众文化与纯文学、流行与经典之间。由于郭建英认为"中国还没有一本较高尚而富于时代性"的女性杂志，因此他宣称要把《妇人画报》办成

---

① 《玲珑》，1931年第39期，1525页。
② 《玲珑》，1934年第139期，845页。
③ 《玲珑》，1931年第17期，588—590页。
④ 张爱玲：《谈女人》，见《流言》，香港：皇冠出版社，1998年，84、85页。

为都市女性提供"世界上最新的关于女性的知识""充满着新鲜的感觉与柔和的情感的小说"和"轻松而幽默的小味"的时尚杂志。时装、美容、名牌香水、中外影星和刘呐鸥、穆时英、施蛰存、黑婴、马国亮等人的都市小说,徐迟、鸥外鸥、侯妆华等人的现代诗,张若谷、姚苏凤、黄嘉德等人的恋爱随笔,胡考、鲁少飞、黄苗子等人的生活漫画,在《妇人画报》上奇妙地混合在一起。《妇人画报》以奇特的想象、幽默生动的文字,探讨两性关系,述说恋爱真谛,这成为该刊物一个突出的亮点,吸引了不少读者的眼球。

此外,创刊于1935年5月1日的《女神》图画月刊,"以趣味为中心",图文并茂,读者大多为普通市民阶层和家庭妇女,销数也十分可观。

至此,从五四运动时期呼吁妇女解放,提倡独立精神和男女平等为主调的启蒙性妇女刊物向塑造现代生活为主的女性刊物的过渡基本完成。三四十年代杂志上穿着高跟鞋、留着卷发的异国情调,或身着学生装及运动装的全新女性形象,拓展了传统妇女的形象和生活领域,这种由专门的女性图书和女性报刊构成的女性公共阅读空间的建立标志着都市女性阅读群体开始走向成熟。

经过将近半个世纪的发展,报刊作为一种大众喜闻乐见的媒介形式进入千家万户,同时充当了一种全新的十分重要的文化和政治媒介。不少民众开始有了阅读报刊的习惯,"报纸之作用,已为一般人所审知。故一家庭有报,一学校有报,一商店有报,一工厂有报,一团体有报,一机关有报。其不能有报者,亦知借其他报以抒其意见。"媒介即信息,报刊在给阅读公众提供信息、开阔视野、供给思想和娱乐的同时,也在潜移默化地塑造着现代意义上的国民:"盖人民渐知个人以外,尚有其他事物足以注意。本来我国人对于自己之观念甚深,而对于社会国家之观念则甚薄,'各人自扫门前雪,休管他人瓦上霜'之消极人生观,实为我民族积弱之由来。今则渐知自己之外,尚有社会、尚有国家,去真正觉醒之期不远矣。"民众通过读报而逐渐具有判断力,独立自主的意识得到增强,"当安福专政时代,报纸多为收买,凡色彩浓厚者,俱为社会所贱恶,而销数大跌。年来报纸主张不时变易者,虽竭力振刷精神,而终不得社会之信仰。是可见阅报者之程度日渐增高,能辨别孰真孰伪,孰公平而孰偏颇。"①

　　报刊作为媒介在被公众阅读的过程中,不断被塑造,初始时大多呈现文人型自娱自乐或自说自话的不定期的、零散而短命的特点,后来渐渐出现了一些拥有独立资本、具有多种层次报刊体系、进行规模经营的报业集团。以《申报》的经营为例,由于该报发行量巨大,吸引了大量的广告客户,广告收入成了该报经济的"命脉"。到1934年,《申报》的固定资产达200万元,每年的营业额也达200万元,其中广告收入约150万元,占75％;发行收入约50万元,占25％。② 报刊在资本营运和经济上的独立进一步促进了公共阅读领域的拓展,所以"即就报界而言,亦知经济独立之重要,而积极改良营业方法,知注意社会心理,而积极改良编辑方法"③,这样就为大众进行更广阔范围的阅读提供了条件。

---

① 戈公振:《中国报学史》(插图本),上海:上海古籍出版社,2003年,237页。
② 刘家林:《中国新闻通史》,武汉:武汉大学出版社,1995年,118页。
③ 戈公振:《中国报学史》(插图本),上海:上海古籍出版社,2003年,238页。

第六章　公共阅读空间

　　阅读是伴随文字和相关阅读载体如纸张等的出现而形成的人类获取知识和传承文化的主要途径。在漫长的中国古代社会中,由于经济、文化水平和阅读条件的限制,阅读常常成为少数人或某一阶层的特权,读写能力在一定程度上成为身份与地位的象征。广大的普通民众则主要通过听读,也就是口耳相传的方式来获取知识和信息。有时,在一定范围内,即便某些普通民众具有一定的阅读能力,他们的阅读能力也非常有限,无论是在阅读的形式还是在阅读的范围上都受到较大的制约,读物的种类也非常有限。

　　与古代的经济、政治、文化水平相适应,受当时传播条件的影响,古代社会的阅读环境呈现出私有特点,各种类型的藏书楼的兴盛和繁荣正是这种特点的集中体现。这些藏书楼,建制的重点在于藏书,内府秘阁的藏书楼,收集典籍,校雠整理,目的在于使图书得以珍藏,传之后世,不致散佚;私家的藏书楼,主要为自家后人学习之用。无论是官方的藏书楼还是私家的藏书楼,抑或书院藏书、寺院藏书,都只是为少数特定的读者所使用,我国历史上长期以来几乎没有为普通大众提供阅读的公共场所,因而缺乏公共阅读的环境。

第一节　图书馆的发展与公共阅读空间的形成

19世纪以来,随着西方列强在世界各地的扩张,世界市场逐步形成,各国的物质生产越来越具有世界性,思想文化的传播也突破了地区和民族的限制。正是在这种社会背景之下,西方的图书馆思想和管理理念开始被引入我国。清朝末年,在维新运动的倡导和宣传下,继郑观应1892年在《盛世危言》的《藏书》一文中介绍西方的新式图书馆思想和管理方法后,谈论介绍西方图书馆、倡议建立公共藏书楼的思想和言论一时蔚然成风。"泰西教育人才之道,计有三事:曰学校,曰新闻报馆,曰图书馆……","今日振兴之策,首在育人才,育人才则必新学术,新学术则必改科举、设学堂、定学会、建藏书楼……"。① 当时舆论界的主要喉舌《时务报》《知新报》《国闻报》《万国公报》《清议报》等都大量刊载关于新式图书馆的文章,甚至与这一话题有关的细节都为人们所津津乐道。这样就使建立新式图书馆的思想成为一种强大的思潮。

民国成立以后,经过二三十年的发展,随着新教育制度的实行和平民教育的发展,新式图书馆逐渐遍布全国,图书馆开始成为普通大众的公共阅读之所,一个以学者群及城市居民为主体的阅读公众群体产生了。同时,由于新式出版业的发展,报纸、杂志以及畅销书等大众媒介的兴盛,民众的阅读对象不再局限于以往为数不多的经典

---

① 分别见孙家鼐:《官书局开办缘由》,载《时务报》,1896年7月第1期;汪康年:《论中国求富强易筹易行之法》,载《时务报》,1896年12月第13期。见王酉梅《中国图书馆发展史》,长春:吉林教育出版社,1991年,225页。

著作,阅读兴趣主要集中在当时最新的出版物上,"开启民智,救亡强国"贯穿于整个民国时期的民众阅读。随着这样一个阅读公众群体的产生,一个以学会、书店、图书馆、读书会为集中地的中国近代公共领域逐渐形成。图书馆,尤其是公共图书馆成为这个公共领域的重要组成部分。这个以图书馆为主体的公共阅读领域呈现出强烈的时代特点——以社会教育为己任,"吸引社会阅读,鼓舞民众求知",因此办理图书馆者"应以宗教家之牺牲精神,扩大为民众之服务"①,通过广设图书馆,培养一般民众的阅读兴趣,营造阅读环境,提高国民素质。

阅览室

清末至民国初建的十几年间,图书馆在维新派思想家的着力倡导下,开始逐步得到社会政治力量的支持,从一种代表现代民族国家建立和复兴的"现代想象"的新思想变为具体的社会实践。蔡元培1912年就任中华民国临时政府教育总长后,在媒体上宣布自己的教育方针和政见时明确指出了政府建设和发展图书馆的重要意义:"教育并不专在学校,学校以外还有许多机关,第一是图书馆。凡是有志读书而无力买书的人,或是孤本、抄本,极难得的书,都可以到图书馆研究。"②由此,民国政府建设图书馆的序幕正式拉开。民国建立之初,全国图书馆不过百余家,1920年左右,开始初具规模,形成覆盖全

---

① 《推广事业概况》,载《浙江省立图书馆馆刊》,第1卷第1期,1932年3月30日,4、5页。
② 高平叔:《蔡元培全集》第四卷,北京:中华书局,1984年,164、165页。

国的图书馆网络,到 1936 年前后发展到高峰。图书馆网络的密度从东向西递减,呈现出明显的不均衡性,仅从图书馆的数量上来说,形成以北平、上海、广东地区为辐射点的公共阅读中心,分别建立了北部、东部、南部、西部不同的阅读共同体,对周边地区的阅读文化产生较大影响和辐射作用。(见下表)

全国各省市图书馆数量变化比较表①(单位:个)

省市	1920 年	1936 年	1947 年
广东	399	623	95
福建	113	182	341
湖南	176	362	262
湖北	80	163	60
江西	38	161	209
上海	93	240	75
江苏	281	157	34
浙江	250	325	145
南京	44	52	77
安徽	67	163	13
北平	86	96	33
河北	155	439	49
河南	305	442	203
山东	271	318	42
辽宁	52	315	81
黑龙江	20	27	—

---

① 数字来源:1920 年数据根据《第一次中国教育年鉴》(上海:开明书店,1934 年)各年度发布数据统计;1936 年和 1947 年数据根据《第二次中国教育年鉴》(上海:商务印书馆,1948 年)各年度发布数据统计。

续表

省市	1920 年	1936 年	1947 年
吉林	44	71	22
热河	11	—	2
陕西	78	71	11
四川	72	241	176
山西	53	177	115
甘肃	53	61	20
云南	150	91	197
贵州	40	41	94
广西	24	196	73
青海	15	17	16
宁夏	6	7	23
新疆	1	5	14
西康	1	6	11
总计	2935	5196	2702

后来历经战乱，虽然图书馆事业的正常发展遭到了严重的破坏，但是从总体上来说，全国的图书馆数量仍然保持在两千个左右，为新知识和新理念的传播提供了相对稳定的平台。我们从民国时期全国图书馆数量变化图①可以明显地看到这一特点和趋势。

---

① 1916 年数据来源于《教育公报》各省图书馆及通俗图书馆调查。见严文郁《中国图书馆发展史——自清末至抗战胜利》，台北："中国图书馆学会"，1983 年，114 页。其余几年数据见《第一次中国教育年鉴》和《第二次中国教育年鉴》中相关年份的图书馆数目统计。

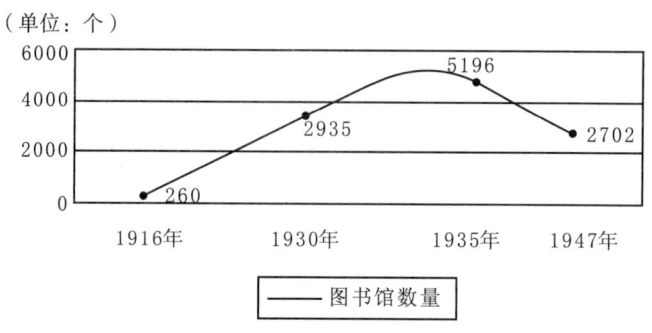

民国时期全国图书馆数量变化图

  该公共阅读领域在形式上还具有多样性、复杂性和丰富性等特征。从图书馆的类型来看，根据阅览人的不同，图书馆可分为儿童图书馆、普通图书馆、通俗图书馆和专门图书馆；根据图书馆经费来源的不同，图书馆可分为国立图书馆、省立图书馆、公共机关或专业团体图书馆、私立图书馆和学校图书馆等；根据施行的方法的不同，图书馆可分为固定图书馆和流通图书馆，流通图书馆又可分为学校巡回文库（对象为学生，在学校中设置）、会所巡回文库、寺院巡回文库、茶肆巡回文库、家庭巡回文库（在村中有闲屋的人家中设置）；还有一般图书馆、特殊图书馆（如盲人图书馆、监狱图书馆、病院图书馆）；等等。① 1921年中国共产党成立后，随着工农革命运动的发展，全国各地陆续出现了为工农读者服务，提高工农群众认识水平和文化水平的工农图书馆。在不少有远见的革命者的呼吁和带动下，"劳工聚集的地方，必须有适当的图书馆、书报社，专供人民在休息时间来阅读"②。革命者在天津、唐山、济南、汉口、长辛店等工人众多和工人运动活跃的地方创办了不少工人图书馆。据《觉悟杂志》1922年6月9

---

① 俞爽迷：《中国图书馆漫谈》，载《出版周刊》，1936年第184号。
② 李大钊：《劳动教育的问题》，载《晨报》，1919年2月14、15日。

日所载,天津工人图书馆章程规定:"为增进工人知识,促进工人觉悟,设备各种书籍、报纸、杂志等,以供工人阅览",工人图书馆不但供工人阅览,"如座位有空隙,虽非工人亦可阅览"。在农村,农民群众也开始进入图书馆阅读,"北伐战争时期,各级农民协会相继开展读书活动,当时湖北省黄冈地区各县一般设有图书馆,每个农会设立图书室,陈列了许多革命书刊供广大农民借阅"①。

云南省腾冲图书馆

从功能上来说,图书馆这一传播和交流知识的公共系统,不仅能帮助人们进行学术研究、增长知识、陶冶性情,而且在一些特殊的时刻,如战时,"更是坚强人们意志的工具。……图书报纸,凭借文字的力量,可以鼓励人的意志,也可以消灭人的志气"。图书馆可以通过诸多方式的阅读推广运动"来增强民众抗敌情绪,供给人民战时知识,配置人民自卫能力,唤醒人们民族意识,使人民乐意、自动地参加一切战时工作"②。在全民族抗战爆发后,不少图书馆在指导民众阅读、宣传抗日方面发挥了积极的作用。例如浙江省立图书馆早在抗战全面爆发前就洞悉了日本侵华的野心,在其月刊的《发刊旨趣》中特别指出:"近者国人痛愤日

---

① 谢灼华:《中国图书和图书馆史》,武汉:武汉大学出版社,1987年,257页。
② 刘国钧:《图书馆与民众动员》,载《教育通讯》,1938年第24期。

之入侵，尤注意日本与东北问题之图书，本刊为适应时代之需求，将于此类书多所陈述，以助一般社会之问津。"所以，该月刊在每一期都会向读者重点介绍关于日本问题和中日关系方面的书籍。"将随时以文字为之倡导……鼓舞各界读书之兴趣，造就业余读书之风气，更进而利导读有益之书，以至于多读现时切需之书，期以提高一般之智识，促进专门之研究。所谓学术救国，固可成于积累之共力，而绝非空远之侈言，此尤为本刊之大愿。"①

以下我们将主要从民国时期图书馆的实践与大众阅读的关系中具体探讨这个公共阅读领域的特点与作用。

第二节　以图书馆为主体的公共阅读的发展

中国近现代以来的图书馆，是引进欧美民主思想和实践的产物，也是中华民族革新自救的成果。新式图书馆从诞生的第一天起，就承载着更新社会观念，促成民族复兴的重任："合众人之才力，则图书易庀；合众人之思，则闻见易通。"②当时的统治阶层明确认识到"窃以国家之演进，胥恃人民智德之健全，而人民智德之健全，端赖教育之普及，而考求教育普及之方法，学校而外，尤藉有社会教育以补其所不逮。然其中最切要者，如图书馆，为表彰文化，发扬国光，广求知识，振兴学艺所必须"③。美国图书馆专家韦棣华女士认为中国的落

---

① 《发刊旨趣》，载《浙江省立图书馆月刊》（创刊号），1932年3月30日。
② 康有为：《京师强学会序》，转引自程焕文《晚清图书馆学术思想史》，北京：北京图书馆出版社，2004年，179页。
③ 徐世昌：《教育部拟定社会教育各项规程呈并大总统批令》，1915年10月23日，转引自《中华民国史档案资料汇编》第三辑《文化》，南京：江苏人民出版社，1986年，101、104页。

后源于教育不普及,她主张中国应广设图书馆以济学校之穷,于是她在国内外积极奔走,筹措资金,在中国提倡公共阅览,并派沈祖荣携带图书馆代表到全国各地宣传图书馆的理念和经营方法,以促成"自由空气中的自我发展"①,达到"使国族无男女老稚以逮聋瞽喑哑,读书机会一切均等"②的目的。后来此举获得教育改进社的回应,从此图书馆建设开始得到重视。民国时期的图书馆阅读从开始就呈现出强烈的教育色彩,成为社会大众教育的重要组成部分。例如梁启超就曾在其主编的《时务报》上,把兴建图书馆视为与建学校、开报馆、改科举同等重要的开通民智的手段。

如何才能"开通民智,废除旧俗"? 近代的图书馆经过一系列具体实践,通过大众阅读这个途径,把图书馆的利用普及到大众的日常生活中。

一、开辟大众自我教育和学习的新途径

各种类型的图书馆和读书会的建立,促进了读书风气的形成,开辟了大众自我教育和学习的新途径。"近二十年来,吾国教育之发展,固有统计足资证明。然学校教育,往往拘于课本之诵习,忽于课外之阅读研究。学生离校,则守其故常,益昧日新之义……图书馆视学校教育为富于弹性,范围既广,影响斯大,故于此种努力,犹应充其能量,供国人之需。"③正是在这种共识之下,1915 年,北洋政府教育部颁布《图书馆规程》和《通俗图书馆规程》,规定各省、特区都要设立

---

① 沈祖荣:《我国图书馆之新趋势》,见《中国图书馆界先驱沈祖荣先生文集(1918—1944)》,杭州:杭州大学出版社,1991 年,236 页。
② 《中华图书馆协会概况》,1933 年 8 月铅印本,7 页。转引自李雪梅《中国近代藏书文化》,北京:现代出版社,1999 年,92 页。
③ 《发刊旨趣》,载《浙江省立图书馆月刊》(创刊号),1932 年 3 月 30 日。

图书馆,不论是通俗图书馆(民众图书馆)还是普通图书馆都要广集图书,提供给公众阅览。通俗图书馆的主要作用在于"贮集各种通俗图书,供公众之阅览"①,无论是在馆址选择、藏书内容上,还是在开放时间、借阅方法上均以普及民众教育为出发点。通俗图书馆提供阅览和借阅服务不收取任何费用,而普通图书馆则要"略取券资"。到1918年时,在对全国17个省的33家图书馆的调查中,19家图书馆明文规定阅览不收取任何费用,占到该次调查图书馆总数的一半以上,收取一定费用的有9家,5家图书馆没有注明是否收费。② 经过十几年的推广与努力,到1937年,几乎每个县、市政府所在地都设有图书馆,例如1920年时全国共有各种类型的图书馆2935个,1936年就发展到5196个,但受到抗战破坏,1947年时仅为2702个。③ 1920年,随着全国平民教育运动的推广,在公立图书馆和私立图书馆之外,还出现了多种形态的图书馆,如民众教育馆、通俗图书馆、书报阅览处、巡回文库等。1930年以后,多数县、市公立图书馆,均有一套商务印书馆出版的《万有文库》。这些图书馆的建立对于提高当时社会各界的阅读兴趣,培养业余读书风气起到了积极作用。正是这些随处可见的图书馆为读者的阅读和学习提供了极大的便利,在抗战期间还是一名普通记者的黄裳曾记下过自己在图书馆的阅读经历:

---

① 见北洋政府教育部1915年11月颁布的《图书馆规程》11条和12月颁布的《通俗图书馆规程》11条。转引自严文郁《中国图书馆发展史》,台北:"中国图书馆学会",1983年,169、170页。
② 1918年3月的中国全国图书馆调查表。见李希泌、张椒华《中国古代藏书与近代图书馆史料》,北京:中华书局,1982年,187—198页。
③ 数据来源:《申报年鉴》统计(1920年、1937年见《浙江省立图书馆月刊》,第1卷第10期,72页)和《第二次中国教育年鉴》统计(上海:商务印书馆,1948年,1120—1123页)。(注:民国时期图书馆统计较多,主要有三个版本:一是申报统计社进行《申报年鉴》统计的调查,二是教育部的调查,三是许晚成在《全国图书馆调查录》中收录的27省的统计数据)。

昆明城里有一个翠湖,翠湖里有一个图书馆,这是个古香古色有趣的地方。一座小楼,四周是庭院,院子里有树有花,多是昆明有名的茶花。天空碧蓝碧蓝的,有时候也飘过一朵白云,阳光洒满了庭院,更衬出这个小院子的幽静。我抽空到这里来过几次,借南明历史说看。那时的眼界不宽,见书更少,凡有所得都觉得异常珍贵,我就用这些抄得的零碎材料写成了《昆明杂记》。后来到了贵阳,也跑过图书馆,写成《贵阳杂记》……①

以当时公共图书馆事业较为发达的浙江省为例,在社会各界的倡导和图书馆的努力下,大众纷纷走入图书馆,到图书馆阅读成为一种风气。在浙江的鄞县图书馆,到馆阅览的人数逐年增加,如下图②:

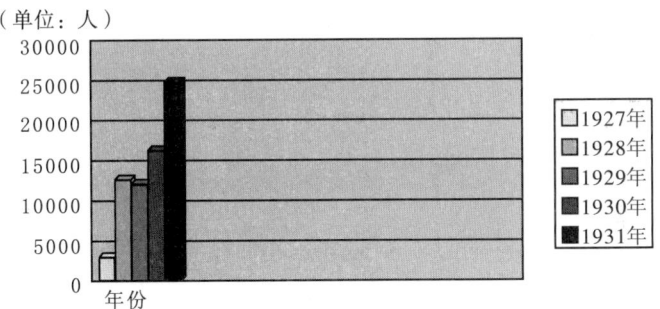

浙江鄞县图书馆历年到馆阅览人数变化图

据安徽省立图书馆的统计,到安徽省立图书馆阅览的人数,1930年以前,每日平均仅三四十人,有时甚至只有零星几人。1930年,安徽省立图书馆总计开放11个月,有阅者10余万人。1931年全年,有阅者19.7万余人。到1933年左右的时候,每日到馆阅览的人数,遇

---

① 黄裳:《读书的回忆》,见《黄裳自述》,郑州:大象出版社,2002年,72页。
② 数据来源:《全国图书馆概览》,载《浙江省立图书馆月刊》,1932年第1卷第10期。

天气晴朗时,总在千人以上,而普通日每日平均也有四五百人。①

针对社会一般劳动民众建立的通俗图书馆,也在政府的支持下迅速发展起来:"通俗图书馆为灌输常识,启迪国民之关键;通俗教育讲演为广施劝教,指导社会之要务,均难视为缓图。"②由于其以传授一般民众必需的知识为出发点,故所藏书籍都是根据民众日常的需要而购置的,多涉及科学浅说、小说戏曲、讲演录、通俗新闻杂志、图书标本、现行法令章程及文告等类别。通俗图书馆的借阅采用免费原则,所以对普通民众的影响最大,也最受一般劳动民众的欢迎。当时一份呈交教育部,提倡建设通俗图书馆的报告就反映了通俗图书馆受欢迎的程度:"……阅览人数,本馆不如分馆,而分馆又不如通俗图书馆。"③据 1916 年《教育公报》的统计,当时全国 21 个省有公立、私立通俗图书馆 237 个,藏书 70100 部,全国每日平均阅览总人数为 7984 人,以湖北、山东、河南、奉天等省的藏书和读者最多(如下页图④)。

1918 年全国通俗图书馆为 286 个,1931 年达到 1052 个,阅览人数进一步增多。此外,除上述公立图书馆外,社会上还有各种自筹资金建立起来的图书馆,这类图书馆在阅览手段和方式上具有较强的针对性,极大地丰富了社会大众各个层次的阅读需要。其中比较有代表性的是通信图书馆、蚂蚁图书馆和由社会团体机构办的各种类型的公共图书馆。

---

① 沈祖荣:《全国图书馆调查》,载《新教育杂志》,1922 年 8 月;唐轶康:《我国图书馆事业》,载《时事新报》副刊《学灯》,1923 年 8 月。
② 见 1915 年 12 月颁布的《通俗图书馆规程》11 条。转引自严文郁《中国图书馆发展史》,台北:"中国图书馆学会",1983 年,170 页。
③ 林传甲:《呈教育部请整顿图书馆以广社会教育文》,载《教育公报》,1917 年第 4 期。
④ 1916 年各省通俗图书馆调查表载《教育公报》1916 年第 10 期。

第六章 公共阅读空间 | 203

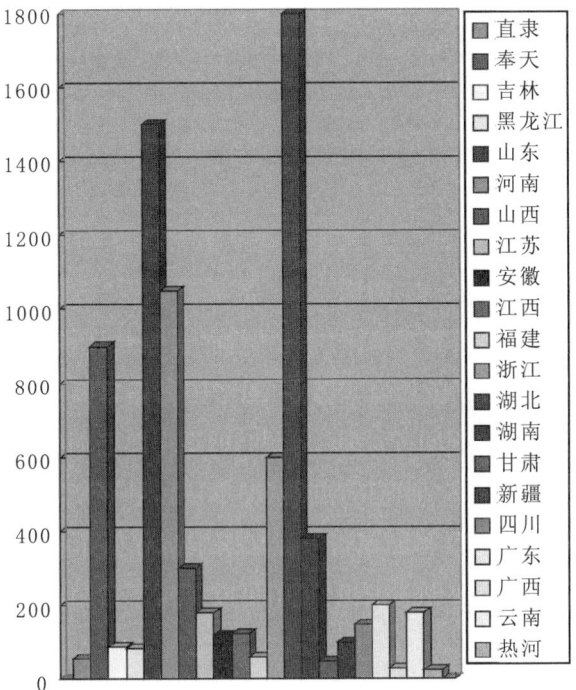

1916年全国通俗图书馆日均阅览人数图
(直隶—热河,顺序:从左到右。单位:人)

(1)通信图书馆和蚂蚁图书馆

通信图书馆采用通信借书法向社会民众借阅图书,不向读者收取任何费用,馆藏书籍主要来自社会捐赠。通信图书馆旨在"使无产者有得书看","不让任何地方的人读不到任何种类的好书,不让任何种类的好书流通不到任何辽远偏僻的地方"。① 如果有需要,读者可向该图书馆推荐书,由该馆购买或征集后寄到读者手中。上海曾有通信图书馆专行此法,后期的蚂蚁图书馆也采用这一借阅方式,在社会上引起较大

---

① 分别见《刊首词》,载《上海通信图书馆月报》1925年第1期;《刊首词》,载《上海通信图书馆月报》,1926年第10、11期合刊。

的反响。

通信图书馆先期把馆内所有将出借的书籍加上限读日期,以及可寄信邮借的书本式目录,分送各地。读者只需开列详细地址,便可借阅到书。后来,通信图书馆又通过编印《上海通信图书馆月报》的方法联系读者,开列书目和指导读者阅读。这种借阅方法虽无任何保证,"然随借随还,百无爽一"。此制行后,成效甚佳。经过七年的努力,到1928年,其读者增至5000多人,借书者遍及全国20个省区,甚至及于南洋群岛、日本、美国、法国等海外各地。① 后来该馆因政治原因停办,图书馆界和读书界"感其精神之伟大,犹传为佳话"②。

通信图书馆关闭后,又有采用此种借阅方式的蚂蚁图书馆建立。蚂蚁图书馆为"蚁"社于1933年所创立,其宗旨在于服务大众,提倡社会教育。该馆无条件公开书籍给全国读者,不向读者收取任何费用或保证金,且完全采用通讯借还办法,其作用如陈独醒在《中国出版月刊》(1933年第1卷第6期)中所言,"籍使穷乡僻壤之士,亦得享受借书之利益"。正因如此,蚂蚁图书馆受到广大读者欢迎。据统计,1934年6月有读者461人,1935年增至1500余人,1936年5月借书者超过1万人。③

(2)社会团体机构办的各种类型的公共图书馆

这些图书馆通常由各个团体机关创立,组织经营方式灵活,为经济困难、无力购书的穷学生提供了免费阅读之便。其中较为著名、影响较大的有东方图书馆、《申报》流通图书馆、浙江私立流通图书馆、山海工学团流通图书馆、鸿英图书馆等。

20世纪20年代,随着商务印书馆业务不断发展,经济实力增强,

---

① 谢灼华:《蓝村读书录》,石家庄:河北教育出版社,2004年,247、248页。
② 董铸仁:《图书馆与读众》,载《文华图书馆学专科学校季刊》,1931年第3卷第4期。
③ 王酉梅:《中国图书馆发展史》,长春:吉林教育出版社,1991年,315页。

书籍收藏日益丰富,开办公共图书馆的条件日趋成熟。1921年,在商务印书馆创办25周年之际,商务印书馆董事会建议把公司的公益基金用于专办公共图书馆,取名为东方图书馆。1926年,东方图书馆正式对外开放,每日下午2—5时及晚上6时30分至9时30分向社会公众开放。其丰富、珍贵的藏书受到各个层次读者的青睐。1929年,东方图书馆阅览人数近3万人,1930年,阅览人数为3.6万余人。

商务印书馆

流通图书馆就是可以流动的图书馆,它可以在一个个镇、一个个村之间流动,也可以在一条条街、一个个弄堂之间流动,形式灵活简易,建设资金较少,花上一二十块钱,就可以办成一个。其服务对象是社会中下层的阅读者:"流通图书馆的对象是大众,它必须为劳苦大众充分地服务,才算是一个真正的流通图书馆。"①作为推动大众教育开展的手段,平民教育家陶行知创办了山海工学团流通图书馆,总部存书万余册,专备流通图书车由工读生送书到附近各村服务。民国时期对劳动青年影响较大的《申报》流通图书馆创办于1931年,其目的在于弥补新闻教育的不足,从而给予社会大众求知的机会。经常来图书馆的读者多数是学徒、店员、职工等自修青年。鉴于大部分

---

① 萧斌如:《陶行知的图书馆情缘》,载《图书馆杂志》,1999年第10期。

读者在选书上缺乏标准以及对科学类书籍兴趣不足等问题,该图书馆还设立了读书指导部,专门指导青年读什么书,怎样读书等,并在《申报》设立《读书与问答》专栏,公开回答读者来信中的共性问题。该图书馆不向阅览者收取费用,也不收取保证金,手续简便,阅览者踊跃,同时由于《申报》有较大社会影响,外界给图书馆捐的书非常多,馆藏图书从1933年创办初的2000多册迅速增加到1936年底的3万多册。该馆开放时间为上午10时至下午6时,中间不休息,礼拜一放假。

在这些民办公共图书馆的提倡下,一些志趣相投的读者组成读书会,读者缴纳一定会费,便可阅读该馆的藏书。如浙江私立流通图书馆的均益读书会,读者只要出会费2元5角,即可自由阅借该馆所有图书。读书会定期举办活动,如演讲会等,讨论所读的书,或向其他读者推荐书籍。有的读书会还聘请国内外著名学者、教授作为顾问,倡导读书的精神。这些以阅读为纽带的活动,营造出一个个积极向上的读书氛围浓厚的公共阅读空间。有名的读书会有蚂蚁图书馆的蚂蚁读书会和《申报》上海同人读书会、商务印书馆同人俱乐部、浙江流通图书馆的均益读书会等。

二、提供良好的公共阅读环境

更新观念,提供良好的公共阅读环境,这改变了人们对图书馆的认识。对于区别于旧式藏书楼的图书馆,当时的民众从认识它到接受它需要一个过程。怎样让这些新式图书馆从一个陌生的事物变成人们读书学习、休闲娱乐的好去处?近代图书馆经过了一系列的探索和努力。

首先,借阅手续从先前的烦琐变得逐渐简单和便利。清末学部于宣统元年(1909)拟定的《图书馆通行章程》将图书馆所藏的图书分为两类。一类是"保存之类",类似于今天的善本,但并非不准读者利用,而是"由馆每月择定日期,另备券据,以便学人展示"。虽然限制颇多,但是已经突破了传统藏书楼的形制。另一类是"观览之类",也就是一些普通书籍,但是只能在馆内阅览,不得带出。在阅览手续和收费上,中国近代最早的地方性公共图书馆——湖南图书馆在章程中就规定阅览图书要"略取券资",也就是要缴纳一定费用。其阅览手续也非常烦琐,首先要"买券",领券入馆;然后缴纳券据,换得领书证,"载明所领何部图书,交司事以便检付";阅览完后,要让管理者在领书证上盖图书馆无误章,出阅览室,到领券处缴销。[①]

清末建立于北平的京师图书馆,读者要花两枚铜圆购买门票才能进馆,待图书馆迁到北海公园后,读者要先购买公园门票,再花 20 个铜圆方能进馆阅览。[②] 这些繁复的手续和规定常常让借阅者"过门不入",导致初期的图书馆门可罗雀。这种状况到民国时期逐步得到改善,各种借阅手续相对简化,原来名目繁多的阅览券、借书单、发书券、预订券等被撤销或简化。借书办法不再仅仅实行金钱保证,还实施"信用保证"。比如在某地公共图书馆,公立机关人员和学校教职员、学生只要有主任人员盖章负责,或者居住本市的民众,只要有认可的商铺及个人负责保证,就可得凭愿书,然后领借书证,凭证长年借书。这些公共制度的实施在当时的情况下无疑有助于增加阅览者,扩大图书馆的受益面。这种以公共、公开、共享为目标的现代图书馆阅览观念经过清末到民国的发展,不仅得到政府的认可,而且开始成为一种普遍的社会认识。

其次,改善阅读时间和其他相关的读者服务。由于受各种传统节日的影响,从总体上看,早期图书馆的开放时间比较短,对读者限

---

① 《湖南图书馆章程》光绪三十二年(1906),转引自李希泌、张椒华《中国古代藏书与近代图书馆史料》,北京:中华书局,1982 年,152—158 页。
② 马祥林:《国家图书馆与历史同行九十年》,载《北京青年报》,2002 年 8 月 27 日。

制比较多。例如最早具有公共性质的古越藏书楼在开放时间上就规定:万寿圣节、孔子生日、夏至、冬至及房虚星卯日停阅一天,元宵、端午、中秋停阅二日,清明停阅五日,开放时间通常是上午九点到十一点,下午一点到五点。① 这种开馆时间在早期的图书馆中是比较常见的,图书馆多限于日间开放,夜间则不对外开放,通常每天不超过8小时。例如清末贵州省公共图书馆就规定"本室每日定于早九点起四点钟止"②。后来随着图书馆自身条件的完善以及公众借阅需求的扩大,图书馆的开放时间延长,除周一为图书馆的法定例假外,其余时间都正常开放,不但日间开放,夜间也开放。具有示范作用和全国性影响的国立北平图书馆,1931年时开放时间已达每日13小时。也有不少图书馆经过调查,发现午后来馆阅读的民众比午前多,所以晚上也开放。如浙江常山民众教育馆,除了白天开放,晚上还从7时到9时开放,永嘉县民众教育馆和许多其他省立民众教育馆也是如此。这样就避免了过去的许多弊端,如在开放的时候,民众没有工夫来;有工作的民众,空闲了想来,却被拒绝入馆。这种考虑民众阅读需求的工作时间安排成为后来我国图书馆设定开馆时间的基础。

京师图书馆

---

① 徐树兰:《古越藏书楼章程》,转引自李希泌、张椒华《中国古代藏书与近代图书馆史料》,北京:中华书局,1982年,113—118页。
② 《贵州学务公所图书纵览室章程》,转引自李朝先、段克强《中国图书馆史》,贵阳:贵州教育出版社,1992年,297页。

除此之外,为方便公众阅读,不少图书馆还为读者提供专门的服务,比如读者可以在馆内用餐和免费饮用茶水。以浙江省立图书馆为例,"总馆开放时间为上午九时至晚九时,日夜借阅。全年每日除纪念日外概不闭馆。阅览人员有欲在馆用午晚膳者,可预告而代办,在会客室用膳"①。京师图书馆也"备休息室供阅者饮茶吸烟之用"。不少图书馆还附设茶园,既更好地吸引了大众,也借茶园收入增加了图书馆的经费来源。同时,一些图书馆馆员对读者还具备服务精神,"馆中对于阅览人,向属谨慎周妥,取纳书籍必求迅速,茶水火炉,必求温洁",对于读者要求购置而馆中未备的书,则是"决无不速为购置或设法介绍"。②

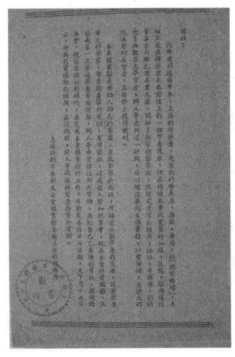
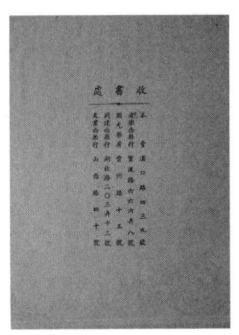

(左图:上海民间力量办的药剂生公会图书馆馆员合影。中图:上海特别市药剂生公会图书馆征集广告。右图:上海特别市药剂生公会图书馆征集书籍公告地点)

正是这些公共服务的实施,使图书馆逐步为公众所熟悉。从清末新式图书馆初建,经过民国初年的发展,到 20 世纪 20 年代前后,图书馆已成为一般的青年学生和城市小职员一个常去的阅览、休闲之所,正如著名图书馆学家李小缘先生所描述和期待的那样:无聊的时候,就到图书馆借书来看,图书馆成为"精神娱乐的最高俱乐部"。事

---

① 《馆务消息》,载《浙江省立图书馆月刊》,1934 年第 3 卷第 5 期。
② 《京师图书馆分馆民国四至八年度年终工作报告》,转引自李希泌、张椒华《中国古代藏书与近代图书馆史料》,北京:中华书局,1982 年,246 页。

实上，受当时中国各方面条件的限制，读者到图书馆去不一定就能达到"精神娱乐"的目的，但图书馆已成为那个时代许多知识分子日常生活中的"精神上的避难所"。鲁迅先生发表于1925年的小说《伤逝》中对一个普通小职员的生活场景的描写反映了这种景象：

天气的冷和神情的冷，逼迫我不能在家庭中安身。但是，往哪里去呢？大道上，公园里，虽然没有冰冷的神情，冷风究竟也刺得人皮肤欲裂。我终于在通俗图书馆里觅得了我的天堂。

那里无须买票；阅书室里又装着两个铁火炉。纵使不过是烧着不死不活的煤的火炉，但单是看见装着它，精神上也就总觉得有些温暖。书却无可看：旧的陈腐，新的是几乎没有的。

好在我到那里去也并非为看书。另外时常还有几个人，多则十余人，都是单薄衣裳，正如我，各人看各人的书，作为取暖的口实。这于我尤为合式。道路上容易遇见熟人，得到轻蔑的一瞥。但此地却决无那样的横祸，因为他们是永远围在别的铁炉旁，或者靠在自家的白炉边的。

那里虽然没有书给我看，却还有安闲容得我想。

第三节　公共阅读空间的进一步拓展和推广

民国时期,以图书馆为主体的公共阅读空间面向社会大众,采取多种措施,改善阅读条件,积极向社会各个阶层推广阅读。

前文鲁迅小说片段的描写,除了反映出当时普通民众对于图书馆环境的认知外,还反映出我国图书馆建立初期面临的一大问题,那就是藏书的不足和老化。由于经费的不足,当时大部分图书馆新书都非常有限,即便是北京图书馆这样的大馆,也是"旧书占大多数,而经史等又占旧书之大多数。新书则寥寥,今日所谓致用之书尤鲜"[①]。那时图书馆留给读者的印象正如鲁迅所言:"书却无可看:旧的陈腐,新的是几乎没有的。"这种状况在1925年后所发生的图书馆运动中逐步得到改善。

首先,中华教育改进社图书馆教育委员会于1925年提议,将美国退还的庚子赔款的三分之一用于建设八所图书馆,这件事引发各地新建图书馆的热潮。1928年,经全国教育大会会议通过,大学院通令全国各学校均须设置图书馆,并从每年全校经费中抽出百分之五以上为购书费。其次,在这种趋势的影响下,出版界开始大量出书,以适应建立新图书馆的需要,这种以图书馆为对象的出版在1929年时达到一个高峰。其最好例证,就是商务印书馆发售的《万有文库》,仅第一集,就有书1000种2000册,包括中外各科要籍,并附有十大本参

[①] 庄俞:《参观北京图书馆纪略》,1914年,转引自王酉梅《中国图书馆发展史》,长春:吉林教育出版社,1991年,251页。

考书①,具有"以人类全部的知识范围,以系统的编次为新标准"②的特点。这种针对图书馆的出版活动使当时图书馆经费支绌、管理人才缺乏、所藏图书有限等情况得到缓解。据称,"国内各地籍本书而成立的图书馆多至千余所,其影响于读书界颇大"③。之后,中华书局于 1930 年发售殿本二十四史,商务印书馆影印百衲本二十四史,都给建立和普及图书馆运动的落实以极大帮助。《万有文库》和中华书局出版的二十四史成为很多图书馆的基本藏书。教育部曾以 8322 号令,命各省、市机关图书馆均要购买一部《万有文库》,例如湖南省教育厅经省府决议成立全省各县民众图书馆,并以省款预购《万有文库》84 部,作为各县图书馆的基本藏书。④ 云南省教育厅也拨款购买了 20 部《万有文库》,除部分分送给学校图书馆外,其余 17 部则以流通图书馆的形式巡回全省供民众阅览。⑤ 民众到图书馆借阅书籍开始成为一种公共阅读的潮流。

《万有文库》

---

① 李泽彰:《三十五年来中国之出版业》,见庄俞、贺圣鼎《最近三十五年之中国教育》,下卷,上海:商务印书馆,1940 年,268 页。
② 王云五:《万有文库第一二集编印缘起》,见张静庐《中国现代出版史料》,乙编,北京:中华书局,1955 年,291 页。
③ 王云五:《十年来中国出版事业》,见张静庐《中国现代出版史料》,乙编,北京:中华书局,1955 年,344 页。
④ 张锦郎、黄渊泉:《中国近六十年来图书馆事业大事记》,台北:"台湾商务印书馆",1974 年,86 页。
⑤ 陈源蒸等:《中国图书馆百年纪事(1840—2000)》,北京:北京图书馆出版社,2004 年,50、55 页。

从整体上来看,民国时期,图书馆藏书种类较前代更为丰富,除了传统的经史子集的书籍外,还有西译书、工具书、科技书、外文原版书、哲学书、文学书以及各类报纸、杂志等。其中刊载新闻时事内容的报刊尤受欢迎,以京师通俗图书馆为例,每年报刊读者的增加几乎在万人次以上,"上年增加万余券,本年复增八千五百余券,人民知识似日有进步"①。同时,随着可阅读书籍数量、种类的增加和民众识字率的提高,到图书馆阅读的人不再局限于从前的士大夫阶层,"无论士农工商军界及女学界,皆得入览"②,阅读者的身份呈现多样化的特点,从"士人"变为"国民",公共阅读空间得到进一步扩大(见下页③1931年11月至1932年1月读众职业比较)。南昌省立图书馆仅1934年上半年总计就有76759人到馆阅览,阅览人数逐月有增无减,平均每日阅览人数在560人以上,阅览图书共52404册。④ 从阅览者职业看,各个行业的阅览者均有,学界最多,军界次之,商政工医警又次之,党界及农界最少。从阅览对象看,文学类书籍占最多数,自然科学与应用技术类图书比重上升。

　　与此同时,图书馆为方便大众阅读,开展了一系列阅读推广活动,在社会上引起较大反响。

---

① 《京师通俗图书馆呈报民国七年度工作概况》,载《教育公报》,1918年第6卷第3期。
② 1912年7月颁布的京师图书馆暂定阅览章程。转引自李希泌、张椒华《中国古代藏书与近代图书馆史料》,北京:中华书局,1982年,200页。
③ 《读众职业比较》,见《三月来图书流通事业统计》,载《浙江省立图书馆月刊》,1932年第1卷第1期。
④ 《赣省立图书馆最近阅览情况》,载《中华图书馆协会会报》,1934年第10卷第1期。

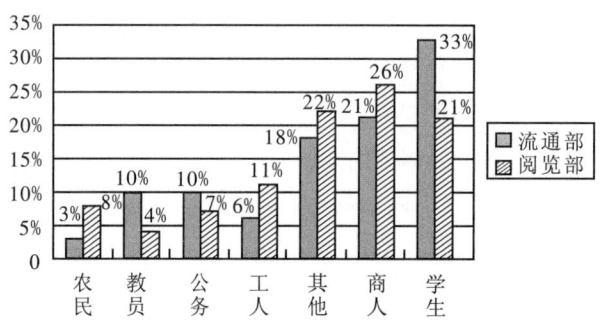

1931年11月至1932年1月读众职业比较

一、开展阅读指导

阅读什么？怎样阅读？这是广大民众在进馆阅读时面临的首要问题。不少图书馆认识到由于新出版业的发展，书籍的数量和种类大大增多，但是其内容芜杂，质量参差不齐，因此迫切需要对读者进行阅读指导。不少有条件的图书馆借鉴欧美各国新书评荐的做法，对部分馆藏书籍和报刊进行推荐和评论。通常以每月为期，或进行简要评述，或进行详细说明，有时也结合时事，对特定书刊进行推介。如《厦门大学图书馆报》就刊载有《小学教师可读的十二种教育刊物评介》(第一卷第六期)等系列推荐书目及其评价；《无锡图书馆协会会报》也辟有《书报介绍》一栏，为读者推荐阅读书目，如该刊第三期中"热忱向读者推荐一部做人的必读书"——上海开明书店出版的《成功人的导师》，除附有该书内容简介外，还向读者详细陈述推荐的原因；《浙江省立图书馆月刊》设有《书报提要》专栏，每月都会向读者推荐一些书籍，有新书，有报刊，有时也会刊载一些读者调查，发布读

者所借阅书籍的统计数据,以指导阅读,如下表①:

1932年学生最喜爱阅读的几种书籍(一年来的借阅情况)

书　名	借阅次数
《一百二十回水浒》(万有文库)	154
《石头记》(万有文库)	150
《水浒》	105
《红楼梦》	101
《呐喊》	61
《中国短篇小说集》	60
《南归》	60
《超人》	58
《棘心》	57
《野人记》	57
《海滨故人》	56
《儒林外史》	54
《橄榄》	54
《时代之花》	53
《水灾》	51
《一叶》	50

国立北平图书馆不仅有专门的学术研究刊物,还有提倡读书风气,指导大众阅读的《读书月刊》,经常刊载各种读书指导和阅读书目,颇受各界好评。如第一卷第四号有《关于爱迪生之论文目录》,第八号有《关于北平之西文书籍论文目录》,第十号有《中国新闻学书籍论文目录》,第二、三、四号有《中学生参考书目》,第二卷第六号有《中

---

① 余湘:《浙江省立第五中学图书馆整理工作经过》,载《浙江省立图书馆月刊》,1933年第2卷第3期。

国文学史译著索引》等。

二、设立巡回书库或者流动图书借阅处

1927年,大学院颁布的《图书馆条例》规定"图书馆为便利阅览起见,得设分馆、巡回文库和代办处……",巡回文库和各类型流动文库以流动服务为主,是民国时期一种有特色的图书馆服务。巡回文库为通俗教育的一种类型,由各县设通俗文库总部一所,采集人民大众有需求而易于通晓的各种书籍。总部将各种书籍输送至城乡各支部,然后由支部转送各村落阅览所,限定日期阅毕,再送回总部收存。这是为了方便没有时间或条件到图书馆阅读的民众,旨在将读书风气扩展到全国各地。值得一提的是,在抗战期间,这种巡回文库利用其灵活性,继续为民众提供阅读服务。流动服务使图书馆这个公共阅读空间扩展到乡村和偏远的地方。

巡回文库因其流动性,在具体做法上更为灵活,例如为适应一般民众之需要,在医院、风景区和乡镇、农村等地因地制宜地设立民众书报阅览处,每处供给图书百余册,每月交换一次。

另外,还有轮船图书部的形式,如浙江省的江兴轮船图书部,专为苏州桐庐间水上旅客设立。湖北省图书馆也设立了流通图书馆,定期举办图书巡回流通阅览室。"每日派员领运各类通俗图书及报章杂志,分赴各省会各区公共场所或茶寮附近民众稠密处,公开举行。"[1]无锡堰桥镇胡一修兄弟开办的村前图书馆,也设有巡回书库,分十个区进行流通巡回阅览,向民众普及图书知识,为乡村读者提供

---

[1] 陈源蒸等:《中国图书馆百年纪事(1840—2000)》,北京:北京图书馆出版社,2004年,63页。

阅览便利。① 此外,还有流动书车或流动书架,方便民众阅读。

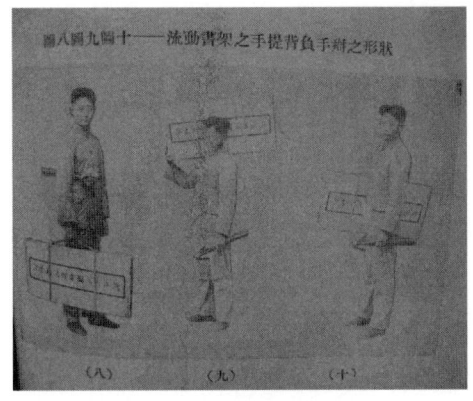

流动书架的样式 1

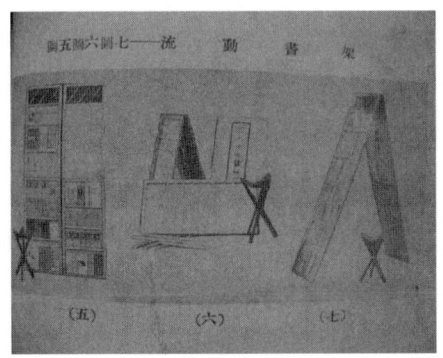

流动书架的样式 2

---

① 见 1928 年出版的《无锡县立图书馆历年概况》。转引自江庆柏《近代江苏藏书研究》,合肥:安徽文艺出版社,2000 年,363—364 页。

三、进行图书展览和宣传

图书馆为读者提供可阅读之书,其重要任务在于导扬学风,在整个社会营造益智敬业、自强不息的良好风气。图书馆拥有的书籍种类全、数量多,很适宜通过举办展览会等活动来引起民众阅读兴趣,同时取得移风易俗之效。例如中央图书馆曾为国民代表大会的代表提供临时阅览服务,不仅倡导了阅读之风,而且加深了人们对图书馆的认识和利用。不少图书馆为适应各机关、各学术团体的需求,也会将本馆所藏图书和刊物酌量陈列展览。1929年,北平图书馆购进了一大批堪称"稀世之珍"的西夏文图书,特举行了西夏文图书及佛像展览会,邀请学术界、政界名流和新闻记者来馆参观。在一些重大的节假日和活动期间,如在儿童节、识字运动、卫生运动、合作运动等期间,皆有特殊展览,旨在推广阅读,改善学风。例如4月4日儿童节期间,湖北省立民众教育馆举行儿童大会,到会儿童达800人,主要活动有儿童表演、馆员讲故事,4日至13日还举行儿童读物展览会,将所有儿童教养图书开架陈列,并悬挂各种图画标语,此外还出版《儿童的呼声》《儿童生活》二刊,作为儿童节纪念刊物。

商务印书馆"幼童文库"对图书馆观念的宣传

四、演讲会及其他

举办演讲会也是图书馆激发民众求知热情的一种有效方式,"拿演讲与图书事业配合,则更为有力"①。我国早期图书馆学家沈祖荣、胡庆生等积极赴全国各地进行演讲,还携带相关的展览品加以演示,宣传图书馆的社会作用。沈祖荣首次以职业图书馆学家的身份在报界俱乐部发表演讲②,以欧美的经验,阐明图书馆阅读对于促进民众教育和发展国民经济的重大作用,倡导社会各界积极建设图书馆。后来这种方式被许多民众教育图书馆采用,他们请各界人士担任主讲,演讲内容包括阅读的方法、图书馆的作用和利用方式等。如南京市立图书馆每月都要举行通俗讲演一次,每星期二、四、六用无线电广播,教授三民主义千字课;上海图书馆学函授学校校长陈伯逵,应上海中西大药房之邀,在该药房无线电台播音演讲图书馆学术,题为"怎样利用上海公私立图书馆的图书";为宣传和普及民众图书馆的作用,著名图书馆学家刘国钧在北平市立第一图书馆专门做过《民众图书馆在社会上之功用》的演讲,北平图书馆的蒋复璁也向浙江民众做过《民众图书馆之特质》的演讲③……另外,著名学者李大钊、梁启超、袁同礼等人都先后在各种场合宣传图书馆用途,鼓励民众阅读。这些演讲在社会上都引起了不同程度的反响,进一步拉近了民众和图书馆的距离。

当然,除了上面提到的推广阅读的方法外,为吸引更多的读者到图书馆来阅读,许多图书馆还采用了很多其他方法,如在报刊一类的大众媒体上刊登图书馆广告。京师图书馆就常年在国民政府的《教

---

① 刘国钧:《刘国钧图书馆学论文选集》,北京:书目文献出版社,1983年,78页。
② 沈祖荣:《在报界俱乐部演说图书馆事业》,载《东方杂志》,1917年第14卷第6期。
③ 《申报》,1933年4月2日。

育公报》上打广告，向读者详细介绍京师图书馆的地点、开放时间、馆藏特点、收费标准和其他相关服务，吸引目标读者到图书馆去阅览。早在20世纪20年代，苏州图书馆就编辑有《读书乐》馆报一种，附刊在当地报纸上，每半月一期。馆报的主要功能是报告馆务，介绍书籍，以推动阅读，促进图书馆事业发展。江苏武进县图书馆通过新书报道的形式向读者及时通报新书，鼓励他们到馆阅读。如1920年12月，该馆在《武进商报》上刊出《图书馆新到新文化丛书》的报道，并在图书馆楼下窗前悬挂二牌，分别刊载新到的各种杂志和图书的目录，另外在每期的《武进月报》上也附载图书馆目录一页，以便读者查检。①

此外还有贴壁报、贴标语等推广阅读的方法，在旅馆、客栈包括图书馆内，乃至报刊上打出标语以吸引民众，如：

> 民众图书馆是万事的问津处！
> 民众图书馆是高尚的娱乐场！
> 要宽裕生计请到民众图书馆去！
> 借阅图书是民众的权利！
> 图书大开放！读书大运动！② ……

图书馆还根据需要，通过编制各种索引和手册，不仅为研究性读者提供学术研究的方便，而且为广大读者学会自觉地学习提供了方便。这些阅读推广活动，尽量设法使广大民众，而不仅仅是学者，来了解图书馆，走进图书馆阅读。上述种种颇具创造性的做法，拉近了

---

① 于常：《常州市图书馆简史》，载《江苏图书馆工作》，1981年第3期。
② 陈际云：《怎样使民众乐于来馆阅读和研究》，载《文华图书馆学专科学校季刊》，1931年第3卷第2期。

图书馆与大众的距离,有利于启迪民智,促进社会读书风气的形成。

通过以上对民国时期图书馆与社会阅读关系的分析,我们可以看到,在近现代中国,随着图书馆的出现和发展,以及阅读公众规模的扩大,一个以新式报刊阅读为中介,具有强烈民族主体意识的公共阅读空间从城市扩展到乡村,形成一个多层次的阅读体系。这个阅读空间对于现代读者的培养起到了积极的作用。向公众开放阅览、自由阅览、自由出入书库、强调图书馆的通俗化和平民化、在公共图书馆中设立儿童阅览部等具有现代意义的措施,成为现代图书馆这一阅读空间公共性质的突出表现。① 在这里,伴随着中国现代化的进程,图书馆作为一种穿越时空限制的"印刷媒介"和"世界意识"的传播途径,使得处于不同时空的启蒙传播者和被启蒙的读者获得了一种交流的可能,潜移默化地培养了中国近现代一大批具有新思想、新观念的阅读公众。

由于这一时期战祸不断,图书馆很难获得一个稳定的建设环境,虽然有政策上的规定,也建立了中华图书馆协会这样的行业协会来协调全国图书馆事业的发展,在全国推广公共阅读事业,可是仍然有很多具体的措施难以施行,也较难有经济上的保证,建设和管理经费颇为缺乏。这在一定程度上造成了这一公共阅读空间在制度建立上的不完善。一方面是开架借阅制度、普遍的公共借阅精神、无区别的公众服务的缺乏,例如在民国后期,作为全国最大的公共图书馆,国立北平京师图书馆曾一度规定"穿对襟短衣"②的读者不得入内③,这种规定限制了普通民众对图书馆的利用。另一方面,由于管理制度

---

① 刘国钧:《近代图书馆之性质和功用》,见《刘国钧图书馆学论文选集》,北京:书目文献出版社,1983年,2页。
② 对襟短裳是一般劳动人民的服饰。见黄能馥等《中国服装史》,北京:中国旅游出版社,1995年,373页。
③ 马祥林:《国家图书馆与历史同行九十年》,载《北京青年报》,2002年8月27日。

的欠缺,很多图书馆没有发挥其应有的作用。如在天津,图书馆"器具亦新,新旧书籍亦多可观,惟管理太形废弛,殊足可惜"①。江苏省图书馆虽然"规划宏阔",但是未能对新出的书"旁搜博采",所以"美犹有憾"。② 即便具有国家图书馆性质的北平图书馆,其藏书和目录查检系统也很不完备,不能满足读者多层次的需要,给很多读者的借阅造成了不便,因此受到当时不少读者的批评。当时还是一个出版社编辑的巴金在1935年写道:"我不妨明白的说一句话罢,北平图书馆作为一个装饰品,是无愧的。而作为一个为人民设备的图书馆,那就完全放弃它的责任了。一般人不需要的堂皇的建筑在那里倒是有的;而一般人需要的普通书籍在那里却常常缺乏。……我查了好几次目录,都没有查着,也许这种书是有的,只是不做教授的我们不配看罢了……"③

从总体上看,我国的图书馆发展极不平衡,京、沪、浙等地区图书馆发展较快,管理水平较高,阅览人数也较多;另外一些地方则很落后,如陕甘宁边区的图书馆不仅数量少,"且极端不集中,也没有按部门分配,且有许多在私人手中,又没有总书目,无从查考其所在地……"④所以,彼时我国图书馆事业的发展以及在图书馆与大众公共阅读关系的建立方面,与成熟的公共阅读空间的形成还有一段距离。

---

① 《视察第一区学务总报告》(直隶部分),载《教育公报》,1913年第1期。
② 《视察第三区学务总报告》(江苏部分),载《教育公报》,1914年第3期。
③ 巴金:《书》,见邓九平《中国文化名人谈读书》,上册,北京:大众文艺出版社,2000年,251、252页。
④ 徐特立:《怎样进行自然科学的研究》,载《中国文化》,1940年第2卷第4期。

第七章　私人的阅读领域

　　私家藏书或者说私人藏书，是一种以个体或家庭、家族为单位收集书籍的文化活动，也是在中国传统社会中个体进行阅读的主要方式。正如近代藏书家张金吾在《爱日精庐藏书志序》中指出的那样："欲致力于学者，必先读书，欲读书者，必先藏书。藏书者诵读之资而学问之本也。"人们正是通过这种私人藏书的方式，借助于书籍，在阅读活动中完成自己与他人、今人与先人的知识交流。这些私家藏书或来源于抄录，或来源于购买，或来源于先辈的遗赠和亲友间的交换、互赠所得。

　　"积书而读，丹铅治学"是中国古代社会的藏书和阅读传统，这种通过个体的努力聚书，然后拥书而读，"传递读书种子"的方式自春秋战国至今已有两千多年的历史。但是这种私家藏书和阅读的传统长期以来受到中国古代社会政治、经济体制的制约，是为数不多的人享有的特权，与此相应的知识交流活动也局限在一定的社会阶层内。著名历史学家吴晗曾对中国的藏书和阅读阶层进行过总结，认为"中国历来内府藏书虽富，而为帝王及蠹鱼所专有，公家藏书则复寥落无闻，唯士夫藏书风气则千数年来，愈接愈盛。智识之源虽被独持于士夫阶级……其有功于社会文化者亦至巨"①。这种知识传播系统的单一性和知识体系的稳定性相辅相成,一并制约了中国古代社会私人藏书与阅读活动。与此同时,这种阅读和知识文化接受与传播的方式也在很大程度上维系了中国古代社会封闭与保守的特征。这种特征从根本上决定了中国古代私家藏书与阅读的封闭性和保守性。

第一节　我国古代社会私家藏书与阅读的特征

一、在收藏范围与阅读内容上的单一性和稳定性

纵观中国古代社会的私人藏书,不论是宋椠还是元椠,其种类皆不超出经、史、子、集的范围。这种情况从流传下来的各类私家书目中能够得到印证,也就是说,当时对于这些藏书家和阅读者而言,他们所阅读的对象主要是各类经、史、子、集著作,南宋尤袤的《遂初堂书目》、晁公武的《郡斋读书志》、陈振孙的《直斋书录解题》以及近世阮元等编的《天一阁书目》、瞿氏祖孙三代历五十年辛勤编纂的《铁琴铜剑楼藏书目录》、丁立中的《八千卷楼书目》、丁日昌的《持静斋书目》和缪荃孙、吴昌绶等人编撰的《嘉业堂藏书志》等私家藏书目的记载皆为明证。这些流传下来的书目只是当时私人藏书目录中的一小部分,但因这些人都是当时的藏书大家和读书名家,所以他们的藏书和读书情况在一定程度上代表了他们所处时代的藏书和阅读的主流。书架上的书,是主人思想境界和社会地位的标志。科举时代读书考试以经学为主,十三经自然是藏书的重点。其次是史书,馆修正

---

① 吴晗:《江苏藏书家小史》,载《图书馆学季刊》,1934年第8卷第1期。

史是史部冠冕,一部私家藏书目录必须要有几部正史。野记稗史不妨藏一点,小说、戏曲就难登大雅之堂。直到清末,社会风气逐渐转向重视实务,经学不像昔日那样受到专宠,读书和藏书的种类才开始有所变化。

人类阅读的本质在于知识的传承和再创造。① 一个时代的藏书和阅读范围是当时知识体系的客观反映。中国古代这种收藏和阅读内容上的单一性和稳定性在很大程度上是由中国古代社会相对稳定的知识体系所决定的。我们可从知识门类划分的变化上了解我国古代知识体系的变化情况,因为这种知识分类上的变化正是时代知识体系变化的直接反映。在先秦社会,知识主要被官府垄断,官府各职能部门掌握着各自专业的技能,而且垄断了各自专业的知识和书籍。《周礼》中记载的三百六十个职官就是三百六十个专业,若要获得某一专业的知识,必须到相应的职官处学习,知识也相应地被分成了三百六十个类目。

春秋末年,社会发生了巨大变化,许多职官被撤销、合并,他们所掌握的书籍也流散到民间。正所谓"天子失官,学在四夷"②,私学兴起,且在学术上有了许多创新,因此旧的《周礼》三百六十个职官不再适合作为知识分类标准。孔子在"观《书》周室,得虞夏商周四代之典"③的基础上,从教学的角度出发,将所授内容分为六艺,六艺是孔子对当时学术流派的系统总结。后来随着图书种类的增加,到了汉代又产生了刘氏父子依据当时书籍具体情况而作的新的分类体系《七略》。这些新的类目仍然与《周官》官守有着密切的渊源关系,诸

---

① 王余光:《读书随记》,南京:东南大学出版社,2002年,28、29页。
② 周少川:《藏书与文化:古代私家藏书文化研究》,北京:北京师范大学出版社,1999年,17页。
③ 周少川:《藏书与文化:古代私家藏书文化研究》,北京:北京师范大学出版社,1999年,17页。

子皆出于王官。如近代著名学者章学诚所言：

> 昔者，向歆父子之条别，其《周官》之遗法乎？聚古今文字而别其家，合天下学术而守于官，非历代相传有定式，则西汉之末，无由直溯周秦之源也。①

在其后不同的时代，一直到清代集大成的四部分类法的出现，我们看到虽然不同的朝代有不同的知识门类的划分方法，但从总体上看，知识门类没有什么本质的变化，只是一些相关内容在各自门类上有所增减而已："盖七略四部同条共贯，相为因缘，虽变而未尝变也。"②"《隋志》《四库》为《七略》《七录》之后裔，非复其仇敌矣。"③由于长期以来中国文化发展的政治化倾向，熟读儒家经典进而科举入仕成为众多读书人的目标，而研究新技术、搞创新则成为"作淫声、异服、奇技、奇器"，就是"以疑众，杀！"④这种选择使得知识结构发展处于不平衡状态，经部和史部的书籍迅速膨胀，最终导致"近两千年间，中国人知识结构和图书类别的变化是史学的飞速发展和自然科学的萎缩"。⑤

从下面这个历代代表性书目分类简表中大致可以看出我国古代社会知识体系流变的情况。

---

① 章学诚：《文史通义》，上册，叶瑛校注本，北京：中华书局，1994年，296、297页。
② 余嘉锡：《余嘉锡说文献学》，上海：上海古籍出版社，2001年，53页。
③ 姚名达：《中国目录学史》，上海：上海书店，1984年，97页。
④ 郑玄注，孔颖达等正义：《礼记正义》，卷十三，见《诸子集成》第二册，上海：上海书店，1986年影印版，1344页。
⑤ 王余光：《影响中国历史的三十本书》，武汉：武汉大学出版社，1990年，6页。

历代代表性书目分类简表①

朝代	代表性目录	分类体系（大类）
汉	《七略》	辑略、六艺略、诸子略、诗赋略、兵书略、术数略、方技略
魏晋南北朝	《中经新簿》	甲部（六艺及小学诸书）
		乙部（古代诸子、近代诸子、兵书、兵家、术数）
		丙部（史记、旧事、皇览簿、杂事）
		丁部（诗赋、图赞、汲冢书）
唐	《隋书·经籍志》	经、史、子、集 附道经、佛经
宋	《通志·艺文略》	经类、礼类、乐类、小学类、 史类、诸子类、天文类、五行类、 艺术类、医方类、类书类、文类
明	《文渊阁书目》	（天字厨）国朝
		（地字厨）易、书、诗、春秋、周礼、仪礼、礼记
		（玄字厨）礼书、乐书、诸经总类
		（黄字厨）四书、性理，附经济
		（宇字厨）史
		（宙字厨）史附、史杂
		（洪字厨）子书
		（荒字厨）子杂、杂附
		（日字厨）文集
		（月字厨）诗词

---

① 根据彭斐章《目录学教程》、姚名达《中国目录学史》等书及伍昭泉《中国古代主要图书分类法的比较》（《安徽史学》，1995年第2期）中的统计。

续表

朝代	代表性目录	分类体系(大类)
明	《文渊阁书目》	(盈字厨)类书
		(昃字厨)韵书、姓氏
		(辰字厨)法帖、画谱,附诸谱
		(宿字厨)政书、刑书、兵法、算法
		(列字厨)阴阳、医书、农圃
		(张字厨)道书
		(寒字厨)佛书
		(来字厨)古今志,附杂志
		(暑字厨)旧志
		(往字厨)新志
清	《四库全书总目》	经、史、子、集

　　正是这种知识门类上长期以来相对的稳定性和偏向性导致了我国整个古代私人藏书系统和阅读内容的单一性。这种稳定的藏书和阅读体系也为特定阶级和阶层进行知识垄断提供了条件,使藏书和阅读被局限在以官吏士大夫为主体的统治阶层中,也造成了中国历史上长期以来的文言分离的状态,使普通人难以进行书面阅读。如在私人藏书达到鼎盛的清代,虽然到晚清时不少富户、工商资本家也加入藏书家的行列,可是占据主体地位的还是在政治和知识上都占据统治地位的官吏士大夫阶层。例如有文献记载的543名藏书万卷以上的清代藏书大家中,除去91人身份不明外,其余452人中,各类大小政府官员和取得功名的士人共381名,占84%。①

---

① 数据来源:范凤书:《中国私家藏书史》,郑州:大象出版社,2001年,271—321页。

二、在阅读主体上的单一性

在公藏封闭的状态下,私人藏书是个人阅读的前提条件。在中国古代的其余三大藏书系统中,官府藏书以藏为主,重藏轻用。因此历朝历代的官藏都是深藏秘阁,具有独占性。其读者范围十分有限,仅为帝王和少数权贵,中下层官吏及知识分子、布衣则与官府藏书几乎无缘。寺院藏书基本上以保存为主,不对外开放。书院藏书通常规模不大,品种不多,仅为本院教学服务,阅读对象仅限于本院师生。在这种形势下,个人要读书治学,非得自己有书不可。隋唐时期科举制度确立,为读书人广开入仕之门,读书人藏书、读书的需求进一步扩大。同时,印刷术的发明使书籍的成本大大降低,为私人买书、藏书创造了条件。藏书而读不再是少数公卿贵族的专利,而成为广大士子的一种普遍行为,差别只在于藏书的多少而已。走上仕途的士大夫由于具备了更好的经济基础和收藏能力,因此能够收藏更多的书,少数藏书家还能够留名青史。如思想家黄宗羲所言,藏书"非好之与有力者不能",也就是说,藏书既要有愿望和兴趣,也要有经济实力。

从总体上而言,古代的藏书和阅读主体就是这一入仕系统下秉承"男儿欲遂平生志,五经勤向窗前读"①理念的士大夫阶层。根据现存史料,中国历代有藏书史实的私家藏书者共5045人,从其身份来看,其中绝大部分是士子和官吏。② 例如五代十国的43位藏书家中,大大小小的官吏共有35位,占总数的81%,其余8位中,除了一位没

---

① 赵恒(宋真宗):《劝学文》,见黄坚《魁本大字诸儒笺解古文真宝》前集(卷上),日本须原屋茂兵卫刻本,弘化三年(1846),1页。
② 范凤书:《中国私家藏书史》,郑州:大象出版社,2001年,681—684页。

有标明身份,其他的虽不在官位,却在士人之列。宋代藏书上万卷的214位藏书家中,36位身份不明,16位是没有功名的各类士子、学人,其余的都是各类官员,占到总数的76%。①

上述数据进一步说明,在我国古代社会中,一直到私家藏书达到鼎盛的清代,藏书和读书的主体始终在知识上占据着统治地位,这与他们在政治上的统治地位是相辅相成的。

三、在收藏和阅读方式上的密闭性

在以小农经济为主体的中国古代社会中,经济与文化都具有封闭性和独占性的特征。私人藏书作为个人财产的一部分,往往来之不易,加之读书是进入仕途的阶梯,所以将藏书秘不示人,仅为己用,是古代社会藏书而读的主要特点。其间,虽然也有一些思想开放,愿将藏书与别人分享的开明人士,但是这样的人为数不多,占据主流地位的还是那些秘惜所藏,甚至为维护所藏不惜重罚子孙的藏书者。清代松江府藏书家王昶的藏书印上有"二万卷,书可贵。……如不材,敢卖弃,是非人,犬豕类,屏出族,加鞭箠"②的话。明代天一阁藏书楼甚至高悬禁牌规定:"子孙无故开门入阁者,罚不与祭三次;私领亲友入阁及擅开橱者,罚不与祭一年;擅将藏书借出者,罚不与祭三年;因而典鬻者,逐不得与祭。"③

明代谢肇淛在《五杂俎》中记载了虞参政的事迹。虞参政藏书万卷,贮之一楼,在池中央,置一小舟,晚上就移走,并说"楼不延客,书不借人"。对这类藏书家来说,后人不孝的表现主要有两个:变卖书

---

① 范凤书:《中国私家藏书史》,郑州:大象出版社,2001年,53—57页,62—82页。
② 蒋光煦《东湖丛记》,卷六,见李雪梅《中国近代藏书文化》,北京:现代出版社,1999年,21,22页。
③ 范凤书:《中国私家藏书史》,郑州:大象出版社,2001年,53—57页。

籍和借出书籍。宋人周晖在笔记《清波杂志》的《借书》篇中记载,唐杜暹在自家每本藏书的卷末都题写:"清俸买来手自校,子孙读之知圣道,鬻及借人为不孝。"明代的唐尧臣藏书万卷,每本书上都有印曰"借书不孝"。[①] 这些举措虽然能够保护藏书,却阻碍了书籍的流传,不利于学术文化的传播。在这种情况下,许多文人学士为一睹藏主的书籍,多半求告无门,更不用说借阅了。在清末风行一时的官场小说《老残游记》中,就有对这种藏书者封闭所藏,使其他读者苦于无法阅览其书藏场景的描写。书中主人公老残说:

> 当年他老大爷做过我们的漕台,听说他家收藏的书极多。他刻了一部书,名叫《纳书楹》,都是宋、元板书。我想开一开眼界,不知道有法可以看得见吗?
>
> 掌柜的道:"柳家是俺们这儿第一个大人家,怎么不知道呢!只是这柳小惠柳大人早已去世,他们少爷叫柳凤仪,是个两榜,那一部的主事。听说他家书多得很,都是用大板箱装着,只怕有好几百箱子呢,堆在个大楼上,永远没有人去问他。有近房柳三爷,是个秀才,常到我们这里来坐坐。我问过他:'你们家里那些书是些甚么宝贝?可叫我们听听罢咧。'他说:'我也没有看见过是什么样子。'我说:'难道就那么收着不怕蛀虫吗?'"

其后老残虽然差人"写了一封谢信,赏了来差二两银子盘费,打发去后",仍然没有如愿,"方知这柳家书,确系关锁在大箱子内,不但外人见不着,就是他族中人,亦不能得见"。最后老残只能闷闷不乐地离去,还在墙上写了一首饱含无奈和遗憾的诗:"沧苇遵王士礼居,艺芸精舍四家书。一齐归入东昌府,深锁琅嬛饱蠹鱼!"

[①] 疏筼修,陈殿阶、吴敬义纂:《道光武康县志》,上海:上海书店,1993年,89、102页。

《老残游记》的描写说明这种将藏书秘藏起来，不许陌生人甚至亲戚阅读的情况到了清朝末年还是一个普遍的现象。

第二节　形式上的开放性

私人藏书作为一种个体的阅读空间，通常以学术研究和文化教育为其绵延发展的内在动力，具有前后继承性。有藏书传统的家庭和地域，注重对后代的教育，藏书之风与读书之风常常相得益彰，往往会带动一族或一地阅读风气的形成，营造出书香氛围，从而促进族群素质的提高和文教事业的发达。正如有学者指出的："藏书之风气盛，读书之风气亦因之而兴……藏家之有力者复举以剞劂，辑为丛书，公诸天下。数百年来踵接武继，化秘籍为亿万千身，其嘉惠来学者甚多。"①

据范凤书的统计，中国历史上著名藏书家共5045人，其中浙江省1139人，江苏省998人，两省共2137人，占全国总数的42.3%。② 藏书是读书、治学、入仕的基础，藏书多、读书人多的地域通常文明和开化程度较高。以明清两代为例，明代共有状元89名，其中浙江20名，江苏16名，两省占全国总数的40%强；清代共有状元114名，其中江苏49名，浙江20名，两省占全国总数的60.5%。换句话说，明清两代的203名状元中，江浙两省有105名，超过半数。天下文状元，二人

---

① 吴晗：《江浙藏书家史略·两浙藏书家史略序言》，北京：中华书局，1981年，118页。
② 范凤书：《中国私家藏书史》，郑州：大象出版社，2001年，677、678页。

有其一。① 这些数据足以说明藏书风气与人才培养、文明教化之间的密切关系。一地阅读风气的兴盛，会带动当地购书、抄书、校书、刻书等事业的发展，从而推动当地学术研究向广度和深度发展，因而人才辈出。读书风气的兴盛和藏书事业的发达是互相影响、互相促进的。

近现代以来，随着西方文化的传入和社会经济文化的变革，我国私家藏书逐步朝两个方向分化和发展：一是延续传统私家藏书的建制，二是私家藏书向社会大众开放。清季民初以来，在西方资产阶级思想和文化的启蒙下，受欧美新式图书馆理念的影响，私家藏书向社会大众开放逐渐成为一种普遍的社会现象，进而上升为民国以来私家藏书的主流。私家藏书的开放形式有以下几种。

一、自觉性的公开阅览服务

藏书家在自觉的基础上成立图书馆，将私家藏书向社会各界开放，提供公开阅览服务。这一时期，私家藏书向社会读众的开放由自发转为自觉。在中国历代的藏书家中不乏一些明达人士，他们摒除了"读必谨、锁必牢、收必审、阁必高"②的藏书思想，愿意将自己的藏书与别人共读。如《三国志·蜀书·向朗传》中所载的向朗"开门接宾，诱纳后进"的事例；西晋藏书家范蔚有藏书 7000 余卷，"远近来读者，恒百余人，蔚为办衣食"；南北朝时期，参与借书活动可考者，南有崔慰祖、袁峻，北有元宴、裴汉。《南齐书·文学传·崔慰祖》记载："崔氏聚书至万卷，邻里年少好事者多来从假借……亲自取与，未尝为辞。"至宋代，宋敏求藏书三万多卷，以慷慨借书予他人而闻名一

---

① 袁逸：《中国古代私家藏书的特征及社会贡献》，载《浙江学刊》，2000 年第 2 期。
② 杨立诚、金步瀛：《中国藏书家考略》，上海：上海古籍出版社，1987 年，274 页。

时。清代学者周永年撰《儒藏记》，倡导藏书的开放流通，并与他人一起创建"借书园"，专门供人阅读。长沙的顾陛升则认为如果藏书不能为他人所阅读，则是徒具藏书之虚名，所以来向他借书者几乎天天都有。宋咸熙在《借书诗序》中明确指出秘惜所藏的弊端："藏书家每得秘册，不轻示人，传之子孙，未能尽守，或守而鼠伤虫蚀，往往残缺，无怪古本之日就湮没也。"所以他愿将家中所藏书借给或赠以他人阅览："先君子藏书甚丰，生时借抄不吝。熙遵先志，愿借与人，有博雅好古者，竟持赠之，作此以示同志。"这些自发的借阅行为扩大了典籍的受众面，提高了典籍的利用率，促进了知识的传播。这样的藏书家在中国藏书史上为数不多，总的来说，这一时期的藏书借阅尚处于自发状态，既缺乏明确的理念指导，也没有明确的规则和制度保证这种共读行为的稳定性和持久性。

进入近现代社会，尤其是民国以来，在欧美民主思想和图书馆公共阅读理念的影响下，不少有识之士仿照西方公共图书馆的有关规则，在图书的采购、分类、典藏、流通阅读等方面制定了一系列章程，将自己的藏书公开，为大众提供服务，在社会上起到良好的示范作用。"许人入楼观书"，如此，"向之无书可读者，皆得以自勉于学，无为弃才矣"。这种行为真正把藏书与阅读开放的理念导入自觉的实践中。如徐树兰的古越藏书楼，以存古开新为主旨，主张"变一人之书为万人之书"，这种由私藏向公藏的转变深得民众的支持，"楼成，其乡之人大欢"。①

在徐树兰的影响下，不少进步、开明人士纷纷仿效此举，"亦欲效

---

① 张謇：《古越藏书楼记》，见李希泌、张椒华《中国古代藏书与近代图书馆史料》，北京：中华书局，1982年，111页。

先生之所为,而亦欲海内藏书家皆仿先生之所为也"①。在古越藏书楼建成后的十几年间,从京城到各地相继筹建向公众开放的藏书楼或图书馆,开启了私家藏书在近代发展的新局面,一时间兴办公共藏书楼、公共图书馆蔚然成风。古越藏书楼之后即有盛宣怀的占地十余亩的愚斋图书馆的建成和开放。1903年,杭州也有向社会大众开放的浙江藏书楼之设。1904年,长沙开办湖南图书馆。张謇于1911年创办南通图书馆。另外还有由学部张之洞奏请筹建的京师图书馆,由两江总督端方指派缪荃孙创建的江南图书馆,直隶、山东、山西、河南、浙江、安徽、云南等各省图书馆,以及20世纪二三十年代对读者影响较大的在张元济私人藏书楼——涵芬楼基础上建成的东方图书馆……到20世纪30年代前半期,在政府和当地富绅的热心支持下,公共藏书事业得到极大的发展,其中学校图书馆的建设更是成绩斐然。1933年,图书馆学专家沈祖荣在调查十余城市30所图书馆后,在一份调查报告中指出,全国各高等教育机关不仅馆藏丰富,而且馆舍建筑"美丽完备"。

二、化私入公的其他途径

将私藏转为共享的另一重要方式,是通过出售、捐献和寄存的途径将私人藏书转变为公共藏书,供他人阅览。中国的历代私人藏书受天灾、人祸、战乱的影响常常聚散无常,私人在世变中守护藏书的能力非常弱。不少藏书家收藏的珍本秘籍常常由于天灾人祸而散佚,造成无法弥补的巨大损失。近现代以来不少有识之士明确认识

---

① 张謇:《古越藏书楼记》,见李希泌、张椒华《中国古代藏书与近代图书馆史料》,北京:中华书局,1982年,111页。

到这个问题,学者王献唐曾指出:"鉴往可以察来,窃诚为杞人之忧矣!如于将来之收藏上无确切把握,曷若早之为之际?如或转归异族,曷若持享国人?如其散于千百人之手,片麟之爪,不成系统,曷若聚之一处,俾归全用?如或散出之后,遭人指责,曷若藏诸公家,播得美誉?"①进入民国以来,由于战乱和政局变动频繁,社会动荡不安,私人藏书散佚的速度加快,甚至出现了朝聚夕散、聚无不散的局面。藏书家伦明发出了这样的感叹:"昔之聚散,如西家卖田,东家置产,不有所废……今也不然。试历数二十余年来,散者接踵不绝,聚者屈指几何?散者之有出无入,一如国家帑藏之外溢也,是不可以寻恒聚散视之也。"②不少有远见的藏书家或集资建立新式藏书楼,或将自己的藏书通过捐献、寄存等方式并入现代图书馆中,使之成为公藏,与大众共享。民国时期著名藏书家周叔弢在为自己藏书作序时,曾明确说:"数十年精力所聚,实天下公物,不欲吾子孙私守之。四海澄清,宇内太平,应举赠国立图书馆,公之世人。"③后来,他在实践中履行了自己的诺言。

近代医学家丁福保从 1918 年起陆续向无锡、上海两地的图书馆及学校捐书,仅捐给上海图书馆的图书就有 10 万卷。著名藏书家傅增湘晚年将其所藏 373 部约 4300 册书赠予北平图书馆。梁启超卒后,其后代遵照其嘱,将饮冰室 4 万余册遗藏永远寄存北平图书馆。梁鼎芬 1919 年卒后由其子捐献藏书 600 余箱给广东省立图书馆。此外,不少藏书家的藏书成为一些现代图书馆馆藏的基础。如浙江海宁藏书家朱宗莱以其私藏为基础,创办海宁洲图书馆。湖北谷城藏

---

① 王献唐:《海源阁藏书之损失与善后处理》,见曹景英、马明琴《海源阁研究资料》,济南:山东友谊书社,1990年,64—78页。
② 伦明:《辛亥以来藏书纪事诗·自序》,上海:上海古籍出版社,1990年,2页。
③ 周珏良:《我父亲和书》,载《文献》,1984年第3期。

书家杨昭恕 1926 年以自藏书为基础兴建图书馆,共有书库 12 间,书室近 20 间,并征集其他藏书者藏书 5 万余册,图书馆于 1930 年建成开放。杨昭恕在开馆前通告四方人士,到馆看书不收任何费用。①

另外,还有不少私家藏书通过收购的形式成为公共图书馆的馆藏。民国初期著名藏书家蒋汝藻"密韵楼"的藏书,被张元济买下,成为东方图书馆的重要馆藏,新中国成立初期,幸存古籍被北京图书馆收藏。另一著名私人藏书楼嘉业堂的藏书在抗战爆发后,小部分被私人收藏,大部分被各大图书馆收购,剩余的一部分在新中国成立后捐赠给浙江省图书馆。

梁启超故居书斋饮冰室外观

梁启超故居书斋饮冰室一角

私人藏书通过出售、捐献和寄存的方式融入现代图书馆中,使以往仅为少数藏书家所拥有和阅读的书籍成为公藏,为更多的社会公众阅读创造了条件,开辟了新的公共阅读空间。虽然私家藏书楼的历史使命因现代图书馆的崛起而结束,但是私家藏书楼的生命却因融入现代图书馆和大众阅读中而获得再生。由私藏走向公藏不仅是历史发展的必然,也是社会进步的重要表现。

---

① 傅璇琮、谢灼华:《中国藏书通史》,宁波:宁波出版社,2001 年,1222、1223 页。

第三节 私人藏读的普遍化

一、藏书与阅读内容的普遍化

上一节提到,藏书结构与知识体系有着密切的关联,一个时代的知识体系往往决定了这个时代人们的知识结构,而个体知识结构和偏好则突出体现在其私人藏书上。私人藏书内容的变化直接反映了阅读对象和内容的变化,也反映了该时代个体知识结构的变化。

从总体上看,由于"在近一个世纪内,自然科学知识得到了飞速发展"①,新的知识门类不断涌现,20世纪以来的知识体系开始由传统的四部分类法向以西学为主的新知识分类体系转变。洋务运动时期,受"中学为体,西学为用"思想的影响,一些新出现的知识门类被相继纳入到中国传统的知识结构里,大批介绍西方先进科学技术的译著在洋务派的倡导下纷纷涌现,而后随着甲午战争中国的失利,以及资产阶级维新运动和辛亥革命的先后爆发,"中学为体,西学为用"的理念被彻底打破,而冠诸西方现代化的思想,舍旧图新成为一时读书、藏书的风尚。梁启超在《西学书目表·序例》中明确指出:"国家欲自强,以多译西书为本;学子欲自立,以多读西书为功。"②进入民国以后,西方的知识分类体系基本上占据了主导地位,对新知的分类摒弃了传统的知识分类法,而完全采用了西方的知识分类体系。从下

---

① 王余光:《中国文献史》,第一卷,武汉:武汉大学出版社,1993年,37页。
② 张静庐:《中国近代出版史料初编》,上海:群联出版社,1953年,59页。转引自李雪梅《中国近代藏书文化》,北京:现代出版社,1999年,3页。

表中能清晰地看到我国知识分类体系在近现代以来的转变过程：

我国知识分类体系转变对比表①

时期	古代	转型期（清末）			民国时期
代表性分类法	《四库全书总书目》②	《西学书目表》③			《生活书店全国总书目》④
类例	经、史、子、集	学类	政类	杂类	总类,哲学,社会科学,宗教,自然、社会科学总论,自然科学,文艺,语文学,史地,技术知识
		算学、重学、电学、化学、声学、光学、汽学、天学、地学、全体学、动植物学、医学、图学	史志、官制、学制、法律、农政、矿政、工政、商政、兵政、船政	游记、报章、格致、西人议论之书、无可归类之书	

这种知识结构的变化也导致私人藏书结构的变化，私家藏书呈现出广泛和多样化的特点，彻底打破了两千多年来中国长期稳定的

---

① 根据王余光：《中国文献史》第一卷，武汉：武汉大学出版社，1993年，34—37页中的相关目录整理。
② 该书目为中国古代四部分类法的集大成者，全目共4部44类66属，比较全面地反映了19世纪以前我国图书和知识体系的面貌和类别。
③ 该书目由梁启超编撰，共4卷，为我国知识转型期间分类体系的代表。该书目集中反映了我国在19世纪后期翻译西方书籍的情况，与传统分类法既有相似之处，又有较大区别，从总体上来说是对传统分类法的否定，表明在中国历史上使用了1700余年的四部分类法已经不能适应新形势的需要了。该书目同时也为转折时期新式图书分类法的建立和新类名的确定奠定了基础。
④ 该书目由平心编撰，该书目集中反映了建立在西方知识体系上的新式图书分类体系的正式确立和广泛应用。

知识体系和藏书系统。以往藏书者关注的,在形式上通常是以宋版元椠和抄稿本为主的中国古代文化历史典籍,在内容上主要是传统经、史、子、集的知识体系。但自20世纪以来,由于知识体系的变化,新知识门类出现并且逐渐占据主导地位,过去不受重视的稗官杂记以及清代的禁毁书籍的阅读和收藏开始升温。尤其在现代教育制度和职业分工兴起以后,从个人行为出发收藏书籍不再只是少数嗜古好学之士的行为,可供收藏的书籍在门类上日渐广泛,有古书,也有新书;有线装书,也有平装书;有专业书籍,也有通俗文学作品;有中文书,也有翻译书。这些多层次、多种类的书籍为更多人收藏书籍创造了条件。版本价值不再是书籍收藏的唯一依据,越来越多有一定经济基础和文化基础的人,收藏的目的是满足个人的阅读和学习的需要。人们职业的多样化也带来收藏内容的多样化,职业不同通常会有不同的收藏需要,因此藏书内容有所不同。如学医的人,多半会根据自己职业的需要,主要收集医学方面的书籍;搞地质的人,则主要收集地质方面的书籍;记者、编辑多半偏好收藏文艺类的作品。普通的中西文书籍和报刊在私人藏书结构中所占比例越来越高,尤其在普通人家更是藏书的主体。在当时不少普通的知识分子家庭里,通俗的文艺类刊物也受到欢迎。如记者黄裳在回忆20世纪二三十年代家中的藏书情形时写道:

> 父亲是学采矿的。第一次世界大战结束,他从德国回来,带回来两大箱德文书,不过这与我没有关系。此外家里的中国书好像就只有《红楼梦》《封神演义》《儿女英雄传》和一部《聊斋志异》……①

---

① 黄裳:《读书生活杂忆》,见《黄裳自述》,郑州:大象出版社,2002年,65页。

另外，新式印刷技术的普遍应用，使书籍的生产成本进一步降低，书刊成为一种普通的大众文化消费品，书籍的易获得性为更多的人收藏书籍提供了可能性和机会。随着新文化运动的开展，白话文逐步取代传统的文言文体，并得以普及，从而实现了书面语言与口头语言的基本统一，能进行书面阅读的人越来越多。处于社会中下层的普通人，也具备了藏书和阅读的可能性。收藏书籍开始成为一种普遍的行为，涉及各行各业的普通人，只不过这种收藏与前代藏书家的收藏相比，在数量上可能远远不及，系统性也比较差，以当时出版的普通图书和报刊为主，在收藏中的随意性也颇大，或由于阅读的偏好，或由于职业发展的需要，或由于媒体的宣传和当时的阅读时尚。中国政法大学的陆昕教授在作品中介绍了民国时期他父亲一辈的藏书和阅读情况：

> 我们家祖孙三代都靠教书生活，读书、买书、藏书、爱书原本是很自然的事。……父亲喜爱清末民初的文学及外国古典音乐和西洋家具、工艺品等。父亲的书房里有两个很高很大的橡木书架，满雕着花，像是舶来品，上面也是插满了书，但与千篇一律发着暗黄色的线装书不同，这些书花花绿绿，犹如五光十色的世界，常使人幻想那五彩缤纷的未来。
> 父亲的书架上，大概有这样几类书。一是英文书。二是翻译文学。父亲最推崇的是林琴南的翻译作品，他说林琴南用半文言翻的作品好极了。三是侦探小说。父亲最爱读侦探小说。国内最喜解放前程小青的《霍桑探案集》，国外最喜美国的凡士探案、奎恩探案，英国福尔摩斯探案，法国亚森罗平探案，等等。四是鸳鸯蝴蝶派的一些名家之作。五是南社同人的诗文、笔记。父亲的理由是这些人国学根底好，又大多是辛亥元老，身历反清、辛亥、护法、讨袁诸役且许多人功成不居，执教大学，所以他们既是革命家，又是大学问家，他们写的回忆录最为可观，所作

诗文最多才情,后人无法比肩。六是近代文献。七是外国杂志,尤其是美国电影杂志特别多……①

从上述文字中,我们大约能看到民国时期一个教师家庭的藏书和阅读状况,这种状况虽然不能全面反映当时普通大众的藏书和阅读情况,但至少在反映那个时代知识分子阶层一种普遍的阅读生活上还是颇具代表性的。

另外,对书籍进行系统的收藏开始成为新出现不久的各类图书馆的历史使命和功能。还有一小部分达官政要、军界要人和学界精英人士把藏书或作为积累财富的手段,或作为显耀门庭的资本,或出于研究的需要,也加入收藏书籍的行列。

二、藏书阶层的下移与阅读群体的广泛化

从历史上看,中国的藏书与知识传承总是密切相关的,是历代学者文人的读书治学之本。在印刷术发明以前,几乎所有书籍的复制都依赖抄写,私人藏书与阅读经常是通过抄写的方式实现的。不但民间盛行抄书,官府也很重视书籍的抄写。在3世纪到6世纪的魏晋南北朝时期,秘书监设立了专职的抄书手,他们以楷体字在纸帛上抄写书籍。北朝的秘书省就设立了抄书的专职官员"弟子"和"正字"。隋唐以前虽然有了像张华一样的"天下奇秘,世所希有者,悉在华所"②的私人藏书大家,但是大部分的藏书还是被官方垄断,也就是说极少数的当权者垄断了知识,控制了知识的传播和阅读的范围。在当时的环境下能够藏书并且能够阅读的个体,无不与官府有着密切关系。这些零星的藏书家大半分布在公卿贵族和达官鸿儒之中。

---

① 陆昕:《闲话藏书》,北京:学苑出版社,2002年,3、4页。
② 房玄龄等:《张华传》,见《晋书》(简体字版)卷三十六,北京:中华书局,2000年,704页。

根据范凤书的《中国私家藏书史》中相关数据的统计,在各类史料中确有记载的5045位藏书家中,隋唐以前的约有193人,约占总数的4%。①从这组数据中能看出,隋唐以前的藏书家从数量上来说几乎是凤毛麟角的,大部分的藏书家产生于隋唐以后,尤其是宋代以后。藏书家常常是一个时代藏书和阅读群体的典型代表,而藏书家的产生又和那个时代的阅读风尚和藏书的群众基础密切相关。通常来说,藏书家越多的时代,读书和藏书的人就越多,读书和藏书的风气就越浓。

由此我们看到,隋唐以前的藏书和阅读人群主要是当时在政治上和知识上都处于绝对垄断地位的一些公卿贵族和达官鸿儒。隋唐以降,由于雕版印刷术和活字印刷术的相继发明,书籍的来源得以扩大,不再完全依赖抄写,通过专事刻书的书肆就可获得。这种技术带来的革新开始打破统治者对知识的垄断。北宋著名词人兼藏书家苏轼对这种现象有生动的描述:"余犹及见老儒先生,自言其少时,欲求《史记》《汉书》而不可得。……近岁,市人转相摹刻,诸子百家之书,日传万纸,学者之于书,多且易致如此。"②与此同时,科举制度的实行为普通人入仕提供了机遇,也为更多的人藏书和读书创造了机会。于是在藏书群体中,除了原有的公卿贵族和达官鸿儒,还加入了众多士人学子和大大小小的官僚。这种制度上的安排和技术上的变化使藏书和阅读的人群进一步壮大。

进入20世纪,随着科举制度的废除,治经阅史已不再是登龙术,日益显得狭窄的入仕系统最终消解,适应社会发展需要的新式教育与平民教育得以推广。人才的培养和选拔出现了多种途径和渠道,

---

① 以上统计数字来源于对范凤书:《中国私家藏书史》,郑州:大象出版社,2001年,37页、38页、689页几组数字的推算。
② 苏轼:《李氏山房藏记》,见李希泌、张椒华《中国古代藏书与近代图书馆史料》,北京:中华书局,1982年,21页。

有阅读和相应的藏书需求的人群极大扩展,私人藏书群体日益扩大,个体收集书籍不再是一件神圣而困难的事情,而开始成为读书人群中的一件普通的事情。各个职业的人群把藏书与阅读兴趣或职业发展的需要相结合,都具有了普遍的藏书行为,如医生、教员、工人、公司职员、商人、作家、记者、学生等。如当时还是美术学校学生的叶灵凤在记述自己的藏书经历时写道:

> 我那时穷得厉害,从当年的哈同花园附近到西门斜桥附近去上课,往来都是步行,有时连中午的一碗阳春面的钱都要欠一欠。但是当时却已经有了跑旧书店的习惯。我记得曾经用一毛钱、两毛钱的代价,从那里买到了美国诗人惠特曼的《草叶集》、英国画家诗人罗塞蒂的诗集,使我欢喜得简直是"废寝忘食"……我的那一批藏书就是从这样的胚芽来开始,逐渐发展成长起来的。①

民国时期的藏书群体日益扩大,还可以从这一时期各个行业里涌现出的一部分藏书有成,称得上藏书家的藏书群体的代表中来窥视一二。例如,民国时期收藏万卷图书以上的187名藏书家里,包括富商、实业家、银行家在内的商人群体有26人,大大小小各级各部官员50人,包括教师、学者、编辑、画家、方志家等在内的文人学者群体74人,医生2人,律师1人,工程师1人,军人3人,未录身份和职业者30人。如果在已有身份记录的157人里面按比例计算,文人学者占比最大,官僚居次,商人、军人及其他职业皆占有一定比例。② 由上面这个比例分配,我们可以估计出当时有藏书和阅读习惯的人群在社会各种职业人群中的大致比例。其中把军人作为独立的藏书群体

---

① 叶灵凤:《读书随笔》,三集,北京:生活·读书·新知三联书店,1988年,8页。
② 据范凤书:《中国私家藏书史》,郑州:大象出版社,2001年,485—502页中的数字统计。

来统计是因为"辛亥后,武人拥厚资,大治宫室,以图书点缀"①的现象比较突出。民国以来,军人藏书和阅读的现象较为普遍,虽然不少中兴将帅和各路军阀拥兵自重,权大势大,通过藏书来装点门楣,不事阅读,仅是作为附庸风雅或是积累财富的手段,但是在不少军官乃至中下级军士中,有读书和藏书习惯者仍然不乏其人。

  总的来说,某一行业藏书家出现的概率和这一行业里有藏书和读书行为的群众的数量密切相关,越是藏书多、读书人多的行业和群体,藏书家出现的机会和概率就越大。同时,某一行业中藏书家数量的多寡也反映了这一行业有藏书习惯和阅读习惯者的多少。民国时期与前代相比,是一个藏书家逐步走向衰落,而藏书阶层进一步下移的时代。其间,藏书群体逐步延展到社会中有一定阅读能力和购买能力的众多职业阶层中。传统意义上以收藏书籍数量多、质量高见长,且带有一定研究性质的藏书家在逐步走向衰落,他们的角色被西学东渐下产生的新式图书馆所代替。与此同时,在民间以满足实际需要和阅读兴趣为目的的普通藏书者日渐增多,拥书而读开始成为一种普遍的行为,也成为一种在经济文化水平逐步提高的社会中作为个体的普通人阅读、学习和消闲的方式之一。虽然传统私人藏书家衰落了,但作为一种知识和文化表征的私人藏书却在精神力量上得到升华,它所具有的独特的文化象征意义在民众中得到普及并作为一种传统的文化精神而深入人心,代代相传。

---

① 伦明:《辛亥以来藏书纪事诗·张勋》,上海:上海古籍出版社,1990年,29页。

第八章　精英的阅读生活与风貌

"精英"通常与"大众"相对而言,精英阶层往往是一项或多项领域里的优秀人才和领导者。现代意义上的精英阶层通常以受过良好的高等教育为基本特征,虽然他们只是社会人口中的少数,但其观念、言行常常对社会发展方向和前景产生重要影响。在中国传统社会中,秉承"达则兼济天下,穷则独善其身"理念、兼具知识分子与官僚身份的士大夫阶层正是中国古代精英的承载群体。① 和其特殊的政治、经济地位相适应,精英阶层在教育、文化、生活等诸多层面亦呈现独有的面貌,反映在阅读领域,则形成了独有的文化特质。与此同时,由于精英阅读具有绵延性和开放性,虽历经战火兵燹、世代更替,但其在积极吸收外在变化的同时,维系了较为稳定的特征,显示了作为优秀传统力量的生命力。

民国时期,伴随原有政治结构的解体,传统的士大夫阶层逐步消失,取而代之的是具有现代色彩,分布在社会各个领域的知识精英,或为作家、学者、出版家、官员、金融家、商人、收藏家……无论这些知识精英从事的职业或所专攻的方向如何不同,阅读兴趣和偏好怎样

---

① 阎步克:《士大夫政治演生史稿》,北京:北京大学出版社,1996年,1—10页。

千差万别,他们在阅读的文化特征上都保持了同一的内在继承性和相似的阅读风貌。阅读传统的家族承继和对风雅阅读生活的追求成为这一阅读景观的两个主要文化表征。

第一节 以书香世家、家学渊源为阅读根底

家族是以血缘关系为基础形成的一种关系实体,是传统中国社会的基本结构。家学和家风是大家族兴旺的底蕴,因此中国历代的大家族一向重视家教和家风。在我国古代,几乎每个家族都有自己的家训、家规,在一代代人的沿袭中,造就了丰厚的家学基础,也形成了各有特点的家风。每个家族根据自己祖先的教诲、家庭职业特点和对子孙的希望,制定若干条祖训或家训,以引导、规范、督促后人的学习、生活。有的家训只有简单几条,而有的家训则很有系统,足以成书。以《袁氏世范》《颜氏家训》和《朱子家训》为代表的众多中国家训,其影响从家族扩大到整个社会,潜移默化地进入了大众的思想行为中,影响了一代又一代的中国人。

家风和家法是一个家族做事、做人的内在约束。一个没有良好家风的家族,一般不能长久兴旺。单就财富的累积而言,其延续长度常常受限于"富不过三代",唯有"忠厚传家,诗书继世",一个家族才能香火不断,绵延不绝。中国历史上能唯系多代的大家族不管开始时是以什么行当起家,或世袭为官或经商或务农,家族内部都会鼓励培养一些"读书种子",从事教育,以彰显家声,"几百年人家无非积

德,第一等好事只是读书"①。如以周馥、周学熙、周叔弢为代表的周氏家族,是近代天津乃至中国北方最著名的实业家族。大凡近代中国北方的大中型企业,无不与之有关,诸如开平煤矿、启新洋灰公司、北京自来水公司、中国实业银行、耀华玻璃公司、光华棉业公司等,周家不是首创者就是大股东,因而在19世纪末20世纪初的几十年间,它占据了全国骨干企业的半壁江山。周馥家族第一代人做官,第二代人做官兼经商,第三代人经商兼做学问,余事收藏,第四、五、六代人几乎都成为学问家,真正实现了中国人的"家学渊源""代有人出"的传统理想。②

书香世家、书香门第便是指世代有读书种子,以诗礼传家,有文化、有地位的家族。冯友兰的父亲是清光绪戊戌年(1898)的进士,他对书香世家给出了一个具有普遍意义的标准:"不希望子孙代代出翰林,只希望子孙代代有一个秀才……子孙代代出翰林,这是不可能的事。至于在子孙中代代有个秀才,这是可能的,而且是必要的。这表示你这一家的书香门第接下去了,可以称为'耕读传家'了。照封建社会的情况说,一个人成了秀才,虽然不是登入仕途,但是可以算是进入士林,成为斯文中人,就是说成为知识分子了。"③诗书继世的家庭为子弟的阅读、学习提供了良好的环境,而良好的家学基础、严格的家教传统则是子弟成为精英的必要条件。古代的精英阶层通常和书香世家有着密不可分的关系,其在总体阅读面貌上注重文化传统的保持,具有系统性和家族承续性,即"经学继世、父子相承"。两汉的司马谈司马迁父子、班彪班固父子,魏晋时期的曹氏三父子、清河崔氏、范阳卢氏等,其家族都是有名的书香门第。江南大族钱家近代

---

① 胡积堂:《书香人家》,见王余光、徐雁《中国读书大辞典》,南京:南京大学出版社,1993年,58页。
② 王忠和:《东至周氏家传》,天津:百花文艺出版社,2007年,1—20页。
③ 冯友兰:《三松堂自序》,北京:生活·读书·新知三联书店,1984年,26页。

以来出了很多有学问的人,如钱基博、钱穆、钱伟长、钱锺书等人,另外江西安福王家的王邦玺、王仁熙、王仁照、王礼锡,出身于浙江海盐望族的张元济,江西义宁(今修水)陈氏家族的陈宝箴、陈三立、陈衡恪、陈寅恪,皆为博学鸿儒……家庭熏陶对他们取得诸多成就的助力,不可谓不大。

  在传统社会中,与乡土社会的生产力水平和差序格局相适应,家族通常担负着政治、经济、宗教等复杂的社会职能。① 对儿童的教育通常主要由其家族来完成,即便在新式学堂兴起的民国时期,家庭内部的教育仍然发挥着举足轻重的作用。如会集群英的桐城鲁洪方家,其善于教育闻名乡里,方守敦虽然让孩子都上洋学堂,但规定孩子们一定要在家塾中读上几年书,打下根底,学习的主要内容是《三字经》《百家姓》《千家诗》《龙文鞭影》《声律启蒙》及"四书五经"等。方家诸多后辈成就的取得与早年家庭中书香文化的传承与熏染密不可分,著名文学评论家舒芜(方管)就是其中的代表。舒芜祖父思想进步,善诗能文;父亲是研究古代文论创作及音韵学的大家。舒芜儿时读的启蒙书是"四书五经"、《唐诗三百首》《古文观止》,他从小最爱听人讲《左传》,喜欢《诗经》,更喜欢汉魏以下五言、七言诗,祖父的书柜更是成了他的精神食粮。②

  缥缃千万卷,设家塾教育子弟,常常是保持"书香世家"门第的必要之举。③ 生于1917年的国学大师饶宗颐在自述其学术道路时,就颇以"出身书香世家,幼熏文史坟籍"自豪,认为幼时家族中丰富的藏书为其日后在学术上的成功打下了坚实的基础,"可以想见,我小时候成天就接触这些东西,条件是多么好! 现在的大学生毕业了,都未

---

① 费孝通:《乡土中国》,北京:北京大学出版社,2012年,40页。
② 黄季耕:《安徽文化名人世家》,合肥:安徽教育出版社,2005年,269、270页。
③ 徐雁:《耕读传家——一种经典观念的民间传统》,载《江海学刊》,2003年第2期。

必有我六七岁时看到的东西多"。① 近代以来的东至周氏家族,依照祖训,大力兴教办学。周学熙除1922年在秋浦创办宏毅中学外,另设了一座师古堂,还仿照父亲《负暄闲语》的体例,抄写圣贤语录格言、家史往事数十万言分投各房子弟,又撰《儒行篇书后》付师古堂诸生。1938年,师古堂举办讲座,每星期日集合子弟于一堂,讲授《孝经》及程朱理学。1941年,他又倡设孝友堂支祠奖学金,奖励优秀子弟。此外,周氏家族还拥有自己的家塾、藏书楼、刻书局。周氏家族一直沿用"新知识与旧道德"相结合的教育方法,始终坚持"中学为体,西学为用"的宗旨,把儒、道、佛学有机地结合起来进行教育,充分体现了周氏家族的家学渊源和文采风流。周氏家族后人、著名学者周一良就有这样的读书经历:八岁入家塾读书,总共十年。在家塾读古书外,十四岁开始外文的学习,系统学习日文和英文;18岁时报考燕京大学的国文专修科,一年后,改入辅仁大学历史系。②

民国时期是中国古代社会向现代社会的转型期,总体而言,传统的家族结构受到了新经济结构的冲击,但内在的家族文化仍然在无形的言传身教、家训家规与有形的藏书的保障下得到了延续和发展。著名物理学家杨振宁在回忆自己在老家安徽合肥的童年生活时,印象最深刻的就是在他们的大家庭里面,每年旧历新年正厅门口都要换上新的春联,上联是"忠厚传家",下联是"诗书继世"。他的父亲即数学教授杨武之不仅教给他新学的知识,如用大球、小球讲解太阳、地球与月球的运行情形,教英文字母"abcde……",也教一些算术如鸡兔同笼一类的问题,还很重视对他进行中国文化知识的教育,教他读了不少唐诗,教他学习中国历史朝代的顺序等。杨振宁的物理学启蒙则来自父亲的藏书,"父亲书架上有许多英文和德文的数学书籍,

---

① 饶宗颐:《饶宗颐学述》,杭州:浙江人民出版社,2000年,1—5页。
② 周一良:《毕竟是书生》,北京:北京十月文艺出版社,1998年,7—23页。

我常常翻看。印象最深的是 G. H. Hardy 和 E. M. Wright 的《数论》中的一些定理和 A. Speiser 的《有限群论》中的许多 space groups 的图。"①再如国学大师陈寅恪少年时已遍览先秦古籍,以后能数十年致力于研究佛教典籍,皆得益于祖上丰富的藏书。"十岁前即开始翻阅先祖所藏的各种佛经,觉其怪奥难懂,但颇感兴趣。"②

第二节 藏读合一的儒雅习尚

"藏书者,诵读之资,学问之本也。"③私家藏书成为造就书香世家的基础,也是明窗净几、竹榻茶垆、棋局诗酒的风雅生活的重要组成部分。与较好的教育背景相适应,精英阶层的阅读通常都具有鲜明的个性,在很大程度上带有研究性质,所以访寻、入藏自己所需要的书籍,坐拥书城,藏书而读成为精英阶层阅读的一大特征。这一点在民国时期迅速增长的藏书家数量上得到了有力的佐证。由于书籍制作成本大幅降低,书刊大量普及,民国以来藏书家数量蔚为大观,出现 868 名有史可考的藏书家。④

由于私人藏书大多是藏书者按自己的方针去系统收罗的,因此其藏书自然而然形成了有生命、有组织的独立系统。收藏者的生命流贯其中,收藏者与其藏书连成一体⑤,以至于从一个人的藏书结构

---

① 杨振宁:《父亲和我》,载《二十一世纪》,1997 年 12 月总第 44 期。
② 陈封雄:《史学界缅怀一代宗师陈寅恪——参加纪念先叔陈寅恪国际学术研讨会的感想》,载《人民日报》(海外版),1988 年 6 月 21 日。
③ 张金吾:《爱日精庐藏书志·新序》,上海:上海古籍出版社,2014 年,17 页。
④ 范凤书:《中国私家藏书史》,郑州:大象出版社,2001 年,689 页。
⑤ 叶灵凤:《读书随笔》,三集,北京:生活·读书·新知三联书店,1988 年,246 页。

常常就能看出其阅读结构和知识组成状态。"从前有人说过,自己的书斋不可给人家看见,因为这是危险的事情,怕被别人看出自己的心思。"①

建于1920年的嘉业堂藏书楼的外观及内堂

去图书馆阅读对于大部分精英阶层的读者而言仍然是一件不得已而为之的事情,文学家施蛰存专门撰写过《关于图书馆》,讨论在公众图书馆借书的缺憾。除了一些专门性的特殊图书馆外,大多图书馆是为满足大众的普遍需要而设置的公共设施。在这些精英读者看来,图书馆因为要照顾大众口味,书籍主要以种类齐全为主,做不到精选慎选,甚或收藏一些没有什么使用价值的书籍,所以成了书籍的坟墓或者是书籍的养老院。②

通常来说,在古代社会,在政治上和经济上都占据优势地位的士大夫阶层通常拥有足够的财力,为藏书选址专建藏书楼,使其成为家族内部的财产和专有阅读空间。近代以降,精英阶层的私人阅读空间除了原有的藏书楼外,由于便捷的入藏形式和较低的建造成本,书房、书斋更为常见和普及。在这些书房、书斋中出现了各具风格的藏读生活。在精神层面,"万卷古今消永日,一窗昏晓送流年"成为精英阶层追求的理想读书生活,而"书似青山常乱叠,灯如红豆最相思"则成为其读书生活的诗意写照。从物化的层面来说,赋予自己书斋室名或斋号,或反映主人姓氏、家世,或明志,或示趣,取典寓意,托物言

---

① 周作人:《书房一角·序》,石家庄:河北教育出版社,2002年,2页。
② 叶灵凤:《读书随笔》,三集,北京:生活·读书·新知三联书店,1988年,245页。

志,风雅至极,且古今皆然。如宋代李清照夫妇的"归来堂",陆游的"书巢",明毛晋的"汲古阁""目耕楼",黄丕烈的"百宋一廛"楼。民国时期的室名、斋号更是在形式上不拘一格,异彩纷呈。如鲁迅的"绿林书屋""且介亭",丰子恺的"缘缘堂",周作人的"苦雨斋",闻一多的"何妨一下楼"书斋……书斋不仅是藏书、读书、著述之所,更是一方精神领域之所在,真正成为读书人的"琅嬛福地"。藏书印也是风雅书斋生活中必不可少的物件。中国的印章文化源远流长,有以反映藏主拥有权益为特征的名章,或以姓名字号为章,或以堂室斋馆名为章;也有不作为持信物,仅反映其主人志趣、祈望、癖好、事迹的闲章,如清鲍廷博有"黄金散尽为收书"的印章,冯文昌有"茅屋纸窗笔精墨妙""清旷之域"等印章。专为藏书和阅读而刻的藏书印也在明朝以来有了固定的格式,文字大多为某某藏书、某某读书、某某手校、某某经眼、某某鉴赏等。

民国名士高燮藏书楼"可读斋"匾额

民国时期,在西方文化的影响下,除了原有的藏书印外,藏书票也开始进入爱书人的藏读生活中,并与传统的文化艺术相结合,形成了自己的特色。藏书票是一种粘贴在书籍上,体现藏书版本和表达藏主个性、志趣的标签,色彩多变,构图灵活。① 早在1913年出版的一本《图解法文百科辞典》中就夹带有赴美留学的关祖章制作的,上书"关祖章藏书"的藏书票。② 鲁迅、郁达夫、叶灵凤等人都是中国藏书票的积极倡导者和收藏者。版画家李桦、赖少其等制作了中国第

---

① 王余光、徐雁:《中国读书大辞典》,南京:南京大学出版社,1993年,446页。
② 吴兴文:《我的藏书票之旅》,北京:生活·读书·新知三联书店,2001年,267页。

一批藏书票,画家叶浅予、林风眠、张大千、潘天寿、傅抱石等也都精心制作过风格各异的藏书票。

第三节　书话文化中折射出的阅读世界

书话,顾名思义即有关书的掌故、读书心得,写法多样而灵活,不拘一格,因而是读者个性和感情的生动体现。"书里书外,书人书事,触处皆是文章,书话是最为自由活泼,可长可短的,书话作者不必囿于成规,大可各行其是,各擅所长。"①自古以来,中国的士大夫文人就喜作诗话,其后又有词话、曲话,如《随园诗话》《带经堂诗话》《人间词话》《李笠翁曲话》等。现代书话直接发端于明清藏书题跋,较之以往的"话类"文体,它在题材、功能和形式上有了全新的拓展。书话以现代眼光探讨关于书籍的方方面面,在题材上从以往对图书版本的关注、对孤本善本的珍爱、对史实掌故的絮语扩展到对图书的全方位关注,或品评内容,抒发杂感;或记载书的来龙去脉,考证出版始末、版本变迁、流传过程;或叙述书市、书贾,历数旧闻掌故;或描述访书、买书过程,谈淘书的苦乐;或礼赞书的功用,倾诉对书的情怀。书话在写作方法上则引入散文的因素,更具可读性,有利于广泛传播。书话在形式上突破了以附着于原书为主的形式,可于各种媒体上独立发表。② 从1929年1月起,郑振铎以西谛为笔名在《小说月报》上连续发表了千字左右的《读书杂记》十九则,文笔清隽,趣味盎然。周作人于20世纪20年代开始在《晨报副刊》上开设《自己的园地》专栏,其中

---

① 陈子善:《书话杂谈》,载《中华读书报》,1998年5月20日。
② 胡立耘:《书话小识》,载《图书馆杂志》,2006年第2期。

便有不少熔识见与文采于一炉的书话精品。进入20世纪30年代后,不少书话作品纷纷以"书话"为名刊发或结集出版,推动了现代书话文化的形成与发展。

书话倡导书香文化和书斋趣味,并且与读书随笔、读书札记日益紧密地结合在一起,成为中国读书人心灵的映射。阅读不同时期的书话作品也是了解相应时期中国读书人阅读生活的最直接途径。早在1914年,周作人就写了《读书论》一文,指出"恶书""庸劣之书"对读者的危害。1923年,梁启超在《谈中国书》一文中希望中国留学生多读中国书,以增加国学修养,期许他们回国后对中国文化有贡献,认为这才配叫作中国留学生。1925年,胡适在《读书》中谈自己对读书方法的体会,从"精""深"两方面谈读书的要点,阐述得相当完整、细密,深得读书方法三昧。在文章的结尾,胡适说:"我曾把这番意思编成两句精浅的口号,现在拿出来贡献给诸位朋友,作为读者的目标:'为学要如金字塔,要能广大要能高。'"[1]20世纪30年代,胡适还写过《为什么要读书》和《读书的习惯重于方法》,强调读书习惯的重要性。1928年,朱光潜在《谈读书》中对青年的阅读提出了自己的看法,他认为初中的学生们宜多读些想象的文字,高中的学生应该读含有学理的文字。他认为凡尔纳的《八十日环游世界》和《海底两万里》,笛福的《鲁滨孙漂流记》,大仲马的《三剑客》,霍桑的《奇书》和《丹谷闲话》,金斯利的《希腊英雄传》等书虽然在国外很流行,"给中国青年读,却不甚相宜"[2]。1934年,鲁迅写了《随便翻翻》《读书忌》等,谈到读书方法、应注意的问题及读书功用,给我们颇多启示。20世纪30年代,林语堂写了《读书的艺术》《论读书》等书话散文,指出快乐读书、随意读书、趣味读书的重要性。叶灵凤则将书当作友人,把书斋

---

[1] 胡适:《读书与治学》,北京:生活·读书·新知三联书店,1999年,11页。
[2] 朱光潜:《谈读书》(1928),见《朱光潜全集》,合肥:安徽教育出版社,1993年。

当作避难所,将读书当作和朋友谈话一般的乐事。

　　由于书话具有知识性和审美性的双重功能,"给人以知识,也给人以艺术的享受"①,因此书话在民国时期开始成为一种自觉的文体,翻译家、藏书家、出版家、编辑及社会科学和自然科学各个领域的学者积极参与书话创作,纷纷从各个方面介绍读书、藏书的经验和心得,字里行间满是爱书、惜书之情。"取书共赏,相视而笑,莫逆于心,颇有'空谷足音'之感。"②曹聚仁于1931年8月出版的《涛声》创刊号上发表了《书话二节》,阿英在1935年写的《版本小言》中提出要注意新书的版本,1937年在报刊上发表的《鲁迅书话》三则被认为是完全意义上的书话。阿英的书话专辑《夜航集》题材多样,写法活泼,情感丰富。因此,黄裳在《银鱼集·阿英与书》中,指出阿英是新的书话的先行者。进入20世纪40年代,书话的写作随着图书文化的发展在题材上有了进一步的拓展,如周越人的《书书书》《版本与书籍》,其中有谈孤本词曲小说的,也有泛谈版本及访书经验的篇章,还收录有不少有关禁书的书话,如《西洋的性书与淫书》《外国〈金瓶梅〉》等。唐弢于1945年在6月号的《万象》上开始以晦庵为笔名发表书话,书话十分关注新文学著作与译作。1949年出版的冯亦代的《书人书事》则聚焦于英美文坛动向及书市风景。

　　书话选材丰富,与读者的互动性较强,是读者进入广阔阅读世界的桥梁。读者不仅可以从中获得美的享受,而且可以从中认证到自己的读书感受;那些没有读过某书的人,则可以通过书话了解其内容与丰采。③ 如通过《猎书家的假日》《英国的禁书》《书志学讲义》《书与

---

① 唐弢:《晦庵书话》,北京:生活·读书·新知三联书店,1998年,5页。
② 郑振铎:《西谛书话》上,北京:生活·读书·新知三联书店,1983年,269页。
③ 王兆胜:《百年中国书话散文综论》,载《广播电视大学学报》(哲学社会科学版),2004年第1期。

斗争》《书斋随步》等可以了解国外读者所爱之书的信息。① 书话也是写作者阅读观的最直接表露,为其他普通读者提供了一个可能的阅读门径。朱光潜讲述了选书的重要性:"走进一个图书馆,你尽管看见千卷万卷的纸本子,其中真正能够称为'书'的恐怕还难上十卷百卷。你应该读的只是这十卷百卷的书……你与其读千卷万卷的诗集,不如读一部《国风》或《古诗十九首》,你与其读千卷万卷谈希腊哲学的书籍,不如读一部柏拉图的《理想国》。"②鲁迅则强调随便翻翻对于阅读的重要性,有了比较才易辨别真金:"治法是多翻,翻来翻去,一多翻,就有比较,比较是医治受骗的好方子。"③

此外,书话还具有较大的自由性与随意性,它不仅成为写作者也成为读者在精神上休闲消遣的食粮。作家唐弢在《晦庵书话》中写道:"说句老实话,我并没有把《书话》当成'大事业',只是在工作余暇,抽一支烟,喝一盏茶,随手写点什么,作为调剂精神、消除疲劳的一种方式。因此我也希望读者只把它看作是一本'闲书'。当你们工作后需要休息的时候,拿来随便翻翻。"④孙犁在谈到自己的书话作品时也说其创作只是"无意为之也",是为了"消磨时日,排遣积郁"。⑤

书话虽然在写作上具有随意性的特点,但并不能轻易写就,需要写作者不仅有广博的知识积累,还要有深刻的人生体验和较高的审美情趣,如果以书论书,就事谈事,书话的艺术性和可读性将丧失殆尽,书话也就失去了其存在的根基。"我以为书话虽然含有资料的作用,光有资料却不等于书话。我对那种将所有材料不加选择地塞满

---

① 叶灵凤:《书鱼闲话》,见《读书随笔》,三集,北京:生活·读书·新知三联书店,1988年,248—254页。
② 朱光潜:《谈读书》(1928),见《朱光潜全集》,合肥:安徽教育出版社,1993年。
③ 鲁迅:《随便翻翻》,见《且介亭杂文》,北京:人民文学出版社,1951年,133页。
④ 唐弢:《晦庵书话》,北京:生活·读书·新知三联书店,1980年,5页。
⑤ 孙犁:《书衣文录》,济南:山东画报出版社,1998年,9页。

一篇的所谓'书话',以及将书话写成纯粹是资料的倾向,曾经表示过我的保留和怀疑。"①"话"虽是闲话,但讲究欣赏作品时的审美体验,在玩味作品、联想世事人生时的灵光顿现,达到人与书的契合。"不是此中名手,莫敢道只字也",因此书话的写作对写作者的整体素质提出了较高的要求,这在很大程度上决定了书话的作者应为社会的上层读者,他们的阅读面、社会物质支持(藏书、经济基础)和人生历练为其进行书话创作提供了必要的条件。

书话里有书事,包括书的内容、书籍制度的演变及书斋、书案、书印的流风,也有人事,包括作者的逸闻趣事和读者的阅读所得,在时空跨度上有古有今、中西交贯,前朝的风流、近日的掌故交织于一体。书话这种文体形式不仅传达着将作品作为审美对象所作的品评,而且还蕴含作者的心境、意趣以及文化氛围。它体现着中国文人,尤其是处于社会上层的读书人人生中最可玩味的书香世界:崇尚天机清妙的精神冥想、散淡无碍的性情怀抱、优雅闲适的生活态度,在焚香读书、品茗论学、鼓琴敲棋的生活中构筑的精神家园。②"公退之暇,被鹤氅衣,带华阳巾,手持《周易》一卷,焚香默坐,消遣世虑。江山之外,第见风帆沙鸟、烟云竹树而已。"③这正是这一书香世界的生动显现。

---

① 唐弢:《晦庵书话》,北京:生活·读书·新知三联书店,1980年,6页。
② 胡立耘:《书话小识》,载《图书馆杂志》,2006年第2期。
③ 王禹偁:《小畜集·黄州新建小竹楼记》,见《全宋文》,卷一五三,四川:巴蜀书社,1989年,475页。

第九章　从推荐书目看社会阅读取向

晚清至民国是我国社会的大变动时期,也是我国推荐书目的转型时期。推荐书目不仅是读书治学的门径,也是一个时代阅读时风的缩影和最直接反映。清代乾嘉之时,治学先治书目,读书必懂版本,这在学人群体中成为时代性风习。与此相关的学术门类如目录学、辑佚学、校勘学、辨伪学等,在时代潮流中顺势跃居为显学。在这种学术背景下,以"条其篇目,撮其旨意"为追求的目录学传统得到了大力弘扬,以《四库全书总目》为代表的国家公藏图书总目和大批方志类书目、私藏书目大量涌现。在以"中学为体,西学为用"为指导思想的洋务运动中,针对时局的发展,以培养"讲求实务,贯融中西,精研器数"的人才为目的,一批以经邦济世为己任的有识之士纷纷把为广大青年学子开列指示"应读何书,书以何本为善"的推荐书目作为自己的责任,希望"令初学者易买易读,不致迷罔眩惑"。这些书目或列举西方经世致用之书,如梁启超的《西学书目表》,有正表三卷,著录鸦片战争后所译西书 352 种,附表一卷,著录通商以前西人译著各书 86 种,近译未印各书 88 种,中国人所著书 119 种,还附有《读西学书法》一卷,该书对指导中国读者阅读西学书籍起到了积极的作用,推动了西书在中国的传播和阅读①；或总结传统学术成果和阅读方法，如张之洞的《𬨎轩语》、康有为的《桂学答问》和梁启超的《读书分年日程》等。《𬨎轩语》是张之洞为了改变当时许多科举考生"帖括之外，无所知"的状况而写给生童的科举考试参考书目。《桂学答问》是康有为游学桂林期间为当地广仁学堂的学生编撰的一部列举各科当读宜读书籍、指示阅读次序和方法的书目。这些推荐书目体现了19世纪末新旧交替时期的阅读特色，其中最具代表性和影响性的是著名的洋务派首领张之洞组织编写的《书目答问》。

第一节 《书目答问》的阅读和影响

一、《书目答问》的编制及其特点

《书目答问》成书于1875年，是张之洞给当时读书人开列的读书目录举要，从总体收书情况来看，它是一部总结历代学术成就的书目。《书目答问》共收书2200种左右，涉及作者2400人，其中侧重收清人著作，共1000多种，占收书总数之半，且特别重视收录

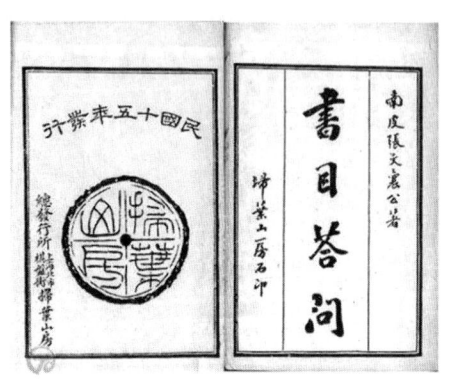

扫叶山房石印本《书目答问》

"四库"未收录的乾嘉之后到近代的学术著作，基本上囊括了有清一

---

① 王心裁：《文化冲突交融中的导读目录》，载《图书情报知识》，1998年第4期。

代的主要学术著作。《书目答问》的分类也特别注意对清人著作及其学术源流的解析,注意反映清代的学术成就。《书目答问》实际上开了续《四库全书总目》的先河,成为清代学术的总结性书目。①

《书目答问》类目设置和著录内容都颇具特色。其书目正编分为经、史、子、集、丛五大部类,另附"别录"一类。其中经部书籍大抵是"学有家法、实事求是者",而史部书籍则是"义例雅饬、考证详核者",子部书籍举"近古及有实用者",且不录"无用者、空疏者、偏僻者、淆杂者"。② 在著录上,《书目答问》的最大特点是切合实用,所收书绝大多数是当时易于访求、便于阅览的书。所以不少读者认为该书"所取既博,条例复明,实为切要之书"③。书目各类之下虽不尽设小序,但各部类前后多有说明,分别叙述著录范围、收书性质、分类原则及版本情况等,凡作者认为是重要书籍,书下就略加评注,如"此书最简括""甚便初学"等,这进一步加强了这部书的导读功用。

二、《书目答问》的阅读

《书目答问》初刻本自1876年在四川成都发行以后,即受到人们的欢迎,"翻印、重雕不下数十余次,承学之士,视为津筏,几于家置一编"④。次年重加勘定后,《书目答问》又成为京师诸生的教材。1895年上海蜚英馆有石印本《书目答问》,此后印本愈来愈多,竟至"书肆翻刻,讹谬叠见,本书面目,为之减色"⑤,从此"四方学者闻风兴起,得

---

① 谭华军:《论〈书目答问〉的学术文化影响》,载《图书情报知识》,1997年第4期。
② 谭华军:《论〈书目答问〉的学术文化影响》,载《图书情报知识》,1997年第4期。
③ 李慈铭:《越缦堂读书记》,上海:上海书店出版社,2000年,563页。
④ 范希曾:《书目答问补正·跋》,北京:北京燕山出版社,2008年,254页。
⑤ 李时:《增订书目答问补正·附三》,北京:中华书局,2011年,652页。

所依归,数十年来成就学者不知凡几"①。此书目成为书商搜购书籍、藏书家乃至早期的学校图书馆收藏书籍的购书指南。② 有人对当时的这种情况作了生动的描述:"至光绪初,承平已久,士夫以风雅相尚,书乃大贵。于时南皮张孝达学使,有书目答问之作,学者按图索骥,贾人饰椟卖珠,于是纸贵洛阳,声蜚日下,士夫踪迹半在海王村矣。"③

《书目答问》对广大后学者在阅读文化典籍和学术研究上的指导作用也是巨大的,具有"一册垂为学海津"④的功用,所谓"以书目为名,而实指示读书之法者,则莫如张文襄公之《书目答问》为优也"⑤。据梁启超的回忆,他少年时代"得张南皮师之《輏轩语》《书目答问》,归而读之,始知天地间有所谓学问者"⑥。史学家陈垣(1880—1971)13岁始以《书目答问》为"读书门径",他晚年回忆说,自己之所以对四书五经之外的学问产生兴趣,就是因为《书目答问》的指导。⑦ 顾颉刚在回忆少时在苏州观前街一带书肆看书经历的时候也说,对《书目答问》一类的书是"翻得熟极了"⑧。鲁迅谈读书经验时也认为,"我以为倘要弄旧的呢,倒不如姑且靠着张之洞的《书目答问》去摸门径去"⑨。民国期间的诸多学者名士在开列书目时都将《书目答问》列在应读之书的首位。

在西学东渐风潮尚未从根本上触动旧学传统学术构架,中国古典学术形态向现代学术形态刚刚转型的时代,张之洞作为一位进士

---

① 李时:《增订书目答问补正·附三》,北京:中华书局,2011年,652页。
② 徐雁:《〈书目答问〉传世百年三论》,载《编辑学刊》,2001年第6期。
③ 震钧:《天咫偶闻》,北京:北京古籍出版社,1982年,163页。
④ 伦明:《辛亥以来藏书纪事诗·缪荃孙》,上海:上海古籍出版社,1990年,32页。
⑤ 李时:《增订书目答问补正·附三》,北京:中华书局,2011年,652页。
⑥ 梁启超:《梁启超全集》一,北京:北京出版社,1999年,19页。
⑦ 刘乃和:《励耘书屋问学记·史学家陈垣的治学》,北京:生活·读书·新知三联书店,1982年,134页。
⑧ 刘起釪:《顾颉刚先生生述》,北京:中华书局,1986年,16、17页。
⑨ 鲁迅:《读书杂谈》,见《鲁迅全集》第三卷《而已集》,北京:人民文学出版社,1981年,441页。

出身，有着翰林院编修与"国朝通儒"身份，以洋务而声名远播的一代名臣，他在晚清中兴时代的文人士子群体中享有可贵的"清流派"的声誉，这使他的以"经世致用"为主导思想的推荐书目有着足够的权威性与导向性，在很大程度上成功地导引、规范了中国传统知识分子群体在传统知识世界变更前夕的读书生活和思想塑造。① 它的存在，为此后绵延迭出的导读类书目起了示范作用，成为中国传统学术阶段影响最为深远的导读性书目之一。此时，中国传统文化与知识体系仍然保持着它内在脉络的相对完整性和自足性，在主体上仍然处于对传统构架进行修补维护、弥缝补罅的阶段，由此反映在学子士人的阅读景观上仍然是以《书目答问》所体现的"共同知识范畴"为主，但其中蕴含了一个时代变革的先声。

第二节 青年必读书事件与20世纪20年代的阅读

青少年是一个民族、一个国家的希望，所以青年的成长和教育问题自然成为社会关注的焦点。早在百日维新失败后的1900年，梁启超就在《少年中国说》中对青年一代倾注了强烈的希望："少年智则国智，少年富则国富，少年强则国强，少年独立则国独立，少年自由则国自由，少年进步则国进步，少年胜于欧洲则国胜于欧洲，少年雄于地球则国雄于地球。"他认为建设中国，救亡图存的大任，"不在他人，而全在我少年"。在新文化运动中，陈独秀明确指出了青年的力量："青年如初春，如朝日，如百卉之萌动，如利刃之新发于硎，人生最可宝贵之时期也。"②在清末民初这个破旧立新的社会大变革时代，作为新生

---

① 张国功：《从共识到冲突：导读性书目的历史及其文化意义》，载《博览群书》，2003年第8期。
② 陈独秀：《新青年·敬告青年》，1915年9月。

力量的青年被寄予了很大的希望,所以如何指导他们读书成为众多有识之士普遍关心的问题。

一、教育导向的变化与新的阅读需求的产生

1898 年戊戌变法以后,中国传统的教育制度受到很大的冲击,一批新式学堂诞生。到 20 世纪初,科举制度废除,新式教育开始受到人们的重视并得到迅速发展。新式教育不再以四书五经为中心,延续了千年的以教授《三字经》《百家姓》《千字文》《论语》《礼记》等为主的私塾和以经学教育为导向的书院制度走向衰落,取而代之的则是以日本和欧美学制为蓝本的新学制。新式教育为中国新一代的学生们提供了丰富的课程和全新的知识结构,西方科学知识进入课堂并成为教学内容的主体。中国当时的学校教学内容中,传统经典只占 27.1%,而数理化等新知识却占 72.9%。[①] 如模仿日本 1887 年《小学校学科及其程序》而制定的壬寅学制(1902)和癸卯学制(1903)规定,在传统的修身、读经讲经、中国文字外,小学课程另加入算术、历史、地理、格致、国画、体操等;模仿日本 1910 年《中学校令施行规则》而制定的中学课程表,加入的新课程更多,如外语、地理、历史、数学、博物、物理、化学、图画、体操等。在课时分配中,传统课程的中心地位在慢慢消减,到民国元年壬子·癸丑学制(1912—1913 年)实施时,无论是初等小学课程表、高等小学课程表,还是中学校课程标准中,传统课程都在进一步削弱,新课程的内容却越来越丰富,配置也越来越科学化。[②] 在 1922 年的"新学制"制定后,中学外语课的重要性几乎和国语课一样,甚至在一定程度上超过了国语课,在初级中学的学分

[①] 袁立春:《论废科举与社会现代化》,载《广东社会科学》,1990 年第 1 期。
[②] 舒新城:《中国近代教育史资料》,中册,北京:人民教育出版社,1981 年,445—449 页。

规定中,国语课的必修学分是 32 学分,而外国语的必修学分则是 36 学分。①

在大学专业的设置上,西式的教育体系和知识分科的特色也越来越明显,1913 年 1 月 12 日民国政府教育部 1 号令公布的《大学规程》中,将大学分为文科、理科、法科、商科、医科、农科、工科等七科,每科下设若干专业,如理科下分数学、星学、理论物理学、实验物理学、化学、动物学、植物学、地质学、矿物学等九个专业。② 至此,一个包括幼稚园、小学、初级中学、高级中学、大学在内的现代化西式教育体制在中国得到确立。这种主要建立于西方现代科学发展基础上的分科和专业,使得学生有更多选择的可能性,却出现了偏离及疏远传统文化的趋势。必修学分和课程的增多,意味着学生学习时间的多次分割,使得身处各种专业学习任务中的学子无暇顾及其他知识。追求教育的实用性和功利性,也使学生更加偏离人文;加上五四时期狂飙突进式的反传统思潮,使得中国传统的文史之学与大多数人无缘。③

在这种情况下,很多青年学子对传统文化和学术产生了既渴望又陌生的矛盾心情。清华学校的学生胡敦元等四人在将要到外国留学之际,"很想在短期得着国故学的常识",而胡适也说,"这四五年来,我不知收到多少青年朋友询问治国学有何门径的信"④。在新式教育以巨大的优势取代传统教育的同时,它的弊端也为不少人士所洞察。如章太炎曾对当时的学校教育提出严厉的批评,认为学子治

---

① 教育部教育年鉴编纂委员会:《第一次中国教育年鉴》,丙编,上海:开明书店,1934 年,190、191 页。
② 钱曼倩等:《中国近代学制比较研究》,广州:广东教育出版社,1996 年,108 页,112 页,171—177 页。
③ 徐雁平:《20 世纪 20 年代的国学推荐书目及其文化解读》,载《学术研究》,2000 年第 10 期。
④ 胡适:《一个最低限度的国学书目》,载《东方杂志》,第 20 卷第 4 号,1923 年 2 月 25 日。

学不"以序进",不依识字——记诵——考辨的步骤进行,大学中也有颇多"恶制陋习"。① 针对西式教育中存在的分科过细的问题,蔡元培不仅强调军国民教育、实利主义教育和公民道德教育,也强调世界观教育和美感教育。1917年10月,蔡元培更是进一步提出"沟通文理"的意见:习文科的,不可不兼习理科中的某种专业;习理科的,不可不兼习文科中的某种专业。为纠正以西方知识体系为基础的现代教育的弊端,一些有远见之士纷纷做出各种努力,进入20世纪20年代以后,在"整理国故"的国学复古风潮中,一批以指导广大青年学生阅读为宗旨的国学推荐书目纷纷出现。

二、"梁胡之争"及其对阅读的影响

据统计,目前可看到的1919年至1937年的国学书目有41种左右,其中的一半以上出现在20世纪20年代。② 胡适、梁启超分别为青年学子开列了《一个最低限度的国学书目》(1923)和《国学入门书要目及其读法》(1923)及上述两者的精简版《实在的最低限度的书目》和《最低限度之必读书目》,劝导受过中学以上教育的中国人都应读一读中国极重要的几本书籍,如《论语》《孟子》《大学》《中庸》《易经》《书经》《诗经》《礼记》《左传》《老子》《墨子》等。③ 这些书目的开列具有强烈的主观性,梁胡二人对彼此的书目互有意见,就书目的名称、读者对象、阅读目的等方面展开了争论,这就是中国近现代推荐

---

① 章太炎:《救学弊论》,载《华国月刊》,1924年12月。转引自姚奠中等《章太炎学术年谱》,太原:山西古籍出版社,1996年,367—369页。
② 徐雁平:《胡适与整理国故考论——以中国文学史研究为中心》,合肥:安徽教育出版社,2003年,313—320页。
③ 梁启超:《最低限度之必读书目》,见胡适《胡适文集》三《胡适文存二集》,北京:北京大学出版社,1998年,116页。

书目历史上乃至学术思想史上著名的"梁胡之争"。如在推荐书目如何指导阅读的方法上,胡目在正文中只注明了版本信息,并未谈及具体阅读方法,仅在书目序言中提到学习和研究的门径,即"历史的国学研究法",或是"用历史的线索做我们天然的系统,用这个天然继续演进的顺序做我们治国学的历程"等笼统而概括的方法。① 事实上,这个方法对一般初学者来说不具有指导意义,学习的方法有由浅入深的规律存在,梁启超便提出了"叫青年如何读起"②的问题。这个争论也指导了梁目的编制,梁启超在许多书后注明了阅读方法,还在梁目后专门附了一篇《治国学杂话》,介绍了读书趣味的重要性、国学研究的必要性以及"抄录或笔记"和"精读和涉览"③等学习方法,把传授阅读方法作为推荐书目的一个重要内容,这对后来推荐书目的发展影响很大。越来越多的后继者,无论是推荐书目的编制者,还是研究推荐书目的学者,都纷纷评析胡适和梁启超的国学书目,从梁胡的书目和争论中获得了不少启发。

梁胡的推荐书目在当时社会上广为流传,为国学的普及做出了很大的贡献。他们的书目还被反复编辑重印,仅20世纪二三十年代就有五种④,另一个版本的梁胡二目,即梁启超和胡适审定的《梁任公胡适之先生审定研究国学书目》就先后由四个出版社⑤出版发行,可

---

① 胡适:《一个最低限度的国学书目·序言》,见胡适《胡适文集》三《胡适文存二集》,北京:北京大学出版社,1998年,87页。
② 梁启超:《评胡适之的〈一个最低限度的国学书目〉》,见胡适《胡适文集》三《胡适文存二集》,北京:北京大学出版社,1998年,122页。
③ 梁启超:《最低限度之必读书目》,见胡适《胡适文集》三《胡适文存二集》,北京:北京大学出版社,1998年,117—119页。
④ 徐雁平:《胡适与整理国故考论——以中国文学史研究为中心》,合肥:安徽教育出版社,2003年,300页。
⑤ 分别是亚洲书局1923年版、新群书社1923年版、大中书局1932年版、启智书局1934年版,参见北京图书馆:《民国时期总书目·综合性图书》,北京:书目文献出版社,1995年,151页。

见其影响之大。通过报刊等媒体的宣传，许多青年在这些书目的指导下进行学习，国学功底大为增强。梁胡的国学书目是20世纪推荐书目历史上的一个里程碑，不仅引领了国学复古风潮，更开启了20世纪大规模推荐书目的编制，具有十分重要的时代意义。其后，针对梁胡书目的过于宽泛、缺乏针对性等方面的不足，不少学者根据不同的阅读对象，在编排方法、类目以及阅读指导方面做了调整与补充，使其更具针对性和实用性。其中影响较大的有吴虞的《中国文学选读书目》（成都菇古书局，1923）、陈钟凡的《治国学书目》（商务印书馆，1923）、章太炎的《中学国文书目》（《华国月刊》1924年第2期）、汪辟疆的《国学基本书目》（1926年10月《东方杂志》第23卷19号）、黄侃的《青年应习书二十五种》（《量守庐学记：黄侃的生平和学术》，1929）等。

事实上，在当时的新式教育体制下，很多青年学生对于阅读传统国学书籍常常是没有动力、没有兴味的，感觉那是重拾"字纸篓里的蔗渣"，是"失时而不适用的"，读起来"容易使人颓唐、衰萎"。[①] 他们在专业学习的压力下也没有充分的时间去阅读这些传统国学书籍，读起来也常常不得要领，他们更爱读社会、政治等方面时代感和实用性较强的书。这种国学复古的阅读风潮与现代西方实用主义的阅读思潮的角力在1925年《京报副刊》的"青年必读书"事件中达到高潮，20世纪20年代的阅读时风也在该事件中得到淋漓尽致的体现。

三、"青年必读书"事件与时代阅读风气

《京报副刊》是20世纪20年代比较有影响的新文化的传播阵地，该刊从1925年1月4日开始，连续刊登征求广告，向海内外学者、名流

---

① 《京报副刊》，1925年3月10日。

征求十部青年必读书书目，作为全国的教育学和青年的参考。① 在经过一个多月的征求后，《京报副刊》从同年2月11日开始陆续刊发胡适、梁启超、周氏三兄弟、林语堂、沈兼士、顾颉刚、马叙伦、许寿裳、太虚等77位学者、名流开列的青年必读书。在此次征求活动中，《京报副刊》共刊登了78份推荐书目，所开的书目多达340种，该活动一直持续到次年的4月9日。此次推荐书目活动参与学者之众，推荐书目之多，规模空前，所刊登的书目远非一般个人推荐书目可比，在阅读指导上更具普遍性。在活动期间，对青年应读何种书、对已开列书目中存在的问题等方面的争论一直持续不断，全国众多读者和学者参与了论战，在全国范围内引起了较大的反响。

从整体上来看，77位推荐者中65人开列了国学或国学方面的相关书目，在数量上占据了推荐书目的大部分。在推荐人数超过3人（含3人）的62种书目中，其中古书（传统经典）26种，时人近著21种，西洋著作（包括译著）15种。从总体比重上看，中国传统古书的比例要高一些，这在一定程度上反映了对五四全盘西化倾向的一种纠正。顾颉刚在给《京报副刊》主编孙伏园的信中，深情谈到对国学阅读的希望："现中国能有一点科学规模的研究，还是算国学，但已经激起了盲目的随从和盲目的反抗，这是如何的可悲呵！我以为要救这一个弊病，只有提倡分工。学问的路向来是走不完的，大家应当顺应自己的性情，去拣择自己愿走的路。……物质科学固不发达……我们只要依了自己的志愿尽力去做，在无路处开路，积以岁年，当然有成就的希望。"② 在内容上，开列国学书籍主要是为了培养青年对于"文史的兴味"，而在提供青年思想的方法，树立人生观方面则主要依赖"时人近著"和西方著作。如在训练科学思维方法方面，王星拱的《科学方法论》和杜威的《思维术》受到

---

① 《京报副刊》第26号，自1925年1月4日开始。
② 顾颉刚：《十部青年必读书》，载《京报副刊》，1925年3月1日75号。

广泛的推崇；在除去青年身上的暮气以启蒙救国方面，《胡适文存》《独秀文存》《上下古今谈》《呐喊》《世界史纲》(H. G. Wells：The Outline of History)和英国人汤姆生所著的《科学大纲》(J. A. Thomson：The Outline of Science)等著作都得到了极大的肯定；在塑造现代生活方面，玛丽·斯托普斯《婚后爱情》(Marie Stopes：Married Love)和卡朋特《爱之成年》(E. Carpenter：Love's Coming of Age)也受到普遍的推荐。

在本次推荐书目活动中，汪绍原和鲁迅二人显得有些另类。汪绍原认为，"我不相信现在有哪十部左右的书能给中国青年'最低限度的必需智识'，你们所能征求的不过是'海内外名流硕彦及中学大学教员'爱读的书目而已"。[①] 鲁迅则认为，"从来没有留心过，所以现在说不出"。鲁迅还在附注中明确提出反对青年阅读古书，主张多看外国书，少看或不看中国书，因为"少看中国书，其结果不过不能作文而已，但现在青年最需要的是'行'，而不是'言'"。[②] 他们对推荐书目的态度从一个侧面反映了在东西文化激荡和社会大变革时期，一些知识分子对国运的关注和对时局的反思。

透过1925年到1926年的"青年必读书目"活动，我们可以看到在整个20世纪20年代，书目推荐者多是学界精英和社会名流，他们大都以青年文化和精神导师的形象出现，以指导青年正确阅读为己任，具有文化启蒙的意味。这些具有时代话语主导权的知识精英，通过体现各自思想和学术专长的推荐书目及报刊等大众媒介，从先前的完全复古和全盘西化的两个极端逐渐走向20世纪二三十年代的折中，引领和塑造了20世纪20年代乃至其后更长时间以阅读国学书籍为主导、通过时人近著和西方译著进行启蒙与救亡的时代阅读风气。

---

① 《青年必读书之八》，载《京报副刊》，1925年2月19日65号。
② 《青年必读书之十》，载《京报副刊》，1925年2月21日67号。

第三节　全国读书运动与 20 世纪 30 年代的社会阅读热潮

五四运动后,青年对于书籍的阅读需求大大扩大,在阅读上也出现了兼收并蓄的特点,"那时青年开始发现自我,急求扩而充之,野心不小。他们求知就像狂病;无论介绍西洋文学哲学的历史及理论,或者整理国故,都是新文化,都不迟疑地一口吞下去"。① 经过前一阶段的迅速发展,社会上出现大量对青年具有普遍指导性的综合推荐书目,以及不少专科推荐目录,如 1924 年《中国青年》杂志就先后刊登了袁立冰编的《一个马克思学说的书目》②及施存统的《研究社会科学——也是一个书目》,1927 年《出版周刊》刊发了谭戒甫的《目录学研究参考书》③,等等。

一、全国读书运动的时代背景

进入 20 世纪 30 年代,南京国民政府为适应"新生活运动"的需要,对国民的阅读进行了规范和指导。如果说前一阶段推荐书目和阅读时风的主导力量是来自中国知识精英的自觉行为的话,那么 20 世纪 30 年代以后,这种行为开始上升为政府行为,政府希望通过行政力量来规范和倡导新的阅读时风,从而改造民众的思想和生活。实际上,上升为政府行为的读书运动,早在袁世凯北洋政府时期的读经运动中就初见端倪,该运动虽然在当时甚嚣尘上,却由于其强烈的政

---

① 朱自清:《论青年读书风气》,1934 年 1 月 29 日。见邓九平《中国文化名人谈读书》,上册,北京:大众文艺出版社,2000 年,127 页。
② 《中国青年》,1924 年第 24 期。
③ 《出版周刊》,1927 年 1 月 23 日新 217 号。

治独裁意味和倾向,因此丧失了来自民间力量的支持,与民众间的距离甚为遥远。南京国民政府的全国读书运动,通过在全国范围内推广和倡导阅读,虽然在客观上提高了国民素质和竞争力,却仍是以推销政府的理念为实质,以期从思想上达到巩固统治的目的。

作为南京国民政府建设"新生活运动"的重要内容和实现"新生活"的重要途径,全国读书运动得到政府的大力支持,在全国范围内开展起来,带动了整个社会阅读风气的兴起,掀起举国上下读书的热潮。当时国人对民族文化的态度分为妄自菲薄的"全盘西化"派和妄自夸大的"极端复古"派两类,而执政当局认为这两派思想都无益于民族的救亡复兴,他们越来越清醒地认识到这样一种历史趋势:一方面,现代科学技术的发展和资本主义市场经济的需要,使得民族国家之间的政治、经济和文化交往变得日益频繁,各种文明之间相互渗透,各民族国家之间的共同利益日益增多;另一方面,民族国家的主权和独立意识日益增强,民族文化的特征日益受到重视,全球化不是消灭民族特征,而是一个求同存异的过程。在这样一种历史环境下,完全的闭关自守和彻底地放弃民族特色都会产生灾难性的结果。① 全国读书运动大会在这种背景下开始了,希望用科学的精神为发扬光大民

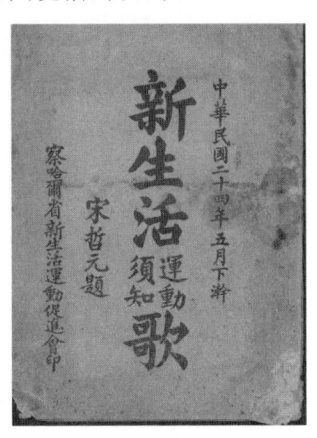

"新生活运动"宣传册

"新生活运动"宣传画

---

① 俞可平:《"中国式现代化"还是"西方式现代化":对30年代前后两种流行的现代化模式理论的评析》,载《经济社会体制比较》,1995年第1期。

族的生命做出努力。①

二、全国读书运动的内容特色与阅读指导示范

1935年,中国文化建设协会为提高国民文化水准与国民知识程度,发起并主办了全国读书运动大会,通过主动推进的"读书计划"和相应推荐书目的编制和公布,设立奖金,以促进国民对于读书的兴趣。为推动读书运动的开展,全国读书运动大会在开幕的两周内,规定全国各大出版机关一律廉价售书,各种杂志更是以特别低廉的价格出售。不少机构还举办专门的图书展览,吸引读者前来参加活动。② 如商务印书馆发行所,一向定期举办图书陈列,但是由于历届到馆者多为男性,女性前来阅览者极少,因此特于读书运动大会期间组织妇女阅书会,将该馆出版的相关图书陈列出来,遍发通告,邀请妇女界人士前往参观,馆内并新聘女职员为招待。据相关报道,在该活动举办的第一天,前往阅览的女性读者络绎不绝。③

此外,全国各大中小学校也专门举行读书运动纪念周,对学生进行读书方法指导,各大报刊纷纷刊登读书问题指导,执笔者多为学界名流。各学科专家、出版家和知名人士纷纷就读书方法和治学方法畅所欲言,王世杰、王云五、蔡元培、钱穆等上百人提出了自己读书治学的体会与建议,他们不约而同地强调了读书与获取知识的重要性,"一个国家的强弱,完全看他的国民知识程度的高下为标准",而"要有知识,就不能不读书,世间没有不读书而能获得知识者"。他们还指出读书要有方法,"如果读书不懂方法,简直事倍而功半,一定得不

---

① 陈立夫:《民族复兴与读书运动——全国读书运动大会开幕词》,载《文化建设》第1卷第8期,1935年5月10日。
② 《中国文化建设协会主办全国读书运动大会开幕》,载《申报》,1935年4月8日。
③ 《商务印书馆开展妇女读书运动》,载《申报》,1935年5月22日。

到什么好处的"。"读书的方法要根据所读的是什么书而定"。而不管"任用何种方法,都离不了根本的方法",就是"不要图巧,不要务速,循序渐进,用一贯的精神研究,而戒盲读、死读、浪读"。① 广大学生在为什么要读书、应该读什么书、怎样读书、如何养成读书的习惯等方面得到教育和启发,收获颇丰。

读书运动大会中学者专家们介绍的读书方法和读书经验所涉及的学科范围十分广泛,既有历史、哲学、社会学、法律、数学、

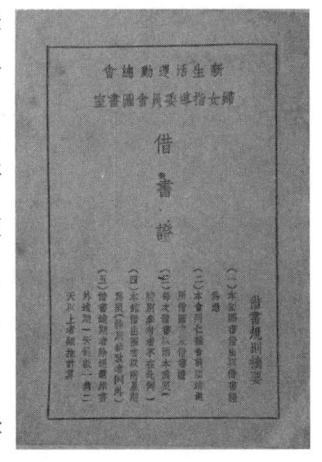

新生活运动总会妇女指导委员会图书室借书证

文学、经济学、教育学等大的学科,也有动物学、逻辑学、统计学等分支学科的内容,更有作文、算学、骈文等具体的研究对象,多数学者在讲述阅读方法和研究方法的同时还开列了相应的推荐书目,这就使得各种范围、各个门类的专科性推荐书目极大繁荣,如樊仲云的"国际问题基本书目"、章益的"教育学基本书目"、张素民的"经济学基本书目"、张镜予的"研究农村合作的重要书籍",等等。

作为本次读书运动的重要举措之一,全国读书运动大会本着"以科学方法整理过去的一切,以科学知识充实现在的一切,以科学的精神创造将来的一切"②的指导思想,由中国文化建设协会邀请相关专家作为读书运动大会的导师,负责编制针对会员的推荐书目,指导会员阅读,评判会员读书成绩。读书运动大会设立大学程度和中学程度两组,任何感兴趣的人都可以免费参加,会员根据所公布的推荐书

---

① 《读书运动专辑》,载《厦门大学图书馆报》,第1卷第6期,1936年3月。
② 陈立夫:《民族复兴与读书运动——全国读书运动大会开幕词》,载《文化建设》第1卷第8期,1935年5月10日。

目购买、阅读并做好札记,阅读完毕参加统一的笔试,最后中国文化建设协会根据札记成绩(占三成)和笔试成绩(占七成)的综合评判给予优秀者奖励,奖励分为现金和书籍两种。为保证读书运动在全国的开展,中国文化建设协会还在全国设立了 25 个省级分会,并组织专家学者巡回演讲,例如中国文化建设协会浙江分会积极响应全国读书运动大会的号召,以鼓励社会各界读书和提高社会各界文化水准为主旨,于 1935 年 4 月 22 日举办"读书运动周",安排了十分丰富的活动,比如省立图书馆主办的图书展览、学术演讲、论文比赛、出版特刊等。除请马寅初、郭任远、寿毅成等就读书运动进行演讲外,还请夏瞿禅讲"国学研究法",请胡寄南讲"科学问题发生与其解决",请樊仲云讲"国际现势与中国"等。其中夏丏尊先生所作的题为"读书问题"的演讲,尤其受到读者欢迎,"到者极众"。①

读书运动大会把会员分为大学程度和中学程度两组,每组分别开列推荐书目,如大学组有经济学书目,中学组有地理类书目,即便是同样的科学类书目,由于二者阅读水平和知识水平的不同,所选择的具体图书也有所区别,这些都是强化推荐书目阅读针对性的有效举措。具体情况见下表:

---

① 《中国文化建设协会浙江分会读书运动》,载《东南》,1935 年 4 月 23 日。

1935年中国文化建设协会编制的推荐书目表[①]
大学组推荐书目

类别	书名	作者	出版单位	备注
一	《三民主义》	孙中山	新生命书局	
	《建国大纲》	孙中山	新生命书局	
	《建国方略》	孙中山	明智书局	
	《革命哲学》	蒋中正	新生命书局	参考书
	《新生活运动纲要》	蒋中正	新生命书局	参考书
	《唯生论》	陈立夫	南京正中书局	
	《中华民国宪法草案》	立法院	新生命书局	
二	《哲学》	张东荪	世界书局	
	《中国哲学史》	冯友兰	商务印书馆	参考书
三	《科学概论》	王星拱	商务印书馆	
	《科学概论》	任鸿隽	商务印书馆	参考书
四	《政治科学与政府》	孙寒冰(译)	商务印书馆	
	《比较宪法》	王世杰	商务印书馆	参考书
五	《经济学之基本原理》	楼桐孙(译)	国立编译馆	
	《国家经济学》	王开化(译)	商务印书馆	参考书
	《原富》	严复(译)	商务印书馆	
六	《中国近代史》	陈恭禄	商务印书馆	
	《中国古代史》	夏曾佑	商务印书馆	参考书
七	《世界新形势》	林光澂(译)	商务印书馆	

[①] 表中的书目根据"全国读书竞进会简章及其他"中的"书目及参考书"整理而成,引自王新命、汪长济《现代读书的方法》,上海:现代书局,1935年,536—538页。参见王艳《二十世纪中国推荐书目研究》,北京大学信息管理系硕士论文,2005年。

中学组推荐书目

类别	书名	作者	出版单位	备注
一	《三民主义》	孙中山	新生命书局	
	《革命哲学》	蒋中正	新生命书局	参考书
	《新生活运动纲要》	蒋中正	新生命书局	参考书
	《三民主义概论》	陶百川	新生命书局	
	《三民主义研究》	楼桐孙	商务印书馆	
二	《名学纲要》	屠孝实	商务印书馆	
	《名理通论》	高儁	开明书局	参考书
	《思维术》	刘伯明（译）	中华书局	
三	《近代科学概论》	张达如	民智书局	
	《科学原理》	周梵公（译）	商务印书馆	参考书
四	《政治学概论》	萨孟武	世界书局	
	《法制》	潘楚基	黎明书局	参考书
五	《高中本国史》	罗元鲲	开明书局	
六	《新学制高级中学教科书：本国地理》	张其昀	商务印书馆	
	《近代地理学》	王勤堉（译）	商务印书馆	参考书

为了保证读书运动有效地进行，中国文化建设协会事先与相关的图书出版机构联系过，确保会员能够在市场上方便地获取推荐书目中的书籍，并且在读书运动大会上给每个会员配发了协会的"购书介绍证"，推荐书目中的书籍几乎都可以以五折的优惠价购买，这在客观上促进了读书运动的开展。

三、全国读书运动的阅读影响

从本次全国读书运动大会的推荐书目来看，处于首要位置的是国民党的政治思想书籍，政治宣传的目的不言自明。另外，作为一次挽救民族危亡的政治运动的产物，这些书目从总体上看都具有"科学""实用"的特色，两组书目都设置政治、科学、历史等类别，而大学组书目还独有经济和世界形势等方面的内容，关于读书的研讨中还涉及统计学、动物学等新兴学科。这些具有浓厚官方色彩的推荐书目在书目设置中处处体现着国民政府开展全国读书运动的根本目的——"读书运动，即为建设新文化之要道"[①]，反映了国民政府企图通过一致与有序的阅读时风的形成来重新塑造和统一规划国民的生活。

由于战事的不断，政治的腐败，军事的无能，经济的崩溃，这一过程被不断打乱，读书运动未能得以持续和有效地落实。最终，开始于1934年的这场声势浩大的"新生活运动"终于在1949年伴随着国民政府统治在大陆的终结而宣告结束，但作为"新生活运动"的一个重要举措，此次全国性的读书运动带动了大众阅读的风气在全国范围内的兴起，促进了个体的阅读和学习，对于引导积极向上的阅读时风，重塑中国文化结构起到了一定的积极作用。

---

① 《中国文化建设协会浙江分会读书运动》，载《东南》，1935年4月23日。

第十章　现代阅读转型的困境：传统经典的阅读论战

19世纪末以来，中国遭遇数千年未有之大变，中国的现代化在彷徨和屈辱中缓缓拉开序幕。面对国门被打开后涌入的新潮流，传统社会赖以生存的根基受到了冲击。从民间社会的日常礼俗、平民百姓的生活习惯到国家的上层政治结构、经济结构，都发生着翻天覆地的变化。在思想文化和阅读领域，以儒家四书五经为基本阅读框架、以经史子集为分类基础，绵延数千年的内部知识共享体系逐步被来自西方世界的知识与方法撕裂。晚清到民国，正是传统阅读向现代阅读的过渡期，传统阅读对象成为新时代中经典阅读的训练内容，阅读的功能也发生了质的变化，从实用功能转变到文化功能，即从以往"男儿若遂平生志，六经勤向窗前读"的安身立命作用变为涵养情趣、传承文化与提高素质的作用。经书的学习和阅读也从旧时教育的全部内容变成了国文教育的组成部分，其目的在于使学生"从本国语言文字上了解固有文化……培养学生读古书,欣赏中国文学名著之能力"。① 经典训练也应成为中等以上教育的一个必要项目。② 本章将以20世纪上半期主要的有关传统经典的阅读论战为着眼点来探索中国现代化转型期内的阅读变化。

第一节　教育内容的变革与中小学生阅读导向的变化

一、教育体制的转变与阅读结构的变化

在以往的传统教育体制下,学生学习和阅读的主要书籍有两种:一种是《三字经》《百家姓》《千家诗》之类的蒙学读物,另一种是应付科举考试的指导教程。③ 这些书籍的名称通常含有"读本""入门""纲要""基础"等,教科书的概念则是至民国时期才得到官方、民间的普遍认同,成为各种行文中最常使用的称谓。④ 在教育形式上,传统教育以私塾和书院为主要形式,采用蒙、经二段式教育结构,没有年限规定。"上者曰业馆,馆长多为科甲中人,以课艺讲经为主;次者曰蒙

---

① 国民政府教育部制定的初中、高中国文课程标准,参见朱自清:《经典常谈》,北京:北京出版社,2004年,1页。《初级中学国文课程标准》规定:"(1)使学生从本国语言文字上,了解固有文化;(2)使学生从代表民族人物之传记及其作品中,唤起民族意识并发扬民族精神;(3)养成用语体文及语言叙事说理表情达意之技能;(4)养成了解一般文言文之能力;(5)养成阅读书籍之习惯与欣赏文艺之兴趣。"《高级中学国文课程标准》规定:"(1)使学生能应用本国语言文字,深切了解固有文化,并增强其民族意识;(2)除继续使学生能自由运用语体文外,并养成其用文言文叙事说理表情达意之技能;(3)培养学生读解古书,欣赏中国文学名著之能力;(4)培养学生创造国语新文学之能力。"
② 朱自清:《经典常谈》,北京:北京出版社,2004年,1、2页。
③ 吴研因:《清末以来我国小学教科书概观》,载《中华教育界》,1936年第23卷第11期。
④ 毕苑:《中国近代教科书研究》,北京师范大学历史系博士论文,2006年。

童馆,招收发蒙的小学生,以读书为主,兼作初步讲解。"①以现代的眼光来看,在传统的儒家正统教育体系下,读书人阅读的内容往往是笼统而不分科的,语文的、政治的、历史的、地理的等都包含在内;在分量上往往是主观而不分课时的,几乎完全凭教书先生自己的判断;使用的阅读材料大都是随意的,没有统一、标准的教科书可以参考,重点、难点都由教师自己把握,并且在程度上是模糊而不分级的。例如,很难说《三字经》《百家姓》"四书五经"以及后来南洋公学的《蒙学课本》、澄衷学堂的《字课图说》等,在几年级学习是恰当的。

现代意义的教学体制始于清末《钦定学堂章程》,成于《奏定学堂章程》。1903年是农历癸卯年,清政府正式颁布《奏定学堂章程》,史称"癸卯学制"。这是中国实施的第一个近代学制,标志着中国现代教育的开始。新学教育引进了分级式教学,分蒙养学堂、初级小学校、高级小学校、简易识字学塾等形式,并对各科教学目的、教学内容、教学方法等做了规定。

在课目设置上,《奏定初等小学堂章程》规定初等小学堂教授科目有修身、读经、中国文学、算术、历史、地理等,《奏定高等小学堂章程》规定高等小学堂所授课程有修身、读经、讲经、中国文学、算术、地理、格致、图画、体操等。② 根据该章程规定,新学堂设置相应的课程,并按开设的课程配备相应的教科书。由此,"新学"日渐融入基层教育体系。

---

① 牛占诚修,周之桢纂:《茌平县志》卷四《教育志·教育制度》,济南:五三美术印刷社,1935年铅印本,3、4页。
② 朱有瓛:《中国近代学制史料》,第二辑上册,上海:华东师范大学出版社,1987年,189页。

清末民初广西灵山县小学堂课程表①

时间	初等小学	高等小学
光绪三十年（1904）	修身、读经、中国文学、算术、历史、地理、格致、体操、手工、图画	修身、读经、讲经、中国文学、算术、历史、地理、格致、图画、体操、手工、农业、商业
宣统二年（1910）	修身、读经、国文、算术、体操、图画、手工、乐歌	修身、读经、讲经、国文、算术、历史、地理、格致、图画、体操、手工、乐歌、英文、农业、商业

综上所述，作为一种正规的知识传播制度和正式的社会化空间，无论从教育形式、教学内容，还是从教育宗旨、教育管理体系等方面，新学教育都体现出一种完全不同于旧教育制度下的私塾和书院的新文化品格。②

二、读经地位的变化和削弱

在新的学制中，读经最初被设置为中小学的一门专门课程。除读经课外，中小学还有讲经和与之相关的修身课。这是与"中学为体、西学为用"的办学指导思想相适应的。《学务纲要》第九条规定"中小学堂宜注重读经以存圣教"。其理由为，"外国学堂有宗教一门，中国之经书即中国之宗教。若学堂不读经书，则是尧舜禹汤文武周公孔子之道，所谓三纲五常者，尽行废绝，中国必不能立国矣"。经书乃中国政教之本，"如本既失，则爱国爱类之心亦随之改易矣，安有

---

① 灵山县志编纂委员会：《灵山县志》，桂林：广西人民出版社，2000年，1046、1047页。
② 郝锦花：《新旧之间——学制转轨与近代乡村社会》，山西大学博士论文，2004年，102页。

富强之望乎?"张之洞等在《奏定学堂章程》中强调:"此次遵旨修改各学堂章程,以忠孝为敷教之本,以礼法定训俗之方,以练习艺能为致用治生之具。"①

民国建立后,在政府颁布的小学校令(1912)中,读经科一律被废止。原读经的有关内容被浓缩和节选进新设的国文课中,国文要旨"在使儿童学习普通语言文字,养成发表思想之能力,兼以启发其智德"②。这是由国民教育的宗旨所决定的。此时,教育不再是忠君的教化工具,不讲"二十四孝"、节妇一类的陈腐内容,而成为兴国民,建立现代国家的利器。普及现代化知识、教授做人之正理成为教育的主体。国文课程设置从自由、平等、博爱的基点出发,强调社会成员和家庭成员的平等关系,强调独立自主以及激发学生的爱国志向。教科书把大量的新知识及新事物呈现在学生面前。在内容上,有与现代科技相关的,如"电报""电话""望远镜""五带之生物"等;有介绍现代政治文明的,如"法律""图书馆""博物院""慈善事业"等;有与现代经济相关的,如"专利""制铁大王""富翁""邮政""日报""公司"等;有倡导现代文明生活方式的,如"咀嚼作用""体操之益""竞走""拔河""缠足之害""学堂卫生""烟草之害""脑""传染病""女子宜读书"等;有与外国文明相关的,如"中外历法之异同""科仑布""美利坚""侨民""德意志""俄罗斯""华盛顿"等。③

从内容比例来看,古代经典文献在国文教科书中所占的比例逐步降低。有学者统计,在清末的普通学校里,传统的读经课程只占总

---

① 《奏定学堂章程·学务纲要》,见舒新城《中国近代教育史资料》,上册,北京:人民教育出版社,1961年,200页。
② 1912年《教育部订定小学校教则及课程表》中对国文科的教学要求。转引自舒新城《中国近代教育史资料》,上册,北京:人民教育出版社,1961年,457页。
③ 高凤谦、张元济、蒋维乔:《最新高等小学国文教科书》第二册,1911年(宣统三年三月第八版)。

课程的 27.1%，算学、物理、化学、外语等新知识类课程占比达 72.9%；到民国初年，传统读经课程的比例已经降为 8.4%，而新知识类课程占比竟达到 91.6%。① 例如在《新撰国文教科书》目录②中仅存《与弟澄侯书》《诗三首》等较为简易、浅显的古文，有关古代经典的内容只占全书内容的 4%。自从民国政府实施"壬子•癸丑学制"（1912—1913），尤其是"壬戌学制"（1922）以来，中小学生几乎没有与中国文化接触的机会。从北京第一实验小学 1922—1928 年的课程看，六年间开设的主要课程有公民科、国语、数学、历史（含地理）、理科及英语、体育、图画、乐歌等。③ 根据苏州实验小学 1932 年各级学科时间支配表来看，该校各年级开设的课程有文学、阅书、缀法、书法、算术、常识、工艺、美术、音乐、体育、早操、谈话和选科等课程④，并无与中国经典阅读直接相关的课程。

此外，1923 年新学制课程标准纲要中，原有的初高小修身改为公民、卫生两科，国文改为国语，文言文改为语体文。民国初期，商务印书馆、中华书局出版的教科书中率先使用一些白话文章。1920 年，教育部正式规定从一、二年级开始使用白话文教材，到 1922 年，除语文课本中的文言文课文外，所有的文言文教科书停止使用。这种变化不仅使传统经典所占的比例进一步降低，而且在形式上由于受新文化运动的影响，开始以白话文取代文言文，经典阅读的地位进一步降低。以 1913 年到 1949 年广西灵山县小学堂的课程设置（见下页表）为例，其课程体系稳定在国语、算术、美术、音乐、手工、自然、历史、地理、公民等内容上，小学教育为现代知识所覆盖。

---

① 袁立春：《论废科举与社会现代化》，载《广东社会科学》，1990 年第 1 期。
② 缪天绶编纂，朱经农校订：《新撰国文教科书》（高等小学用书），第一册《目录》，上海：商务印书馆，1924 年。
③ 北京第一实验小学编：《北京第一实验小学》，北京：人民教育出版社，1997 年，58—61 页。
④ 徐天中主编：《苏州市实验小学》，北京：人民教育出版社，1999 年，102 页。

民国时期广西灵山县小学堂课程表①

时间	初等小学	高等小学
1913—1919年	国文、修身、算术、手工、图画、音乐、体操	增设常识(其余与初小相同)
1920—1926年	同上	修身、国文、算术、英文、自然、历史、手工、图画、音乐、体育
1927年	国文改称国语,其他科目同上	国文改称国语,其他科目同上
1928—1929年	增设三民主义,修身改称公民,其他科目同上	增设地理、三民主义,修身改称公民,其他科目同上
1930—1933年	国语、算术、体育、美术、音乐、手工、党义(三、四年级加社会)	国语、算术、体育、美术、音乐、手工、自然、历史、地理、党义
1934—1949年	国语、算术、常识、图画、音乐、体育、手工、劳作活动	公民、国语、算术、自然、历史、地理、图画、音乐、体育、劳作、自修

三、新的阅读导向

清末民初,除正规学校教育外,长期以来在民间承担传统文化传承功能的经馆受废除科举的直接冲击,纷纷关闭,剩下的几乎都属于蒙馆。义塾、族塾或者改办小学,或者停办,而开办家塾属于家庭内部事务,地方政府一般不过问,因而得以保留。自设馆是最普通的私

---

① 灵山县志编纂委员会:《灵山县志》,桂林:广西人民出版社,2000年,1046、1047页。

塾,成了私塾改良的主要对象。经过改良的私塾称为改良私塾,办学介于新旧之间,是从传统私塾向近代小学过渡的教育机构。1915年,商务印书馆为改良私塾设计了一个课程表,其中有修身、国文、算术、读经、体操、游戏等科目。国文、读经采取复式教学形式,其他课则与私塾学生合上。近代的改良私塾都开国文(后改为国语)课,不少加授算术;部分采用小学教科书,但没有完全放弃传统蒙学教材。国文、算术需要塾师加以讲解,改良私塾为此添置了黑板、粉笔。

从整体上看,无论政府还是民间,新式学校的教育宗旨都已经趋向于使教学疏离于政治—伦理秩序之外,使之服务于新的国家形态。① 1904年,《奏定初等小学堂章程》明确规定"启其人生应有之知识,立其明伦理爱国家之根基,并调护儿童身体,令其发育",最终使国家"识字之民日多",为初等小学的教育宗旨。民国建立后,教育部公布《小学校令》,强调小学校以"留意儿童身心之发育,培养国民道德之基础,并授以生活所必需之知识技能"为宗旨。② 时任教育总长的蔡元培明确指出:"民国教育方针,应从受教育者本体上着想,有如何能力,方能尽如何责任,受如何教育,始能具如何能力……须立于国民之地位,而体验其在世界、在社会有何等责任,应受何种教育。"教育和文化是互为表里的,民国政体要有牢固的文化基础和人才基础,便须废止"读经科",开展新阅读,推行新教育。③

在这一教育宗旨下,学校出身的知识分子已不具有传统绅士所拥有的耀眼的身份光环与特权。身份等级和特权的废除既是文明社会的标志,也是现代化国家发展的前提条件和基础。

---

① 王铭铭:《教育空间的现代性与民间观念》,载《社会学研究》,1999年第6期。
② 朱有瓛:《中国近代学制史料》,第二辑上册,上海:华东师范大学出版社,1987年,111—117页。
③ 蔡元培:《全国临时教育会议开会词》,见高平叔《蔡元培教育文选》,北京:人民教育出版社,1980年,10页。

第二节 读经运动

民国以来，自中小学教育先后废经后，旧式文人恢复读经的欲求就未停止过，但真正付诸实施，在全国范围影响较大的读经运动主要有两次①：第一次发生于民国初年至20世纪20年代初期，持续时间不长，实际效力较为有限；第二次发生在20世纪30年代，较之第一次范围更大，实际影响也较大。

民国初年的尊孔读经运动始于1915年康有为、陈焕章等定孔教为"国教"的活动。陈焕章成立孔教会，办刊物，康有为主编《不忍》杂志，宣扬尊孔读经是其唯一职志。随后，孔教会代表上书参、众两院，要求在宪法中明定孔教为国教。尔后，十多个省的都督、民政长等纷纷通电，要求参、众两院尽快通过陈焕章等人的申请，把定孔教为国教的动议推上了国会。官方与民间上下配合的尊孔活动，很快取得实际效果。1913年9月，孔教会得到教育部批准，在国子监举行祭祀孔子典礼。1914年至1915年，北洋政府教育部先后制订《整理教育方案草案》《提倡忠孝节义施行办法》，袁世凯则提出《教育纲要》，它们均针对全国的中小学生，强调读经教育，"尊孔以端其基，尚孟以致其用"，意在"阐扬效忠之精义"，规定初等小学校学生读《孟子》，高等小学校学生读《论语》，中学校学生读《礼记》《左氏春秋》。1914年6月24日，北洋政府教育部下令学校尊孔读经，通饬京内外各学校、各书坊，"修身及国文教科书采取经训，务以孔子之言为指归"，并且规

---

① 尤小立：《"读经"讨论的思想史研究——以1935年〈教育杂志〉关于"读经"问题的讨论为例》，载《安徽史学》，2003年第5期。

定,"从前业经审定发行之本,如有违背斯义或漏未列入者,并即妥慎改订呈部审查,以重教育"。但是,时代潮流毕竟无法逆转,随着袁世凯复辟帝制的失败,这一短暂的读经运动如昙花一现,以失败告终。北洋政府教育部在最终公布的《国民学校令》《高等小学校令》及其施行细则中,撤销决议,删去了"读经"及其有关内容。

第二次读经运动发生在20世纪30年代,以国际联盟教育考察团发布的报告《中国教育之改进》为开端,在国民政府的"新生活运动"期间达到高潮。

南京国民政府鉴于美国教育对中国至深至巨的影响,便邀请以欧洲国家为主体的教育考察团来华考察,并将考察结果作为第三方意见供中国教育借鉴。国际联盟教育考察团于1931年9月到12月先后到访上海、南京、天津、北平、定县、杭州、无锡、苏州、镇江和广州等地。其考察报告《中国教育之改进》于1932年底被翻译出版。报告指出,"外国文明对于中国之现代化是必要的,但机械的模仿却是危险的……中国为一文化久长的国家。如一个国家牺牲它历史上整个的文化,未有不蒙着重大的祸害"①。《中国教育之改进》一经发表即引起社会广泛关注。② 在考察团足迹未至的河南洛阳,1933年春创办了河洛国学专修馆,许鼎臣、周维新、阎永仁、叶连三等人主讲经史、诸子、《近思录》等,吸引了一些读书人,甚至一些政界、军界要员也前来听讲。③ 20世纪30年代,教会大学出现了国学研究热,金陵大学、齐鲁大学、华西协和大学、燕京大学、岭南大学、辅仁大学都有国学研究所、中国文化研究所之类的机构,其中辅仁大学把国学作为重

---

① 国联教育考查团著,国立编译馆译:《中国教育之改进》,南京:国立编译馆,1932年,24、26页。
② 中央教育科学研究所:《中国现代教育大事记》,北京:教育科学出版社,1988年,260页。
③ 河南省政协文史资料研究委员会:《河南文史资料》第20辑,郑州:河南省政协文史资料研究委员会,1986年,36、37页。

点学科和特色学科。许多大学多在文学院的国文系、史学系中加设国学课程,以培养国学人才。

1934年,蒋介石在南昌发表《新生活运动要义》的演讲,提倡"尊孔读经",要人们以"四维""八德"为道德准则,重修孔庙,以孔子诞辰为"国定纪念日",定每年8月27日为孔子诞辰,全国举行纪念活动。其间,湖南、广东等省开展了切实的读经运动。1935年4月,湖南省主席何键通令全省中小学开办读经科目,并派省政府委员曹典球编著读经教材。具体办法是儿童从小学到中学十二年间,读《孝经》《孟子》《论语》《大学》《中庸》,到了大学,选读他经。同年,广东明德社开办"学术研究班",轮训第一集团军政训人员,以"四书"、宋明理学等为轮训科目。时任广东省主席的陈济棠还来到研究班讲授《明德要义》,鼓吹尊孔读经。同时,明德社开办学海书院,聘张东荪为院长,招收大学毕业生入书院读经。①

《新生》杂志刊发的"尊孔读经"专刊

在北方,冀察政务委员会委员长兼河北省主席宋哲元提出了具体的读经办法,在中小学推行读经。他不仅设立了河北莲池讲学院,在多个"通令"中"将孝悌忠信礼义廉耻八德,垂为信条,通令尊行",还在机关和部队中开展读经活动,"特聘请前清翰林、汉学家梁式堂为省府顾问,使其为众人讲经。每逢星期三、六晚7时至9时,省府大礼堂红烛高烧,气氛肃穆,讲师高坐首席,省府各厅处局长,驻军团长以上官长,皆环坐听讲,宋哲元本人也安坐师右,持书静听。读经遂

---

① 中央教育科学研究所:《中国现代教育大事记》,北京:教育科学出版社,1988年,320页。

蔚然成风"。①

　　在运动开展期间,为配合读经活动,打开市场销路,各地出版社纷纷掀起了翻印古籍的热潮。1934年到1936年,以上海出版界为表率,商务印书馆和中华书局、开明书店、世界书局、大东书局等,都在忙着翻印古书。商务印书馆有《四部丛刊续编》510册(已出齐)、《四部丛刊三编》500册(已出齐)、《四库珍本》1970册(已出齐)、《委苑别藏》150册(已出齐)、《丛书集成》4000册(已出1200册),中华书局有《古今图书集成》(已出519册),开明书店有《二十五史》及《二十五史补编》,世界书局有《国学名著》,大东书局有《医学大成》,其他各书店小规模地翻印古书,更有多家。以商务印书馆为例,这几年中翻印的古籍数量大大超过了普通读物(见下表②)。这种状况一度引起反对读经人士的不满,他们认为这些古书价格不菲,在国民经济日渐破产、国民购买力日益下降的时候这样空前地大规模地来出版古书,是一个令人不能理解的现象。③

商务印书馆出版古籍与普通书籍不完全统计表

年份	普通书籍(不包括中小学教科书)(册)	古籍(册)	比重
1934	756	1415	1∶1.87
1935	881	1961	1∶2.23

---

① 山东省乐陵市政协文史资料委员会:《宋哲元》,济南:山东大学出版社,1989年,114页、121页、122页。
② 胡怀琛:《最近上海各书局翻印古书潮之考察》,载《时事新报》,1936年12月23日。据上海通志馆播音讲演稿整理。
③ 李麦麦:《论竟出古书与民族自杀——请四万万同胞来照一面镜子》,载《文化建设》第1卷第11期,1935年8月1日;徐懋庸:《再谈翻印古书》,载《社会月报》第1卷第3期,1934年8月。

上述翻印古书的热潮反映了出版商敏锐的市场触觉,从中也可看出这一时期社会上对于古籍的实际需求状况。

民国初年至 20 世纪 30 年代的读经运动皆为不同背景下不同运动的混合物,①虽然从实际结果来看,如流星划过天际,但是透过这些读经运动我们可以看到,除了隐含其中的政治意味之外,它还包含着社会各界面对抵抗侵略、民族复兴、文化建设等问题的不同思考。

第三节　未完成的论争:读经的困惑

随着以西方新学为主要载体的教育体制的逐步建立,传统知识和教育该何去何从成为众多有识之士普遍关心的问题,借助图书、报纸这些大众媒体,不断形成讨论的热潮。在不同领域,关于传统文化的问题以不同面目呈现在媒体之上:青少年教育中的读经问题、学术研究领域的国学研究问题、文化艺术界的保存国粹问题、国民政府的文化建设问题……这些多样化的讨论声势颇大、旷日持久,展现了讨论者对古今历史、中西文明的基本态度,涉及对传统文化与现实政治、与社会生活、与教育改革、与文化创造、与知识传授、与道德及人生观等关系的看法,从实质上反映了阅读的现代化转型及中国现代化建设中的种种困惑。

---

① 袁咏红:《20 世纪 30 年代"读经"的主张和争论》,载《史学月刊》,2008 年第 7 期。

一、第一次论战

民国初年,中小学全面废除读经课,但以康有为为首的一批保守派文人一直以恢复读经的名义,致力于定孔教为国教的运动。他们的舆论阵地主要是以《不忍》《孔教会杂志》为核心的一批刊物。其中心论点是在儒学普遍主义的基础上积极提倡以孔教国教化为中心的"国家认同"。这种"国家认同"既不是以政治结构为前提,也不是以种族或血缘为前提,而是建立在一种统一的精神支柱上。"中国之国魂者何?曰孔子之教而已。"①他们认为,孔教浓缩了中华文明的精华,是中国社会的精神支柱,是全中国人唯一的正统学问。基于此,读经意义重大,因此要倡导全国恢复读经,国家应采取积极措施,尽最大可能强调精读孔子著作。②《天演论》的译者严复在1913年发表文章声援读经,认为经书是中国立国之本。"中国之所以为中国者,以经为之本原……今之科学,自是以诚成物之事,吾国欲求进步,固属不可抛荒。至于人之所以成人,国之所以为国,天下之所以为天下,则舍求群经之中,莫有合者……"③严复在任北京大学校长期间还计划把文科变为"完全讲治旧学之区,用以保持吾国四五千载圣圣相传之纲纪彝伦道德文章于不坠"④。

与此同时,另一派学者在自己的阵地上纷纷对上述观点予以驳斥,认为康有为等主导的尊孔读经,只不过是借孔子之名,妄图复辟

---

① 康有为:《中国学会报题词》(1913年),见汤志钧《康有为政论集》,北京:中华书局,1981年,799页。
② 盖沙令:《中国之新命必系于孔教》,载《孔教会杂志》第1卷第1号,1913年2月。
③ 严复:《读经当积极提倡》(1913年),见王栻主编《严复集》,第二册《诗文(下)》,北京:中华书局,1986年,64—68页。
④ 严复:《与熊传如书》,载《学衡》,1923年8月第20期。

帝制。陈独秀在《新青年》上明确指出:"孔子生长在封建时代,所提倡之道德,封建时代之道德也。"①著名民主派思想家章太炎写了《驳建立孔教议》,批判康有为的复古活动,他指出,"近世有倡孔教会者,余窃訾其怪妄。宗教至鄙,有太古愚民之行"。与孔教会针锋相对,他开办国学会,讲授史学、文学、文字学和诸子学,驳斥立孔教为国教的主张。他说:"大抵孔子乃春秋战国一政客,其七十子之徒,不过其政党中之党员耳。"②声明国学会与孔教"绝对不能相混","其已入孔教会而复愿入本会者,须先脱离孔教会"③。他在上海、苏州等地系统宣讲国学,影响巨大。例如在苏州讲学时,"听者近五百人,济济一堂,连窗外走廊等地,也挤满了人。各省来学者,寄宿学内者,有一百余人,盛况空前。"在听课者中,不乏钱玄同、顾颉刚、傅斯年、黄侃、钱穆等日后的国学大家。顾颉刚称:"他的话既渊博,又有系统,又有宗旨和批评,我从来没有碰到这样的教师,我佩服极了。"④在章太炎看来,读经和尊孔应该分开,反对孔教会、反对尊孔复辟,并不等于反对读经。读经还是应该提倡的,只是不应局限于读儒家的经书。"居今而言读经,鲜不遭浅人之侮,然余敢正告国人曰:'于今读经,有千利无一弊也。'"⑤之后,章太炎发表了《论读经有利而无弊》的演讲,为读经正名,认为"救国之道,舍读经而末由"。

这一时期的关于读经的论争,核心并不在于是否应该读经书,而在于救国道路走向的问题:是靠恢复孔教,建立封建道德和教化体系来重建天下秩序,还是以西方的科学、民主来救国。读经不过是达到此目的的手段之一。坚决反对尊孔读经一派的观点则主要以资产阶

---

① 陈独秀:《孔子之道与现代生活》,载《新青年》第2卷第4号,1916年12月。
② 金毓黻:《国学会听讲日记》,载《东北丛刊》第7期,1930年7月。
③ 章太炎:《章太炎政论选集》,北京:中华书局,1977年,287页。
④ 顾颉刚:《古史辨·自序》,北京:中华书局,2006年。
⑤ 章太炎:《演说录》,载《民报》第6号,1906年7月25日。

级革命思想批判传统的道德伦理观念,反对"三纲五常"这些愚民的旧道德,把斗争矛头指向封建纲常名教。在他们眼里,"三从四德也,培养奴隶之教育也"。① 革命派认为,中国的出路不在复古而在革新,不在孔教而在科学。开启民智,应该学习新知而非读经。

发生在20世纪20年代的青年必读书目的讨论,从《清华周刊》记者向胡适、梁启超征求青年学子必读书目开始到《晨报副刊》上的青年必读书目事件的论战,本质上也是读经问题走出了政治和学术的图圈,就读书本身的问题,在普通民众间,借助大众媒体这个平台,更为广泛的和具体化的讨论,是读经讨论在更大范围内的延续。

二、20世纪30年代的读经论战

进入20世纪30年代,南京国民政府开始着手进行全面经济建设和文化建设。1929年伊始,国民政府掀起了新一轮的"读经"运动,湖南、广东两省发起中小学读经活动,将四书五经选编为教科书内容,强令中小学生读经。这引起了一些人的反对,1934年,时任国民党中央政治学校教授的汪懋祖先后在具有全国影响的大报《时代公论》和《申报》上撰文②,反对中小学教科书使用白话文,主张读经,复兴文言。一石激起千层浪,全国各大媒体开始就读经问题开展讨论。1935年5月10日,《教育杂志》出版《读经问题》专号,发表了73人对读经问题的意见。6月15日,《新生周刊》刊出由文学社等17个团体、艾思奇、老舍、李公朴、胡绳、郁达夫、周予同、叶青(任卓宣)、万家宝(曹禺)、叶圣陶、周建人等148人署名的《我们对于文化运动的意

---

① 载《中国女报》1907年第1期。转引自张枬、王忍之《辛亥革命前十年间时论选集》,第一卷,北京:生活·读书·新知三联书店,1959年,479页。
② 分别为《禁习文言与强令读经》(5月4日)、《中小学文言运动》(6月21日)。

见》，批判读经。① 施蛰存主编的《现代》杂志1935年4月号也出版了"反〔读经〕〔存文〕特辑"（第六卷第三期），对读经大加反对。

　　社会各界广泛参加讨论，上至政界要员、学术名流，下至普通的中小学校教师、报刊编辑，讨论的声音遍及各个学术刊物和公共大报。或赞成读经或反对读经的声音此消彼长，1934年《大公报》公布了《中小学生读经冀教厅奉令严密查禁》，教育部责令下属部门纠正强令读经的行为，提出应把注意力放在提高学生数学及自然科学程度上面来。② 1935年西南政务委员会又以评经纰缪为由，饬令西南出版物编审会，下令禁售商务印书馆第二十五卷第五期《教育杂志》的《读经问题》专号。③

　　这场以民族文化走向为主旨的读经讨论，分支持方、反对方、相对论方。支持读经的一方认为读经有助于进行道德建设和文化建设，有利于国家的繁荣富强、中国文化的弘扬和中华民族的自尊心自信心的提高。国民党要员陈立夫、张群、何键等人认为读经是挽救"国运"和纠正"思想"的重要方法。何键说："中山先生谓我民族生而有忠孝仁爱信义和平诸德，是即我国民性也。……然欲培养而扩充之，读经纵非唯一之资料，然不能不谓为第一有力之资料矣！"④ 一部分学者不仅赞同读经，还登台讲经，如章太炎、中山大学的古直、岭南大学的杨寿昌、安徽大学的姚永朴、正风文学院的王节等人。他们大多认为读经"有千利而无一害"（章太炎语），其根据在于"古今人类，同此心理，故虽千年前之典训，而其原理原则，又仍可奉为模范也"（杨寿昌语），"群经至博至精，是为万事之标准"（姚永朴语）。经书是

---

① 马芳若：《中国文化建设讨论集》，见《民国丛书》，第一编第43册《附录》，上海：上海书店出版社，1995年，42—45页。
② 《大公报》，1934年4月30日。
③ 《西南政会禁售教育杂志读经问题专号》，载《申报》，1935年5月29日。
④ 何键：《对于读经问题的意见》，载《教育杂志》1935年第25卷第5期"读经专号"。

民族精神的维系,是日常民生的承载物。"盖经者,吾国先民数千年来精神所系者也,政教号令准于是,声明文物源于是,世风民情日用起居安于是"(王节语)。①

反对读经的多为新文化运动的成员,如蔡元培、胡适、鲁迅等人纷纷撰文批驳读经。蔡元培素来不赞成董仲舒罢黜百家独尊孔氏的主张。他指出民国的教育方针已经废弃了尊孔读经,"小学生读经是有害的;中学生读整部的经,也是有害的"②。胡适先后撰写了《论六经不够作领袖人才的来源》③《读经平议》④《我们今日还不配读经》⑤等专文,发表自己对读经的看法:"在今日妄谈读经,或提倡中小学读经,都是无知之谈,不值得通人的一笑。"⑥鲁迅在《在现代中国的孔夫子》一文中对读经提出批判,坚持自己20世纪20年代以来的反读经的观点:"孔夫子之在中国,是权势者们捧起来的。孔夫子不过是权势者们手中的'敲门砖'。"叶圣陶曾这样评论读经问题:"经书对于中小学生绝对不需要……大概从教育的立场说话的人都不主张让中小学生读经……然而,现在教育界中偏多不从教育的立场说话的人,更有教育界以外的人也硬要来管教育的事……凡是不懂得教育的人不配来说甚么话,出甚么主张。"⑦吴研因甚至在《读汪文〈中小学文言运动〉后声明》中指出袁世凯等人"提倡尊孔读经,原与他们的'帝制''复辟'等目的有连带的作用,不特其愚已甚,其心实尤可诛"。

在社会上,大部分青年学生也是颇反对读经的。当时燕京大学

---

① 以上各先生的发言均见《教育杂志》1935年第25卷第5期"读经专号"。
② 蔡元培:《对于读经问题的意见》,载《教育杂志》1935年第25卷第5期"读经专号"。
③ 《胡适文存》,上海:亚东图书馆,1932年,103页。
④ 《月报》第1卷第5期,1937年5月。
⑤ 《独立评论》第146号,1935年4月14日。
⑥ 《独立评论》第146号,1935年4月14日。
⑦ 《读〈教育杂志·读经问题专号〉》,见叶圣陶《如果我当教师》,北京:教育科学出版社,2012年,30页。

的一名即将毕业的学生的观点颇能代表反对读经的青年的心声:"我敢大胆地说尊孔读经复古政策是一条死路,是一定要失败的,没有旁的理由,时代不需要这一套。中国目前要作的事,而急于要兑现的多得很……偏偏舍正路而不由,专门干些不相干的把戏,哀哉!如果读经尊孔能使中国富强,不受帝国主义的压迫,那么满清政府时代,读经的工夫不可谓不深,结果人家打来了,'木鱼'敲得再响些,经书读得再熟些,把孔子骨头挖起来起敬贡。"①

在 20 世纪 30 年代的读经论战中,绝对赞成读经的人和绝对反对读经的人都极少,以 1935 年《教育杂志》举办的读经讨论为例,绝对赞成者和绝对反对者,双方人数都只有十余人。②

在反对读经的声音中,大部分人是有所保留的。大家所反对的其实是读经救国论,读经救国论夸大了读经在"救人心""救民命"方面的作用,把读经看成是包治百病的万应灵丹。"从前大家说科工救国,现在大家都说读经可以救国,大刀队可胜于空军,打拳可敌坦克。举精神文明以嘲笑物质文明,这真是时代的幽默!"③

读经是必需的,关键是把读经放在一个什么样的位置,怎么去读经。就连经常在媒体上大肆批判读经,建议青年读者"爱惜精神,莫读古书"的书评家曹聚仁也劝告青年读经不必性急,让四五十年后的人去读古书,也未为迟。④ 蔡元培认为大学相关专业的学生读点经史方面的书籍,为中学生选编经传的文章,编入文言文读本,都是可以的。在叶圣陶看来,如果到中学仍不接触国学的话,将来数典忘祖是

---

① 李子魁:《读经与新文化运动》,载《独立评论》第 138 号,1935 年 2 月 17 日。
② 何炳松:《全国专家对于读经问题的意见》,载《教育杂志》,1935 年第 25 卷第 3 期。
③ 曹聚仁:《再上一回十字架》,见《曹聚仁杂文集》,北京:生活·读书·新知三联书店,1994 年,16 页。
④ 曹聚仁:《文笔散策》(1936 年),见《曹聚仁杂文集》,北京:生活·读书·新知三联书店,1994 年,63 页。

毫无疑义的。从这个意义上说,在中小学读点经书,尤其是在中学读点经书,并不是一件坏事。"对中国文化一无所知,外语学得顶呱呱,顶好的结果就是多培养几个'江白度'。"①

对读经持相对论的一派,认为任何过分夸大或完全漠视经书的看法都是错误的。读经要有科学的态度和方法。在态度上,把经书当成天经地义或用宗教的态度去读经都应该排斥。在现代,就应该用现代的眼光读经,把读经当作读书的一种,重新估定经书的价值,批判地来读。在方法上,应该有选择地读,应该经史并读。持相对论一派内部也有分歧,主要体现在读经的方法上,如何时读经,读哪些经。沈从文反对让小学生读经,他认为,应该读经的不是小学生,而是国民政府大小官吏,国民党各级党员和国内各种军人。② 傅孟真认为,现在儿童的小学、中学课程已太繁重了,决不可再加上难读的经书了。③ 谢循初主张,读经问题,不在经本身,乃在读者为谁以及目的何在。凡是力能读经而又喜欢读经的人,随时随地都有读经的权力,不必枉尽义务去提倡读经。读经就是读经,问题很简单。④ 这些学者也有共通的地方,即他们反对把读经当成复古运动,强迫中小学生读经。

三、未完成的论争

综观民国期间发生的大大小小的读经论战,不考虑其中为政客所利用以及投机心理等因素,读经论战就本质而言,是一场深刻的爱国运动,是现代中国教育界、学术界同人救国、救文化努力的一部分。

---

① 《读经与读外国语》,见《叶圣陶教育文集》二,北京:人民教育出版社,1994年,185页。
② 沈从文:《论读经》,载《国闻周报》,第12卷第4期,1935年1月7日。
③ 傅孟真:《论学校读经》,载《大公报》(星期论文),1935年4月7日。
④ 谢循初:《对于读经问题的意见》,载《教育杂志》,1935年第25卷第5期"读经专号"。

甲午战争以来国运不济,民族自信力衰减,多数国人已接受了来自西方的观念,以富强的程度评判文化的优劣,将作为传统文化象征的中国古书这一载体视为故纸而弃若敝屣。不少学者敏锐指出这种"今天下竟为物质"的结果就是十三经、二十四史、诸子百家之文在十年内就可以"不待秦火而尽归烟灭"。① 中国文化即将面临的命运就是"中国文章,其将殒落"!②

一大批感时忧世的有识之士,极力挽救现代化过程中的偏颇,既要保证中国现代化的顺利进行,又要保留中国文化特色。他们所持的信念无疑是有着重大现实意义的,中国的现代化不是也不能是全盘西化。事实上,虽然以读经为切入点的国学教育不能直接救国和救人心,不能直接使国家振衰起敝,但从长远看来,在时而拉"东洋车"时而拉"西洋车"的中国,加强国学教育是有助于进行道德建设和文化建设的,对弘扬中国文化,提高中华民族的自尊心和自信心,对国家的繁荣富强,也是不无助益的。③ 读经问题实际上是中国文化建设的问题。在民国读经讨论的后期,随着全民族抗战的开始,民族危机日益加剧,全民投入到抗日救亡中,读经讨论随之中断,尚未形成一个最终的定论。关于读经,关于中国现代化走向和文化建设走向的问题,有待于在新的国家建设中得到解决。

---

① 刘大鹏:《退想斋日记》(1905年11月2日),太原:山西人民出版社,1990年,47页。
② 《鲁迅致许寿裳》(1911年1月2日),见《鲁迅全集》,第十一卷,北京:人民文学出版社,1973年,311页。
③ 熊贤君:《民国时期的国学教育及价值解读》,载《民国档案》,2006年第1期。

第十一章　从读书类出版物看现代读者的形成

　　民国时期是一个新旧知识、方法、观念更替和变革的时期，伴随1911年封建帝制的终结和古典教育传统的破裂，原有的社会整体性在丧失，西方的现代知识体系开始植入，在新与旧、传统与现代的过渡中，孕育着无数新的可能和发展方向。在知识领域，伴随这种转变的进程，阅读对象、内容的变化引发了阅读理念、方法的变化，读书类出版物的大量兴起和蓬勃发展即是这种变化的一个集中体现。本章中所论述的读书类出版物，即是读书媒体，主要指以指导阅读、推介阅读为核心内容的报纸、杂志、书籍等媒体形态。

　　就出版物的媒体形态而言，与启迪民智、救亡图存的社会主导思想相适应，覆盖整个公共领域的图书、报纸、杂志都涉及阅读指导的内容，在这种背景下，一批专门性的读书类书刊应势而生。它们在媒体形态、传播形式等方面都出现了具有现代意义的变化，形成了新的景观。

第一节　出版物形态的多样化

民国时期的刊物种类繁多,在读书类刊物领域,据笔者的不完全统计,和读书指导密切相关的刊物包括出版类、教育类、图书馆学类、文化类刊物等不下百种,而以阅读为名的专业性的读书杂志近 30 种。① 这类读书指导刊物一般都具有综合性的特点,主要针对青少年和学生,内容涉及阅读思想、阅读方法、读书经验、读书心得、书刊评论、时事论述、学术理论的研究和探讨等,以介绍文艺、生活和科学常识方面的内容为主。

与此同时,读书类图书的出版也很兴盛。读书指导类的书籍颇受读者欢迎,通常再版多次。例如,陈萃撰写的《读书法》(上海中华书局)在 1915 年到 1931 年间就出过十六版。王任叔所著的《读书的方法与经验》(生活书店)从 1938 年 7 月初版,到 1940 年 5 月就出到了第 5 版。李伯嘉编撰的《读书指导》(上海商务印书馆)连出三辑,包罗心理、社会学、农业、艺术、文学、历史考古、经济、政治、语文等几十个类别,详尽介绍了各个学科的学习方法和重要参考书目。《读书指导》第一辑于 1935 年 8 月初版,到 1947 年连续出到了第 6 版,并应读者要求进行了多次修订。这些阅读指导类图书的主要内容为阅读方法指导,具体又分为古代典籍的阅读法和现代书报刊的阅读法两种。其中大部分为个人读书经验的分享和介绍,也有一些现代科学阅读

---

① 据笔者对高等学校中英文图书数字化国际合作项目(http://www.cadal.zju.edu.cn)中"民国期刊"的检索和统计。

方法的总结。

(1)古代典籍的阅读指导

古代典籍的阅读指导以对四书五经系列的阅读为出发点,按照经、史、子、集和音韵类、目录校勘类、思想学术类、类书类的传统知识体系进行划分,具体内容包括编撰者及其所处年代的介绍、名称及篇目存佚情况、内容分析、原料及年代、编订者及删定者、价值和版本等方面。此类书籍主要有《要籍解题及其读法》(梁启超,清华周刊丛书社,1925)、《国学指导二种》(梁启超,中华书局,1923)、《读书法》(张之洞,文化学社,1931)、《程氏家塾读书分年日程》(程端礼,上海商务印书馆据正谊堂全书本排印)、《读书管见》(金其源,商务印书馆)、《中国文学选读书目》(吴又陵,琉璃厂宝仁堂书局)、《读书杂志》[16册](王念孙,《万有文库》,商务印书馆)、《古书今读法》(胡怀琛,世界书局)、《中学生国文应读书目提要》(王泽浦,中华书局)、《少年进德录》(丁福保编)、《人镜》(于傅林编)、《养正遗规》(陈宏谋编)、《觉后编·十四章读书》(王夔立编)、《人谱·卷五不力学论》(刘宗周)、《聪训斋语·上卷》(张英)等。

此类读书指导法通常会向当代读者指明古书应读的现代版本。以《中学生国文应读书目提要》(王泽浦,中华书局)为例,在指导集类作品的阅读时,作者同时指出"读诗可用万有文库本,定价一元八角,胡怀琛选注,柳宗元文,仅选文章,初学读之尤宜。商务学生国学丛本,定价4角,万有文库本,定价3角5分"。

(2)现代书报刊的阅读指导

从指导法的内容特色来看,现代书报刊的阅读法可分为以下几个类别。

一是根据媒体的特点,分别介绍图书、报纸、杂志的不同特点及对应的阅读方法和经验。如:《英文报阅读举隅》(陈希周,重庆开明书店)、《书报阅读法》(裴小楚,世界书局,1939)、《报章杂志阅读法》

(金仲华,中华书局,1935)、《阅读书报杂志的经验》(红风,博文书店,1940)、《书报杂志阅读的方法》(吕绍虞,友联出版社)等。

二是根据现代的学科门类和学生的直接需要,指导具体学习的方法。如为中学生提供阅读指导的《中学生读书指导》丛书(中学生丛书社编,上海开华书局),按算学、国文、地理、英文等不同的课程进行具体的学习方法的指导。上至国家要员、学者名士,下至普通教育工作者,都曾撰写过此类文章,其中蔡元培、胡适、鲁迅、王云五、夏丏尊等人的读书经验、读书心得经常被不同的书刊所编选辑录。

三是从西方引进的系统化、理论化的现代阅读法介绍,如《读书方法论》(M.J.艾德勒著,张静斯译,大华书局,1944)、《科学方法》(胡寄南著,上海世界书局)、《儿童阅读兴趣的研究》(徐锡龄,上海民智书局)、《阅读心理》(艾伟,中华书局)等。

第二节 传播形式的多样性

读书类出版物在传播形式上呈现多样性特征,图书、报纸、杂志、广播、户外广告(标贴)等媒体以多种形式从多方面、多层次推介、指导读者阅读。在公共阅读领域,推介和指导阅读的形式主要有以下几种。

一、书评、书话

各大主流报刊的相关读书栏目对公众阅读有直接影响。"简短的书评在报端发见是常事。"①当时各主要大报都设有文艺类副刊。《大公报》先后在不同时期、不同地区的副刊上，对书评进行过关注，如《小公园》设置了《书报简评》栏目，《文艺副刊》设有《书评》栏，《大公园》副刊（沪版）设有《书话》栏等。其后更是有专门性的《图书副刊》将书评作为主要内容。1938年《文汇报》在创办后不到半年的5月8日，就刊出了由郑振铎先生主编的《书评专刊》，成为该报副刊《世纪风》的专刊之一。不少综合刊物或文艺刊物也曾设置专门书评栏目，如《新月》的《书报春秋》，《新潮》的《名著介绍专号》等。许多专业刊物则以书评、书话为主要内容，如《图书评论》（南京图书评论社，1932—1934）、《书人月刊》（书人社出版部，1937）、《图书展望》（浙江省立图书馆，1935—1949）、《西书精华》（西风月刊社，1940—1941）、《图书季刊》（上海世界文化合作中国协会，1934—1948）、《出版界月刊》(1943—1945)、《新书月报》（华通书局）、《现代出版界》（现代书局）、《大光图书月报》(1936—1937)、《合作图书月报》(1947—1948)等。

这类传播形式着重于从内容上对读物进行评价，引导读者阅读，属于深度阅读指导的范畴。"书评的目的是把出版商的影响由读者身上隔开，精细地淀去一切渣滓，使只有健康的、正确的、美的，才为读者接近。"②对于刚开始独立阅读的青年读者而言，书评的指导作用更为重要。

二、书讯

书讯主要根据编者的既定目标、相关方针，挑选出部分新书刊，

---

① 萧乾：《书评研究》，上海：商务印书馆，1935年，9页。
② 萧乾：《书评研究》，上海：商务印书馆，1935年，147页。

陈列书目或就书刊内容做简要介绍。此类传播形式主要为读者提供出版消息和阅读资讯，属于浅阅读指导范畴，不足之处是对书刊的选择具有主编方强烈的主观色彩。

此类形式主要见诸出版类刊物和图书馆刊物中，既为交流出版信息或者图书馆入藏的书目信息，也为读者提供各类书讯。其中出版时间较长、影响较大的书讯类刊物有《图书汇报》（上海商务印书馆，1910—1939，不定期）、《图书月刊》（四川江津国立中央图书馆，1941—1944)、《现代出版界》（上海现代书局，1932—1934)、《出版月刊》（中华书局)、《出版消息》（上海乐华图书公司，1932—1935)、《出版月刊》（新书推荐社，1929—1930)、《出版周刊》（上海商务印书馆，1924—1937）等。

另外，各大图书馆的馆刊一般都会刊载该馆入藏的新书目录或者特定类目刊物的介绍。如北平图书馆《读书月刊》、广州市立中山图书馆《书林》、大夏大学图书馆《大夏图书馆报》、浙江省立图书馆《浙江省立图书馆月刊》等。

三、读者问答栏目

读者问答属于互动式的读书指导，是刊物与读者的一种交流。一方面，编辑将自己的阅读思想、编辑主张点点滴滴渗透其中；另一方面，读者在自己的提问中，完成了对刊物的影响和塑造。以《大公报》为例，沈从文在《文艺副刊》中经常采用这种形式和读者交流，萧乾在《小公园》中把这种形式固定下来，并延续至后来的《文艺》中。如果说《大公报》这种读者问答形式解决的是阅读内容和思想层面的问题，即"为何阅读"问题，那么《申报》的《读书问答》栏目，则属于直接的阅读问题指导，解决"如何阅读""阅读什么"等阅读方法层面的问题。《申报》的《读书问答》栏目由申报流通图书馆主办，主要面向未进学校或中途失学的店员、学徒、工人等群体，目的在于帮助他们解决读书时遇到的疑难问题。申报流通图书馆挑选其中有代表性的问题，请有关专家答复，然后一并刊登在报刊上供广大读者借鉴。一些精彩的问答还被结集出版，颇受读者欢迎。

四、推荐书目

推荐书目是我国久已有之的一种指导阅读的形式，目的在于"指示治学门径"，是一种有步骤、系统化的阅读指导。推荐人或出于治学读书经验，或发自兴趣爱好，或出于某种特殊目的（应试、政治），向一定的目标群体推荐书目。元人程端礼在其撰写的《程氏家塾读书分年日程》的书目里就明确指出了阅读的步骤：何年、何时该读何书，读到何种程度，如何读。"八岁未入学之前，读《性理字训》。……八岁入学之后，读《小学书》正文。""四书本经既明之后，自此日看史。……看《通鉴》及参《纲目》。两汉以上参看《史记》《汉书》，唐参《唐书》、范氏《唐鉴》。"

民国时期，随着大众传播媒体的兴起，推荐书目得以在更大范围内对公众进行阅读指导。各类推荐书目在报刊上纷纷出现，书目推荐的导向是读书治学，因而"十余年来，如《万国公报》《中西闻见录》《格致汇报》《蒙学报》《译林》《译书丛编》《北洋学报》《湘学报》《国闻丛编》《普通学报》等，其中俱富关于学问之佳作，多未单行"。①

推荐书目还针对青年读者读何种书的疑惑，为其指示了方向，从而使青年读者"因趋向定则不至泛泛无头绪，且免耗财力于无用"②。

---

① 谢洪赉：《读书指要·书目约》，上海：青年出版社，1915年，38页。
② 谢洪赉：《读书指要·书目约》，上海：青年出版社，1915年，39页。

如学旧学类,可参看张之洞著的《𫐓轩语》(平阳黄庆澄、浙江省木刻本,四川、两湖均有刻本)、《书目答问》(坊间多有刻本)。若要读翻译的西学书,则可看梁启超《西学书目表》、徐罗则《东西学书录》二书中的推荐。①

民国时期,围绕青年学生的阅读矛盾,读古书还是读新书,读外国书还是读中国书,20 世纪 20 年代,在公共阅读领域掀起了推荐书目热潮,胡适、梁启超率先为青年学子开列了《一个最低限度的国学书目》(1923 年 3 月 4 日《读书杂志》)、《国学入门书要目及其读法》(1923 年 4 月 26 日《清华周刊》)及上述两者的精简版——《实在的最低限度的书目》和《最低限度之必读书目》。其后,吴虞、陈钟凡、章太炎、汪辟疆、黄侃等著名学者纷纷在各类报刊上推出国学推荐书目。1925 年《京报副刊》的"青年必读书目"事件则将民国时期的书目导读活动推向了一个高潮。

推荐书目除以专书的形式出版,以专文的形式在报刊上刊载外,还作为各类阅读指导书籍的附属部分,如余天休所撰《读书方法》一书即附列了相关参考书籍,其中有 13 本中文书和 6 本外文书。M. J. 艾德勒著的《读书方法论》中也附有"西洋名作必读书目表",并对应详读的篇目进行了指示,如埃斯库罗斯悲剧尤应读《阿提留斯的大厦》《被缚的普罗米修斯》,柏拉图《言论集》尤应读《共和国》《法爱国》《道歉词》等。范寿康编辑的《我们怎样读书》中收录了不少当时在社会上比较有影响的推荐书目,除了梁胡二目外,还有黄裳的《介绍几本优良的算学书于中等学生》、毕树森的《介绍英文杂志二十种》等。

值得一提的是,著名学者谢洪赉编撰的《读书指要》按照一定的类别,分类介绍该学科或该类目里所应读的书籍,在《读书指要》下卷《书目约》中,编者按照学理类、保生之学、史传类诸国通史、说部类、

---

① 谢洪赉:《读书指要·书目约》,上海:青年出版社,1915 年,40、41 页。

修养类、议论类、教旨类基督教门径书、参考类八个类别对读者进行阅读指导。书中所列书籍皆为新学，每本书后列出发行处，方便读者购买。有的书后还附有读者对该书的一些评价。

五、书刊广告

书刊广告是一种特殊的书目信息，具有较强的商业目的，通常刊登在各类报刊的广告栏或相应学科门类的刊物、图书中。书刊广告通常具有超前性，能为读者提供最新的书报信息，指导和刺激读者购买、阅读。民国时期，书刊广告十分盛行，常见于各类书刊的附页中，一般会详细说明书刊的价格、购买地点。一般来说，图书中的广告内容大多是该出版机构出版的同类书籍目录或该书作者编撰的其他书籍的书目信息。这种类型的书目虽然有广告性质，但在很大程度上便利了读者对相关门类书籍或是作者著述情况的了解，使这类广告具有了延伸阅读的性质。如一本普通书籍《中学生读书指导》①，在版权页上即有同类书籍《中学生文学读本》的广告，并在末页附有本出版社出版的新书目录，分成中学生丛书、文艺新书、日文新书、爱的文库、经售新书等几个系列。针对需要详细书目的读者，还提供函索即寄的免费服务。

《读书与出版》杂志广告

"妇女生活丛书"广告

教科书广告

---

① 何景文：《中学生读书指导》，上海：开华书局，1920年12月出版，1931年5月再版。

常见的书刊广告有以下几种形式：一是书目信息的广告，某一出版社将出版的多种新书的书目刊载在报刊上，供读者参考；二是专书或专刊的广告，通常出版者会对该类书刊的特点进行介绍，在报刊的广告中，还会提供刊物某期的目次，以吸引读者购买；三是特种广告，有寄售广告、预售广告、促销广告等，这些广告都是为了吸引读者购买，例如寄售广告，报刊出版者通常会在某些著名报刊的发售点寄售自己的书刊，《大公报》《申报》这些大报常常利用自己发达的销售点为其他书刊提供代售服务。《新民丛报》《时术从谭》《康南海传》《成都街市图》《精细英文万国地图》《北京启蒙画报》等都曾在《大公报》上刊发寄售广告。

群益书社书籍广告

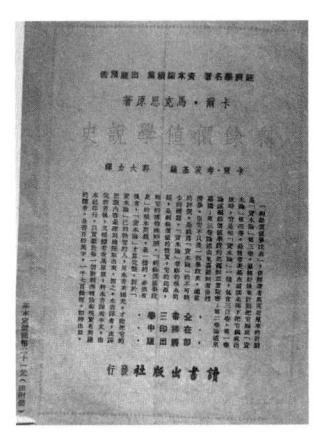

读书出版社书籍广告

民国时期的著名商业大报是刊登书刊广告的首选，以《大公报》为例，自《大公报》1902年在天津创刊伊始，上海商务印书馆就在其附张上长年刊登书刊广告，包括教科书、工具书、史地书、时事新书等的广告，在广告词中清晰说明这些书籍的特点和出版目的，以方便读者选购。"栽培后学起见，聘请通才新译西书多种，以华英二文并列，教育学者均得其便。实为最要之课本，读之最易进境，早已风行宇内"，并指出读者对象"初学、专家均须人置一编，洵为各学堂必备之书"。

除此之外,广告中还详细陈列购书的书店地址。

随着国内出版业的发展壮大,各大书局的广告更是连续不断,广告形式和广告内容有了更多的新发展。如中华书局的促销广告,为纪念新厂建成,在全国各地同时举行廉价销售两个月活动,从1936年1月5日到3月5日,图书一律半价。①《国闻周报》也刊登特价展期广告,优待读者。商务印书馆为吸引读者购买书籍,更是在广告内容上不断推陈出新,如发布各类新书的出版预告,预约购书还可享受特价优惠。例如1915年11月的各期中均有《说部丛书》的预售广告,"原价55元,出书后定价28元。预约14元,购券先付4元"。《中国实业》《中国学生》《中学生》等专业性杂志也长年在主流传播媒体上刊登广告,并列有新近期的内容目次,以扩大自己的影响和读者面。

六、宣传标语

宣传标语这种指导阅读、宣传阅读的方式由于受自身条件的限制,要在最短的话语里达到宣传目的,因此通常成为图书馆推广公共借阅理念,在普通民众中倡导阅读的最直接的媒介形式。宣传标语一般要求通俗易懂、简短明了,具有号召性和说明力,可以张贴或悬挂在公众聚会的地方,如湖滨公园、公众运动场、集市等。以浙江流通图书馆的做法为例,为让图书馆的理念深入人心,让普通民众养成到图书馆阅读的好习惯,该馆经常去做各种推广和宣传活动,如利用1929年西湖博览会之机,到博览会门前悬挂劝学的铁质穿街标语。正面写"到博览会去可以广见闻",反面写"浙江流通图书馆备了古今中外的书欢迎男女老少去借读"。另外,该馆还印了"浙江流通图书馆是人人的家庭图书馆""浙江流通图书馆是我们全浙民众的书库"

---

① 《大公报》,1935年12月广告。

"书从哪里来？向浙江流通图书馆去借"等标语，分发到全浙 75 个县和一些重镇去张贴。

时人很重视对图书馆的宣传，"所以办图书馆的人，要想他的事业的发展，只有揭其力于书本的活用；但是要书本能尽其用，除非只有致力于劝学这一道，使全社会的人，个个都晓得读书的重要，个个都会利用图书馆，那么问津者多，事业便不期然有蒸蒸日上的希望……"①图书馆的真正作用在于推动社会阅读，为读者提供各种层次的阅读服务，因此"图书馆既有这许多宝藏，为什么不让人用？不劝人用？反使他白挺挺地死竖在书架上做装饰品，做蠹鱼窠呢？这不是太辜负了他吗？所以我说图书馆依他的富藏论、责任论，尤其应该劝人读书"②。宣传标语这种简易的媒介形式在促进图书馆理念普及方面发挥了独特的作用。

第三节　阅读的裂变和新发展

民国时期，社会处在新与旧的转变中，传统知识与现代知识之间的转型以及知识体系的变化引起了相应的学习方式和阅读方式的变化，建立在与现代知识门类相适应基础上的阅读方式推动了对新知识的吸收和对旧知识的继承。各类文化、学术、政治团体和出版机构、图书馆为了传播各自的理念和主张，成为从传统到现代的阅读范式转变的自觉推动者。这种阅读范式转变主要体现在以下几个方面。

---

① 陈独醒:《图书馆为什么要劝人读书》，杭州:私立浙江流通图书馆宣传部，1931 年，3 页。
② 陈独醒:《图书馆为什么要劝人读书》，杭州:私立浙江流通图书馆宣传部，1931 年，4—6 页。

一、阅读重点的转移

在中国传统教育与阅读中,以十三经为主体的知识体系始终是读书治学的核心所在,"读书以通经为本"①,无论采用什么样的阅读方法,都脱离不了经、史、子、集的系统,"学问之道,四子之书如户牖,九经如厅堂,十七史如正寝,杂史如东西两厢,注疏如枢臬,类书如橱柜,说部如庖湢井匽,诸子百家诗文词如书舍花园……皆不可偏废。"②但在民国时期这样一个社会变革剧烈,充斥着内忧外患的时代,民众公共阅读的重点开始发生转移。读什么,如何读,到何处读,始终成为讨论的焦点。"'读书问题'就变成了青年们最重要的一个问题,而被一般关心青年阅读的学者所热烈讨论着。'怎样读书''我的读书经验'这类的文章时常在报纸刊物上看到。"③

实际上,在对读书媒体的考察中我们看到,在当时舆论界一度甚嚣尘上的读中国书还是读外国书、读古书还是读现代书之争的问题,在读书界的思考中最终得到了初步的解决。"读书自然不限于中国书。但中国人对于中国书,最少也应和外国书作平等待遇。你这样待遇他,他给回你的愉快报酬,最少也和读外国书所得有同等分量。"④这种看法颇具代表性。在阅读古书和现代书方面,阅读古书诚然有利于传承历史文化,也有利于提升个人素养,但是对古书的阅读有日渐边缘化,局限于学院式研究的趋势,有人认为"研究古书是专家的事,并不是每一个青年所必需的。青年读古书的精力,应该用来

---

① 黎皓经:《许学考》,台北:文海出版社,1987年,423页。
② 袁枚:《随园诗话》,北京:人民文学出版社,1982年,332页。
③ 吕绍虞:《书报杂志阅读的方法》,上海:友联出版社,1937年,154页。
④ 梁启超:《国学指导二种·治国学杂话》,上海:中华书局,1936年,23—25页。

读近代各种知识的书"①。以传播现代知识体系为主的各类现代书的阅读渐渐成为青年的主要阅读方向。

二、现代阅读范式的形成

(1)读书方法的变化

与自然科学、社会科学、工商业等现代知识成为人们的阅读重点相适应,读书方法有了新的变化,"博读与精读不过是两种空洞的名词。如果仅有读书的兴趣和态度,而没有一条可以遵循的正确的路线去读书,犹如仅有英勇的兵士而没有精确策略的战争一样,结果终要败北"②。人们重视起阅读方法来,中文书和外文书有不同的读法③,图书、报纸、杂志也有各自不同的阅读方法和重点④。

在这种阅读方式变化过程中,与古代阅读传统相比较,一个突出的变化是在传统阅读中被视为基本阅读方式的诵读的作用在弱化。出声朗读曾是古人学习的重要途径,只有通过诵读——手披目视,口颂其言,心唯其意——才能迈入领会传统经典的大门。在传统的私塾教育中,"诵读以贯之"(荀子语)是一项最基本也是最重要的阅读技巧。因为"必须熟读成诵,真道学第一义"。⑤ 由于诵读在阅读中的重要性,甚至有不少人在诵读与为学之间画了等号,"然古人不以行事为学,而以诗书诵读为学者?何邪?"⑥以至有学者出来专门分清二者之间的区别,指出真正的学问之道:"非谓学必专于诵读也,专于诵

---

① 开仁:《怎样解决读书问题》,上海:南强书局,1934 年,67 页。
② 吕绍虞:《书报杂志阅读的方法》,上海:友联出版社,1937 年,154 页。
③ 裴小楚:《书报阅读法》,上海:世界书局,1939 年,115—117 页。
④ 陈希周:《英文报阅读举隅》,重庆:开明书店,1934 年;金仲华:《报章杂志阅读法》(初中学生文库),上海:中华书局,1935 年,1—57 页。
⑤ 程端礼:《程氏家塾读书分年日程(附纲领)》,上海:商务印书馆,1936 年,120 页。
⑥ 章学诚:《原学》(上),见《文史通义》,上海:商务印书馆,1929 年,69 页。

读而言学,世儒之陋也。"①

民国时期,由于阅读内容不再只是传统的四书五经,新兴的学科门类兴起,阅读内容和种类极大丰富,诵读不再成为主要的阅读手段和学习手段,也不能满足海量阅读和快速求知的需要。在各类阅读指导书刊中,介绍默读技巧的文章盛行一时,作者大多明确指出默读优于朗读,还以国内外相应的阅读试验作为旁证。"你若要读得快,第一须一字一字默读,一字一字地默读虽然比一句一句地默读来得慢,但比朗读快得许多……"②即便是精读,它强调的也是西洋的"心读法"和"身读法"。所谓"心读"就是用心默读和记忆,而"身读"则是在书上画线和做笔记。③ "神速的读书法""效率增进法""速读法"等标题俯拾即是。

(2)阅读观的改变

在现代工业化的印刷术发明之前,书籍多以刊刻或抄本的形式流传,而在刊刻和传抄的过程中,由于笔误或者理解上的分歧而出现"异文"的情况很普遍,因此古人在阅读中对版本就尤为重视,在旧时的读者看来只有追求"真本"才能真正了解作者的本意。④ 所以各家的读书方法指导一直都重视对版本的选择,"读书宜求善本,善本非纸白板新之谓;谓其为前辈通人用古刻数本精校细勘付刊,不讹不阙之本也。……善本之意有三:一足本(无缺卷,无删削),二精本(一精校,一精注),三旧本(一旧刻,一旧钞)。"⑤对版本的追求甚至达到了一种较为极端的境地:"读书当求古本,新本都不足为据。"⑥明清时期

---

① 章学诚:《原学》(上),见《文史通义》,上海:商务印书馆,1929年,70页。
② 何戊君:《读书趣味》,南京:中央书店,1942年,46页。
③ 鹤见佑辅:《读书三味》,长沙:商务印书馆,1930年,54、55页。
④ 田晓菲:《尘几录》,北京:中华书局,2007年,9、17页。
⑤ 司马朝军:《輶轩语详注》,上海:华东师范大学出版社,2010年,134页。
⑥ 王应奎:《柳南随笔续笔》,上海:上海古籍出版社,2012年,133页。

还发展出了专门的学问——版本学和校勘学。在机器化印制的时代,传播信息和知识的书刊实现了标准化印制,再没有所谓真本和录本、母本和抄本的区别,出自一个母版的成千上万的书籍都是一模一样的,与现代知识的传播和出版相伴的新的版本观——版次、版权开始进入读者的视野。

(3)公共图书馆借阅理念的形成

到图书馆去阅读的公共理念是现代阅读体系一个重要组成部分。随着图书馆进入人们的生活视野,不少普通民众皆在图书馆中开始实践公共借阅理念,还是一个普通士兵的冯玉祥就是在无意中走入了天津的一家图书馆,感受到了以前从未感受过的阅读上的方便:"我便开了一张条子,居然不费事地把这书借出,一共十六大本,真把我吓了一跳。"① 与此同时,"怎样利用图书馆和假期生活"② 一类的文章散见于各种报刊和书籍中。这些文章鼓励公众走进图书馆,向公众介绍图书馆的利用方法,如怎样使用新的知识检索工具等。在各界共同努力下,到公共图书馆去借书阅读逐渐被更多的人接受并形成一种理念。

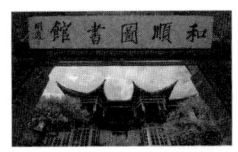

和顺图书馆原址外观(左)及内堂(中)、阅览室(右)

民国时期,新的阅读理念、阅读方法、阅读经验在大众媒体中广泛传播,专业性读书媒体的形成便是这一现象的集中体现。阅读作为接受知识的基本方式,随着现代知识谱系的形成,其接受理念发生了相应的转型,一方面继承了旧有的传统,另一方面则开始吸纳和消

---

① 冯玉祥:《我的读书生活》上卷,上海:作家书屋,1947年,107页。
② 马雪瑞:《读书法》,上海:中华书局,1935年,59页。

化新的方法。在配套方法论上进行革新,以青少年群体为塑造重点,在国家话语体系和手段(教科书、学校)之外,读书媒体利用自身的传播优势进行承上启下的知识塑造,培育了一批掌握新方法和新理念的现代读者,不仅在知识内涵上,也在方法论上实现了对现代读者的塑造。从更长远的时空来看,正是在这一背景下以新的阅读理念汲取了新的知识内容而成长起来的现代读者,为现代民族国家的建造提供了可能。

主要参考书目

中文部分

李文海等.民国时期社会调查丛编:劳工卷、文教事业卷、人口卷.福州:福建教育出版社,2004.

罗荣渠.现代化新论:世界与中国的现代化进程.北京:商务印书馆,2004.

张树栋,等.中华印刷通史.北京:印刷工业出版社,1999.

刘哲民.近现代出版新闻法规汇编.上海:学林出版社,1992.

汪家熔.商务印书馆史及其他——汪家熔出版史研究文集.北京:中国书籍出版社,1998.

龚书铎.社会变革与文化趋向:中国近代文化研究.北京:北京师范大学出版社,2005.

斯坦利·费什.读者反应批评:理论与实践.文楚安,译.北京:中国社会科学出版社,1998.

龙协涛.读者反应理论.台北:扬智文化事业股份有限公司,1997.

威尔伯·施拉姆(W. Schramm),等.传播学概论.陈亮,等,译.北京:新华出版社,1984.

费正清. 剑桥中华民国史:1912—1949 年. 刘敬坤, 译. 北京:中国社会科学出版社,1994.

金耀基,等. 中国现代化的历程:知识分子与中国现代化. 台北:时报文化出版公司,1980.

李华兴. 民国教育史. 上海:上海教育出版社,1997.

熊明安. 中华民国教育史. 重庆:重庆出版社,1990.

周文骏. 文献交流引论. 北京:书目文献出版社,1986.

贾植芳. 中国现代文学的主潮. 上海:复旦大学出版社,1990.

柳诒徵. 中国文化史. 北京:中国大百科全书出版社,1988.

史全生. 中华民国文化史:上、中、下. 吉林:吉林文史出版社,1990.

熊月之. 西学东渐与晚清社会. 上海:上海人民出版社,1994.

叶再生. 中国近代现代出版通史:一、二、三卷. 北京:华文出版社,2002.

干春松. 现代化与文化选择——国门开放后的文化冲突. 南昌:江西人民出版社,1998.

王余光. 中国新图书出版业初探. 武汉:武汉大学出版社,1998.

王余光,等. 中国新图书出版业的文化贡献. 武汉:武汉大学出版社,1998.

曾祥芹,韩雪屏. 国外阅读研究. 郑州:河南教育出版社,1992.

曾祥芹. 阅读学新论. 北京:语文出版社,1999.

张必隐. 阅读心理学. 北京:北京师范大学出版社,1992.

郑振铎. 西谛书话:上、下. 北京:生活·读书·新知三联书店,1983.

唐弢. 晦庵书话. 北京:生活·读书·新知三联书店,1980.

爱德华·纽顿. 聚书的乐趣. 赵台安,赵振光,译. 北京:生活·读书·新知三联书店,1992.

王余光,徐雁.中国读书大辞典.南京:南京大学出版社,1993.

王余光,邓咏秋.名著的选择.昆明:云南人民出版社,1999.

王余光.读书随记.南京:东南大学出版社,2002.

王余光.影响中国历史的三十本书.武汉:武汉大学出版社,1989.

徐雁.中国藏书通史.宁波:宁波出版社,2001.

傅璇琮,谢灼华.中国藏书通史.宁波:宁波出版社,2001.

邓咏秋,李天英.中外推荐书目一百种.西安:陕西师范大学出版社,2001.

徐丽芳,等.中国百年畅销书.西安:陕西师范大学出版社,2001.

马祖毅.中国翻译简史.北京:中国对外翻译出版公司,1984.

邱陵.书籍装帧艺术史.重庆:重庆出版社,1990.

罗小华.中国近代书籍装帧.北京:人民美术出版社,1990.

范凤书.中国私家藏书史.郑州:大象出版社,2001.

李雪梅.中国近代藏书文化.北京:现代出版社,1999.

王余光,等.读书四观.武汉:湖北辞书出版社,1997.

王余光.藏书四记.武汉:湖北辞书出版社,1998.

胡适.读书与治学.北京:生活·读书·新知三联书店,1999.

邓九平.中国文化名人谈读书.北京:大众文艺出版社,2000.

王余光.中国读者理想藏书.北京:光明日报出版社,1999.

严红,王友富.中国少儿适读书.宁波:宁波出版社,2000.

汪涛,陈幼华.中国青年适读书.宁波:宁波出版社,2000.

吴永贵,徐丽芳.中国家庭适读书.宁波:宁波出版社,2000.

肯·古德曼(Ken Goodman).谈阅读.台北:心理出版社,1998.

哈贝马斯(Jurgen Habermas).公共领域的结构转型.曹卫东,等,译.上海:学林出版社,1999.

陈源蒸,等.中国图书馆百年纪事:1840—2000.北京:北京图书馆出版社,2004.

刘国钧.刘国钧图书馆学论文选集.北京:书目文献出版社,1983.

李万健,赖茂生.目录学论文选.北京:书目文献出版社,1985.

程焕文.晚清图书馆学术思想史.北京:北京图书馆出版社,2004.

李昭醇.图书馆公共关系研究.广州:广州出版社,1994.

杨威理.西方图书馆史.北京:商务印书馆,1988.

魏绍昌.鸳鸯蝴蝶派研究资料:上卷.上海:上海文艺出版社,1984.

阿英.中国连环图画史话.北京:人民美术出版社,1984.

方汉奇.中国近代报刊史:上、下.太原:山西教育出版社,1991.

内田道夫.中国小说世界.上海:上海古籍出版社,1992.

陈平原,夏晓虹.二十世纪中国小说理论资料(1897年—1916年):第一卷.北京:北京大学出版社,1989.

范伯群.中国近现代通俗文学史.南京:江苏教育出版社,2000.

陈平原,夏晓虹.图像晚清.天津:百花文艺出版社,2001.

陈子善.脂粉的城市:《妇人画报》之风景.杭州:浙江文艺出版社,2004.

黄晓艳.往昔玲珑.北京:北京图书馆出版社,2004.

马国亮.良友忆旧:一家画报与一个时代.北京:生活·读书·新知三联书店,2002.

李孝悌.清末的下层社会启蒙运动:1901—1911.石家庄:河北教育出版社,2001.

冯并.中国文艺副刊史.北京:华文出版社,2001.

阿英.晚清文艺报刊述略.北京:古典文学出版社,1958.

李楠.晚清、民国时期上海小报研究.北京:人民文学出版社,2005.

孟兆臣.中国近代小报史.北京:社会科学文献出版社,2005.

罗玉明.湖湘文化与湖南的尊孔读经:1927—1937.长沙:湖南人

民出版社,2004.

徐雁.中国旧书业百年.北京:科学出版社,2005.

叶灵凤.读书随笔.北京:生活·读书·新知三联书店,1998.

戈公振.中国报学史.北京:生活·读书·新知三联书店,1955.

丁致聘.中国近七十年来教育记事.南京:国立编译馆,1935.

陈东原.中国妇女生活史.台北:"台湾商务印书馆",1965.

倪海曙.中国语文的新生:拉丁化中国字运动二十年论文集.上海:时代书报出版社,1949.

藤井省三.鲁迅《故乡》阅读史.董炳月,译.北京:新世界出版社,2002.

本尼迪克特·安德森.想象的共同体:民族主义的起源与散布.吴叡人,译.上海:上海人民出版社,2003.

许纪霖.20世纪中国知识分子史论.北京:新星出版社,2005.

骆憬甫.1886—1954浮生手记:一个平民知识分子的纪实.上海:上海古籍出版社,2004.

王洪祥.中国现代新闻史.北京:新华出版社,1997.

周庆山.文献传播学.北京:书目文献出版社,1997.

李欧梵.上海摩登:一种新都市文化在中国1930－1945.毛尖,译.北京:北京大学出版社,2001.

阿英.阿英书话.北京:北京出版社,1996.

巴金.巴金书话.北京:北京出版社,1996.

黄裳.黄裳书话.北京:北京出版社.1996.

曹聚仁.曹聚仁书话.北京:北京出版社,1998.

陈玉申.晚清报业史.济南:山东画报出版社,2003.

何休.中国文学的现代化历程——20世纪中国现代文学的四次潮流与发展概观.重庆:西南师范大学出版社,1997.

间小波.中国早期现代化中的传播媒介.上海:生活·读书·新

知三联书店上海分店,1995.

周积明.最初的纪元:中国早期现代化研究.北京:高等教育出版社,1996.

葛兆光.中国思想史:七世纪前中国的知识、思想与信仰世界.上海:复旦大学出版社,1998.

葛兆光.中国思想史:七世纪至十九世纪中国的知识、思想与信仰.上海:复旦大学出版社,2000.

黄建国,高跃新.中国古代藏书楼研究.北京:中华书局,1999.

周少川.藏书与文化:古代私家藏书文化研究.北京:北京师范大学出版社,1999.

任继愈.中国藏书楼.沈阳:辽宁人民出版社,2001.

江庆柏.近代江苏藏书研究.合肥:安徽文艺出版社,2000.

吴晗.江浙藏书家史略.北京:中华书局,1981.

徐雁,王燕均.中国历史藏书论著读本.成都:四川大学出版社,1990.

伦明.辛亥以来藏书纪事诗.上海:上海古籍出版社,1990.

叶昌炽.藏书纪事诗.北京:北京燕山出版社,1999.

李玉安,陈传艺.中国藏书家辞典.武汉:湖北教育出版社,1989.

曹培根.书乡漫录.石家庄:河北教育出版社,2004.

徐凌志.中国历代藏书史.南昌:江西人民出版社,2004.

齐鲁书社编.藏书家:第一辑至第十辑.济南:齐鲁书社,1999—2005.

黄显功,张伟.现代家庭藏书文化.上海:上海科学技术文献出版社,2002.

谢灼华.蓝村读书录.石家庄:河北教育出版社,2004.

王西梅.中国图书馆发展史.长春:吉林教育出版社,1991.

李希泌,张椒华.中国古代藏书与近代图书馆史料.北京:中华书局,1982.

张锦郎,黄渊泉.中国近六十年来图书馆事业大事记.台北:"台湾商务印书馆",1974.

忻平.从上海发现历史——现代化进程中的上海人及其社会生活(1927—1937).上海:上海人民出版社,1996.

单世联.现代性与文化工业.广州:广东人民出版社,2001.

彭斐章,等.目录学资料汇编.武汉:武汉大学出版社,1986.

王新命,汪长济.现代读书的方法.上海:现代书局,1935.

蔡尚思.蔡尚思文集.上海:上海人民出版社,2001.

杨齐福.科举制度与近代文化.北京:人民出版社,2003.

卢震京.图书学大辞典.长沙:商务印书馆,1940.

俞素昧.图书流通法.上海:商务印书馆,1936.

胡适.胡适文集(3、4).北京:北京大学出版社,1998.

徐雁平.胡适与整理国故考论——以中国文学史研究为中心.合肥:安徽教育出版社,2003.

英文部分

R. Chartier. Texts, Printings, Readings // Aletta Biersack, Lynn Avery Hunt. The New Cultural History. Berkeley:University of California Press,1989.

Robert Darnton. The Kiss of Lamourette:Reflections in Cultural History. New York:W. W. Norton & Co. ,1990.

Jacqueline Pearson. Women's Reading in Britain,1750—1835:A Dangerous Recreation. Cambridge:Cambridge University Press,1999.

Paul Saenger. Space Between Words: The Origins of Silent Reading. Stanford, California: Stanford University Press, 2000.

James Smith Allen . In the Public Eye: A History of Reading in Modern France 1800—1940. Princeton: Princeton University Press, 1991.

Carl. F. Kaestle. Literacy in the United States: Readers and Reading since 1880. New Haven: Yale University Press, 1991.

Guglielmo Cavallo, Roger Chartier. A History of Reading in the West. Amherst: University of Massachusetts Press, 2003.

Leo Ou-fan Lee. Shanghai Modern: the Flowering of a New Urban Culture in China, 1930—1945. Cambridge, Massachusetts: Harvard University Press, 1999.

Stephen Greenblatt. Shakespearean Negotiations: The Circulation of Social Energy in Renaissance England, Berkeley and Los Angeles. Berkeley: University of California Press, 1988.

John Fiske. Reading the Popular. Boston: Unwin Hyman, 1989.

Nick Stevenson. Understanding Media Cultures: Social Theory and Mass Communication. Thousand Oaks, California: Sage, 1995.

Evelyn Sakakida Rawski. Education and Popular Literacy in Ch'ing China. Ann Arbor: University of Michigan Press, 1979.

Peter Dahlgren, Collin Sparks. Popularity and the Policies of Information//Journalism and Popular Culture. London: SAGE Publications LTD, 1992.

索 引

【人名】

A

- 阿英 44,95,96,256
- 艾青 97,116,174

B

- 毕倚虹 88
- 卞之琳 116

C

- 曹聚仁 180,256,297
- 陈辟邪 88
- 程小青 87,90,140,241

D

- 丁玲 112,123

F

- 范烟桥 167

G

- 顾明道　90

H

- 胡风　116,123,174
- 胡寄尘　177
- 黄永年　142、143

Q

- 瞿秋白　102,104,124,132,172

L

- 李昂吉叶夫　99
- 李涵秋　70,87,177
- 李季　113
- 李君维　179
- 林语堂　50,70,110,169,255,269
- 罗工柳　145
- 罗斯金　9

M

- 梅娘　103,105,106
- 莫里斯（Morris,C.W.）　3
- 穆时英　106,108,189

N

- 倪贻德　95,116

O

- 欧阳山　113
- 欧阳予倩　177

Q

- 前田爱　10
- 钱基博　249
- 钱穆　54,249,273,293
- 钱锺书　110,111,249
- 秦征　145

S

- 沈雁冰　159,172

- 苏曼殊　83
- 苏青　70,106—108

T

- 唐弢　256—258

W

- 王度庐　101
- 王云五　79,273,303
- 无名氏　106,108,109
- 吴双热　83,84,167,168
- 吴组缃　131

X

- 向恺然　87,88,90
- 萧红　116
- 萧乾　164,305
- 徐訏　106,108
- 徐枕亚　70,83,84,87,167,168
- 徐铸成　127,128,134,157

Y

- 严良才　95
- 叶灵凤　63,95,116,186,244,253,255
- 叶浅予　63,145,187,254
- 郁达夫　95,169,172,253,294

Z

- 张爱玲　106—108,132
- 张恨水　87,97,102—104,132,167
- 张乐平　145
- 张履谦　8
- 张资平　69,95,172
- 赵焕亭　90
- 赵树理　111,112,135,145
- 周立波　112
- 周瘦鹃　70,88,96,105,167,168
- 邹韬奋　123,164,165

【文献名】

- 《1925年北京的阅读活动与读者层》 10

A

- 《阿Q正传》 94,169
- 《爱看书的广告》 12

B

- 《白金的女体塑像》 108
- 《暴风骤雨》 112
- 《北极风情画》 108,109

C

- 《沉沦》 95
- 《成人阅读兴趣与习惯之调查及研究》 11
- 《惆怅》 95
- 《春明外史》 87,88,167
- 《从书籍销数统计看到中国实业界》 8

D

- 《大众哲学》 99
- 《东海之滨》 95
- 《读书俱乐部》 12,23
- 《读书青年》 23
- 《读书生活》 23,99
- 《读者的天空："五四"时期"课艺派"杂志的传媒理念》 9
- 《读者文摘》 23
- 《断鸿零雁记》 83

E

- 《二百岁之少年》 177
- 《二十世纪中国小说史》 9

F

- 《风波》 94
- 《风萧萧》 108

G

- 《高干大》 113
- 《工商侧影:一个世纪的广告经典》 11
- 《公墓》 108
- 《故乡》 94
- 《广陵潮》 87,88,104
- 《鬼恋》 108

H

- 《海外缤纷录》 88
- 《红骡子》 145
- 《荒江女侠》 90,129
- 《荒唐世界》 177
- 《火烧红莲寺》 89,128,134

J

- 《纪念碑》 95
- 《寄小读者》 96
- 《江湖奇侠传》 87—90,101
- 《教务杂志》 36
- 《结婚十年》 70,107
- 《解放前中文报纸联合目录草目》 7
- 《金粉世家》 87,88,167
- 《近代读者的形成》 10
- 《近代读者论》 10
- 《近代文化生态及其变迁》 9
- 《近代侠义英雄传》 90

K

- 《孔乙己》 94
- 《苦竹杂记》 110

L

- 《李家庄的变迁》 112
- 《李有才板话》 112
- 《良友忆旧:一家画报与一个时代》 8
- 《玲珑》 185,187,188
- 《六十年来中国之出版业与印刷业》 7,81
- 《鲁迅〈故乡〉阅读史》 9
- 《绿野仙踪》 50
- 《骆驼祥子》 109

M

- 《漫谈连环画的发展史》 8
- 《民国初年的重要报刊》 7
- 《民国时期总书目》 7,78,79
- 《民众图书馆吸引阅读问题》 10
- 《民众图书馆中的读书会》 10
- 《民众阅读指导之研究》 10

N

- 《呐喊》 79,92,93,94,270
- 《孽冤镜》 83,84,167
- 《女神》 27,95,189

P

- 《平民千字课》 35

Q

- 《七侠五义》 97,112,128,130,134
- 《奇侠精忠传》 90
- 《清朝的教育与大众读写》 9
- 《清季重要报刊目录》 7
- 《清末民初社会风情:〈醒俗画报〉精选》 8
- 《秋海棠》 103,105,113,129
- 《全国中文期刊联合目录(1833—1949)》 7

R

- 《人间地狱》 88

S

- 《三毛流浪记》 145
- 《三侠五义》 50
- 《商务印书馆:民间出版业的兴衰》 7
- 《上海春秋》 88
- 《上海的狐步舞》 108
- 《上海滩的"一折八扣书"》 7
- 《上海租界内中国出版界的实况》 8
- 《社戏》 94
- 《〈申报〉上的书业春秋——

书业旧踪之十一》 11
- 《施公案》 50,130,140
- 《书目答问》 260－263,307

T

- 《塔里的女人》 108,109
- 《太阳照在桑干河上》 112
- 《谈读书》 255
- 《啼笑因缘》 103,104,113,128,167
- 《图书馆学论文索引（第一辑）：清末至 1949 年 9 月》 12
- 《图书馆与读众》 10
- 《图书年鉴》 12
- 《图书展望》 23,304

W

- 《亡国奴日记》 88
- 《王贵与李香香》 113
- 《围城》 110,111
- 《我们现在怎样做父亲》 94
- 《卧虎藏龙》 101

X

- 《西冉村的农民生活与教育》 9
- 《西行漫记》 100
- 《侠盗鲁平奇案》 90
- 《现代图书馆对于民众之认识》 10
- 《相国寺特种调查：民众读物调查》 8
- 《小二黑结婚》 112,145
- 《小说书坊录》 7
- 《笑林广记》 112
- 《新式标点符号》 131
- 《新学制国语教科书》 94

Y

- 《鸭的喜剧》 94
- 《鸭绿江上》 95,124,125
- 《亚东的广告宣传》 11
- 《亚森罗苹案》 90
- 《药》 94
- 《叶氏父子图书广告集》 11
- 《一个最低限度的国学书目》 266,307

- 《一九三六年全国报刊统计》 7
- 《一九一九—一九二七年全国杂志简目》 7
- 《一路走来的现代书业广告（上）——书业旧踪之九》 11
- 《一路走来的现代书业广告（下）——书业旧踪之十》 11,12
- 《一年来中国杂志之评述》 7
- 《鱼的悲哀》 94
- 《雨天的书》 110
- 《玉梨魂》 83,84,87,113,129,167
- 《鸳鸯蝴蝶派与吴文化》 9

Z

- 《增补麻衣相法》 50
- 《浙江全省图书馆调查表》 11
- 《政治经济学讲话》 99
- 《脂粉的城市：〈妇人画报〉之风景》 8
- 《中国畅销书百年回眸(二)》 7
- 《中国的一日》 100
- 《中国近代报刊史(上、下)》 7
- 《中国近代出版史料》 7
- 《中国近代图书事业史》 8
- 《中国近现代通俗文学史》 9
- 《中国连环图画史话》 8
- 《中国通俗小说书目》 7
- 《中国图书馆运动》 11
- 《中国现代出版史料》 7
- 《中国小说的近代变革》 9
- 《中国新书业之过去现在与未来》 7
- 《中国新图书出版业的文化贡献》 7
- 《最低限度之必读书目》 266,307
- 《最近中国图书馆事业之进展》 11

【专有名词】

A

- 哀情小说 83

C

- 畅销书 25,26,78,80—82,87,105—108

D

- 大东书局 71,290
- 大众读者 31,80,82
- 大众阅读 2—5,9,11,21—26,29—33,41—45,51,52,54,55,78,80,113,126,133,198,199,213,215
- 读经运动 287—291

G

- 公共阅读空间 24,25,149,189,191,192,206,211,213,216,221,222,237

J

- 军事小说 44

K

- 科学小说 44
- 口语阅读 20

L

- 历史小说 44
- 流动图书借阅处 216
- 龙昌机器造纸公司 58

M

- 冒险小说 44

Q

- 谴责小说 44,126
- 全国读书运动 271—275,278

R

- 壬戌学制 33,284

S

- 上海中国油墨厂 56
- 社会小说 44,91,114,126
- 世界书局 67,71,75,79,99,114,140,142—144,276,277,290,302,303
- 市民社会 39,82,176
- 书刊广告 12,308,309

T

- 通信图书馆 202—204

W

- 未来派 116
- 文字阅读 5,20
- 五四运动 35,54,88,158,168,189,271

X

- 现代派 116
- 现代阅读体系 1,21,315
- 乡民社会 39
- 新文化运动 21,54,60,61,92,114,115,158,241,263,284,296
- 巡回书库 216

Y

- 亚东图书馆 92
- 言情小说 44,83,86,87,91,102,104,105,113,114,133
- 阅读限制 113,119

Z

- 侦探小说 44,86,90,91,114,129,133,241
- 震亚书局 87
- 政治小说 44,126
- 中华基督教女青年会全国协会 27
- 中华书局 56,60,67,71,75,79,90,92,122,212,277,284,290,301－303,305,310
- 装帧艺术 63,115－117
- 左翼文艺运动 171